●収録内容一覧

■2025年度中学受験用

駒沢学園女子中学校

4年間スーパー過去問

入試問題と解説・解答の収録内容

2024年度　１回午前一般	算数・社会・理科・国語	実物解答用紙DL
2024年度　１回午後１科	算数・国語	実物解答用紙DL
2023年度　１回午前一般	算数・社会・理科・国語	実物解答用紙DL
2023年度　１回午後１科	算数・国語	実物解答用紙DL
2022年度　１回午前一般	算数・社会・理科・国語	実物解答用紙DL
2022年度　１回午後１科	算数・国語	実物解答用紙DL
2021年度　１回午前一般	算数・社会・理科・国語	
2021年度　１回午後１科	算数・国語	

～本書ご利用上の注意～　以下の点について，あらかじめご了承ください。

★別冊解答用紙は巻末にございます。実物解答用紙は，弊社サイトの各校商品情報ページより，一部または全部をダウンロードできます。

★編集の都合上，学校実施のすべての試験を掲載していない場合がございます。

★当問題集のバックナンバーは，弊社には在庫がございません（ネット書店などに一部在庫あり）。

合格を勝ち取るための

『スーパー過去問』の使い方

本書に掲載されている過去問をご覧になって，「難しそう」と感じたかもしれません。でも，多くの受験生が同じように感じているはずです。なぜなら，中学入試で出題される問題は，小学校で習う内容よりも高度なものが多く，たくさんの知識や解き方のコツを身につけることも必要だからです。ですから，初めて本書に取り組むさいには，点数を気にしすぎないようにしましょう。本番でしっかり点数を取れることが大事なのです。

過去問で重要なのは「まちがえること」です。自分の弱点を知るために，過去問に取り組むのです。当然，まちがえた問題をそのままにしておいては意味がありません。

本書には，長年にわたって中学入試にたずさわっているスタッフによるていねいな解説がついています。まちがえた問題はしっかりと解説を読み，できるようになるまで何度も解き直しをしてください。理解できていないと感じた分野については，参考書や資料集などを活用し，改めて整理しておきましょう。

このページも参考にしてみましょう！

◆どの年度から解こうかな　「入試問題と解説・解答の収録内容一覧」

本書のはじめには収録内容が掲載されていますので，収録年度や収録されている入試回などを確認できます。

※著作権上の都合によって掲載できない問題が収録されている場合は，最新年度の問題の前に，ピンク色の紙を差しこんでご案内しています。

◆学校の情報を知ろう!!「学校紹介ページ」

このページのあとに，各学校の基本情報などを掲載しています。問題を解くのに疲れたら息ぬきに読んで，志望校合格への気持ちを新たにし，再び過去問に挑戦してみるのもよいでしょう。なお，最新の情報につきましては，学校のホームページなどでご確認ください。

◆入試に向けてどんな対策をしよう？「出題傾向＆対策」

「学校紹介ページ」に続いて，「出題傾向＆対策」ページがあります。過去にどのような分野の問題が出題され，どのように対策すればよいかをアドバイスしていますので，参考にしてください。

◇別冊「入試問題解答用紙編」

本書の巻末には，ぬき取って使える別冊の解答用紙が収録してあります。解答用紙が非公表の場合などを除き，（注）が記載されたページの指定倍率にしたがって拡大コピーをとれば，実際の入試問題とほぼ同じ解答欄の大きさで，何度でも過去問に取り組むことができます。このように，入試本番に近い条件で練習できるのも，本書の強みです。また，データが公表されている学校は別冊の１ページ目に過去の「入試結果表」を掲載しています。合格に必要な得点の目安として活用してください。

本書がみなさんの志望校合格の助けとなることを，心より願っています。

株式会社　声の教育社　編集部

駒沢学園女子中学校

所在地	〒206-8511 東京都稲城市坂浜238
電　話	042-350-7123（代）
ホームページ	https://www.komajo.ac.jp/jsh/
交通案内	京王線「稲城駅」よりバス約7分，小田急線「新百合ヶ丘駅」よりバス約20分，東急田園都市線「あざみ野駅」/JR南武線「稲城長沼駅」よりスクールバス

くわしい情報は
ホームページへ

トピックス

★2019年度入試より，英語，プレゼンテーション型を新設。
★有資格者の1科目選択型は5つの条件のうち1つにあてはまる者が対象（参考：昨年度）。

創立年
昭和2年

女子校

高校募集
あり

応募状況

年度	募集数			応募数	受験数	合格数	倍率
2024	①午前	一般	30名	16名	14名	13名	1.1倍
		英語	10名	4名	4名	4名	1.0倍
		プレ	5名	1名	1名	1名	1.0倍
		1科	5名	3名	3名	3名	1.0倍
	①午後		5名	27名	9名	8名	1.1倍
	②午前	一般	10名	26名	7名	6名	1.2倍
		1科	5名	12名	0名	0名	—
	②午後		5名	34名	7名	5名	1.4倍
	③午前		5名	37名	2名	1名	2.0倍

2024年春の主な他大学合格実績

明治大，青山学院大，中央大，成蹊大

〔駒沢女子大・短期大への進学〕

成績面，生活面で一定の基準を満たしていれば学校長の推薦により，優先的に駒沢女子大・短期大に入学することができます。

併願制度：駒沢女子大・人間総合学群（住空間デザイン学類を除く）の合格を確保したまま，他大学へチャレンジすることができ，例年多くの生徒がこの制度を利用しています。

学校説明会等日程（※予定）

＜学校説明会等＞【要予約】

・学校説明会・授業体験会（＊は授業見学会）
5月25日／6月22日*／7月6日／9月7日
・夏休みスペシャルKomajoゼミ
8月21日／8月24日
・オープンキャンパス　7月27日／9月22日
・入試体験会　10月26日／11月9日
・学校見学会　7月23日～25日／11月16日
・入試シミュレーション　12月14日

＜公開行事＞【予約不要】

・体育祭　6月8日
・りんどう祭　10月12日・13日

入試情報（参考：昨年度）

・入試日程：
①2024年2月1日
午前…一般／英語／プレゼンテーション型／1科目選択型（有資格者）
午後…1科目選択型
②2024年2月2日　午前…一般／1科目選択型（有資格者）
午後…1科目選択型
③2024年2月5日　午前…一般
・試験内容：
一般…2科（①午前のみ2科／4科*選択）
＊5科（国算社理英）から4科選択し，得点の高い2科の合計で判定。
英語…英語（リスニング含む）・面接
1科目選択型…国／算選択
プレゼンテーション型…自己アピール・プレゼン

編集部注―本書の内容は2024年4月現在のものであり，変更されている場合があります。正式な情報は，学校のホームページ等で必ずご確認ください。

算数　出題傾向＆対策

◆基本データ（2024年度１回午前一般）

試験時間／満点	45分／100点
問題構成	・大問数…５題 計算１題（６問）／応用小問１題（６問）／応用問題３題 ・小問数…21問
解答形式	解答らんに必要な単位は印刷されている。余白に式や考え方を書いて残す。作図問題は見られない。
実際の問題用紙	Ａ４サイズ，小冊子形式
実際の解答用紙	問題冊子に書き込む形式

◆出題傾向と内容

▶過去３年の出題率トップ３
１位：四則計算・逆算38％　２位：体積・表面積９％　３位：割合と比，仕事算など６％
▶今年の出題率トップ３
１位：四則計算・逆算34％　２位：角度・面積・長さ８％　３位：濃度５％

計算問題では，整数・小数・分数の四則計算のほかに，逆算で□にあてはまる数を求めるものが１問出されますが，いずれも基礎的なものがほとんどです。応用小問では，濃度，仕事算，角度・面積・長さを求めるものの出題率が高くなっています。通過算，速さなどの基本の問題も出されています。

応用問題では，速さ（旅人算）の変化をグラフであらわした問題や，水の深さと体積，調べ，約束記号の問題が多く出されています。水の深さと体積は，よく出題されているので，対策が必須です。

◆対策～合格点を取るには？～

計算力は算数の基本的な力です。標準的な計算問題集を１冊用意して，毎日５問でも10問でも欠かさずに練習すること。数量分野では，濃度の問題の対策が必要です。特殊算では，通過算，和差算，年齢算などのひと通りの基本を習得しておいてください。図形分野では，角度・面積・長さ・体積を求める基本的な考え方や解き方をはば広く身につけ，すばやく解けるようになること。また，グラフの問題は，水の深さと体積や速さ・旅人算を組み合わせた問題の基本をおさえておきましょう。

分野＼年度		2024		2023		2022	
		１前	１後	１前	１後	１前	１後
計算	四則計算・逆算	●	●	●	●	●	●
	計算のくふう						○
	単位の計算						○
和と差	和差算・分配算	○					
	消去算				○		
	つるかめ算						
	平均とのべ						
	過不足算・差集め算			○			
	集まり						
	年齢算	○		○	○	○	○
割合と比	割合と比		◎	○	○		
	正比例と反比例						○
	還元算・相当算					○	
	比の性質						
	倍数算						
	売買損益						○
	濃度	○	○	○	○	○	○
	仕事算	○	○		○	○	
	ニュートン算						
速さ	速さ		○		○		◎
	旅人算	◎			○		
	通過算			○		○	
	流水算			○			
	時計算						
	速さと比						
図形	角度・面積・長さ		◎		◎	○	◎
	辺の比と面積の比・相似						
	体積・表面積	○	◎		○		○
	水の深さと体積		○		○	○	
	展開図						
	構成・分割						○
	図形・点の移動						
表とグラフ							
数の性質	約数と倍数					○	
	Ｎ進数						
	約束記号・文字式	○		○	○	○	
	整数・小数・分数の性質			○			
規則性	植木算	○					
	周期算						
	数列						
	方陣算						
	図形と規則		○	○			
場合の数							
調べ・推理・条件の整理							
その他							

※　○印はその分野の問題が１題，◎印は２題，●印は３題以上出題されたことをしめします。

社会 出題傾向＆対策

◆基本データ（2024年度１回午前一般）

試験時間／満点	45分／100点
問題構成	・大問数…４題 ・小問数…19問
解答形式	記号選択と用語の記入が大半をしめているが，記述問題も見られる。
実際の問題用紙	Ａ４サイズ，小冊子形式
実際の解答用紙	Ｂ４サイズ

分野 ＼ 年度			2024	2023	2022	2021
日本の地理		地図の見方	○	○		
		国土・自然・気候	○	○	○	
		資源				
		農林水産業	○		○	
		工業	○			
		交通・通信・貿易				
		人口・生活・文化	○		○	○
		各地方の特色	★	★	★	★
		地理総合				
世界の地理				○		
日本の歴史	時代	原始～古代	○	○	○	○
		中世～近世	○	○	○	○
		近代～現代	○	○	○	
	テーマ	政治・法律史				
		産業・経済史				
		文化・宗教史				
		外交・戦争史				
		歴史総合	★	★	★	★
世界の歴史						
政治		憲法	★	○	★	★
		国会・内閣・裁判所	○	★		○
		地方自治				
		経済				
		生活と福祉				
		国際関係・国際政治	★	★		
		政治総合				
環境問題						
時事問題			○	○	○	
世界遺産			○	○	○	
複数分野総合						

※　原始～古代…平安時代以前，中世～近世…鎌倉時代～江戸時代，近代～現代…明治時代以降
※　★印は大問の中心となる分野をしめします。

◆出題傾向と内容

●地理…各都道府県や各地方などを中心に，国土と自然，気候，農林水産業，工業，世界遺産などのさまざまな内容が問われています。さまざまな特ちょうを説明した文章や統計資料から，都道府県の名前と位置を答える問題が取り上げられています。

●歴史…古代から現代まではば広い時代にわたる表や文章を読ませ，それに関連するできごと・人物について問うものが出題されています。また，その文章に書かれたことがらや，そのできごとがどの時代にあたるかを問うもの，文章の空らんにあてはまる内容を選ぶものなどもあります。

●政治…三権分立について問うものや，日本国憲法の内容を問う出題が多くなっています。さらに，国際政治などについても問われるほか，問題文中に時事的なことがら（最近行われた選挙やその結果，Ｇ７サミット，ウクライナへの軍事侵攻など）が盛り込まれることがあります。

◆対策～合格点を取るには？～

問題のレベルは標準的ですから，まず，基礎を固めることを心がけてください。教科書のほか，説明がていねいでやさしい標準的な参考書を選び，基本事項をしっかりと身につけましょう。

地理分野では，地図とグラフが欠かせません。つねにこれらを参照しながら，白地図作業帳を利用して，特に産業（農林水産業・工業）のようす（もちろん統計表も使います）を重点的に学習していってください。

歴史分野では，教科書や参考書を読むだけでなく，自分で年表を作って覚えると学習効果が上がります。できあがった年表は，各時代，各分野のまとめに活用できます。本校の歴史の問題にはさまざまな時代や分野が取り上げられていますから，この作業はおおいに威力を発揮するはずです。

政治分野からの出題も多いので，日本国憲法の基本的な内容と三権（国会・内閣・裁判所）について，確実におさえておいた方がよいでしょう。また，時事問題については，新聞やテレビ番組などでニュースを確認し，国の政治や経済の動き，環境問題や世界各国の情勢などについて，ノートにまとめておきましょう。

理科　出題傾向＆対策

◆基本データ（2024年度１回午前一般）

試験時間／満点	45分／100点
問　題　構　成	・大問数…４題 ・小問数…30問
解　答　形　式	記号選択と用語の記入のほかに，１～２行程度の短文記述も出題されている。
実際の問題用紙	Ａ４サイズ，小冊子形式
実際の解答用紙	Ｂ４サイズ

分野＼年度		2024	2023	2022	2021
生命	植物	★		★	
	動物				
	人体		★		○
	生物と環境				
	季節と生物				
	生命総合				
物質	物質のすがた	★			★
	気体の性質			★	○
	水溶液の性質		★		
	ものの溶け方	○			
	金属の性質				
	ものの燃え方				
	物質総合				
エネルギー	てこ・滑車・輪軸	★			
	ばねののび方				
	ふりこ・物体の運動				
	浮力と密度・圧力				
	光の進み方				
	ものの温まり方				
	音の伝わり方				
	電気回路		★		
	磁石・電磁石				
	エネルギー総合				
地球	地球・月・太陽系			★	
	星と星座	★			
	風・雲と天候				★
	気温・地温・湿度				★
	流水のはたらき・地層と岩石		★		
	火山・地震				
	地球総合				
実験器具					
観察					
環境問題		○			
時事問題					
複数分野総合					

※　★印は大問の中心となる分野をしめします。

◆出題傾向と内容

年度によってかたよりはあるものの，「生命」「物質」「エネルギー」「地球」の各分野から広く出題されるオーソドックスな形式のため，十分な知識が求められます。また，記述問題や途中式を書かせる問題なども出されているので注意しましょう。

●生命…人体，生物のつり合い，植物のつくりとはたらき，花のようす，けんび鏡の使い方などが出題されています。

●物質…金属の性質，物質のすがた，水の温度とものの溶け方，水溶液の中和反応，水溶液の性質などが取り上げられています。

●エネルギー…電流の流れ方やてこのつり合いなどについて出題されています。

●地球…火山，流水のはたらき，星座，気温と湿度，百葉箱のしくみ，台風，風のふくしくみなどについて問われています。金環日食・皆既日食，小惑星探査機「はやぶさ」などの時事的なテーマも取り上げられることもあります。

◆対策～合格点を取るには？～

基礎力を問う標準的なものが大半です。したがって，まず基本的な知識をしっかり身につけることが大切です。各単元の教科書レベルの知識や解き方をしっかり確認しましょう。観察力とすじみちを立てて考える力が理科の学習の基本です。

一般的に，理科の学習の中では，実験や観察が大きなウェートをしめています。したがって，それをふまえて実験や観察に関する問題が多くなっています。まず，水溶液の性質を調べる実験や，かん電池とまめ電球のつなぎ方と明るさの変化についての実験など，入試でひんぱんに出題されるものからはじめましょう。次に，植物や動物の成長，葉の蒸散，気体の発生，磁石，地球・月・太陽などのさまざまな実験・観察についてノートにまとめていくとよいでしょう。実験・観察方法と結果，そして，そこからどのような結論が導き出されるかということを整理しておきましょう。

身近な自然現象に日ごろから目を向けることや，テレビの科学番組，新聞・雑誌の科学に関する記事，読書などを通じて多くのことを知ることも大切です。科学に目を向けるふだんの心がけが，はば広い知識を身につけることにつながります。

国語　出題傾向＆対策

◆基本データ（2024年度１回午前一般）

試験時間／満点	45分／100点
問題構成	・大問数…１題 　文章読解題１題 ・小問数…14問
解答形式	記号選択と適語・適文の書きぬきが多いが，30～90字程度の記述問題もある。
実際の問題用紙	Ａ４サイズ，小冊子形式
実際の解答用紙	Ｂ４サイズ

◆出題傾向と内容

▶**過去の出典情報（著者名）**
小　説：にしがきようこ　凪良ゆう　中山聖子

●**読解問題**…近年は，やや長い物語文が１題出されています。場面や登場人物の性格，動作，行動などとからめた心情や理由の読み取り，表現などの問いが中心で，さらに，指示語の内容，接続語などの補充，大意や要旨の把握，段落や場面分けなど，問題はバラエティーに富んでいます。

●**知識問題**…以前は，独立の大問として，慣用句・ことわざ・故事成語などが出されていましたが，近年は読解問題の一部として，漢字の読み書き以外に，慣用句や四字熟語や擬態語などが出されています。

◆対策～合格点を取るには？～

読解力をつけるために，まず，読書に慣れることから始めてみましょう。そのさい，①指示語のさす内容，②段落・場面の構成，③登場人物の性格と心情，④読めない漢字，意味のわからないことばについて，つねに注意しながら読み進めてください。

表現力を養うためには，読書の後に，要旨や感想を50～100字程度でまとめてみるのが効果的です。主述の対応は問題ないか，漢字や接続語は正しく使えているかなどに注意し，書き終わったら家族や先生にチェックしてもらうとよいでしょう。

知識問題については，漢字の問題集を１冊仕上げるほかに，ことわざや慣用句などについても覚えていきましょう。

分野 ＼ 年度			2024		2023		2022	
			1前	1後	1前	1後	1前	1後
読解	文章の種類	説明文・論説文						
		小説・物語・伝記	★	★	★	★	★	★
		随筆・紀行・日記						
		会話・戯曲						
		詩						
		短歌・俳句						
	内容の分類	主題・要旨						
		内容理解	○	○	○	○	○	○
		文脈・段落構成						
		指示語・接続語			○			
		その他	○	○	○	○	○	○
知識	漢字	漢字の読み	○	○	○	○	○	○
		漢字の書き取り	○	○	○	○	○	○
		部首・画数・筆順						
	語句	語句の意味	○	○	○	○	○	○
		かなづかい						
		熟語						
		慣用句・ことわざ	○	○	○	○	○	○
	文法	文の組み立て						
		品詞・用法						
		敬語						
	形式・技法				○			○
	文学作品の知識							
	その他							
	知識総合							
表現	作文							
	短文記述							
	その他							
放送問題								

※　★印は大問の中心となる分野をしめします。

2024年度 駒沢学園女子中学校

【算　数】〈第１回午前一般試験〉（45分）〈満点：100点〉

【注意】計算の途中式や考えは採点されますので、消さないでください。

1 次の$\square$にあてはまる数を求めなさい。

(1)　$250-12\times 9+20=\square$

(2)　$35-(18-5)+19=\square$

(3)　$3\frac{8}{9}\times\frac{18}{10}\div\frac{1}{3}=\square$

(4)　$45\div 5-3\times 2=\square$

(5)　$1.8\times\frac{4}{5}\div 0.3=\square$

(6)　$(273+\square)\div 14=20$

2 次の問いに答えなさい。

(1) 8%の食塩水 200g と 12%の食塩水 300g をまぜると，新しくできた食塩水のこさは何%ですか。

(2) 駒子さんのお父さんはいま 42歳《さい》で，駒子さんは 12歳《さい》です。お父さんの年れいが駒子さんの年れいの 3 倍になるのは，今から何年後のことですか。

(3) 底面の半径が 3 ㎝，高さが 10 ㎝の円柱の体積を求めなさい。ただし，円周率は 3.14 とします。

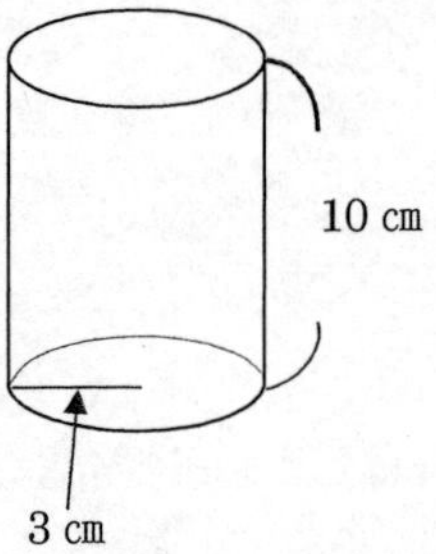

(4) 兄は毎分 90m，弟は毎分 75mの速さでまっすぐな道路を家から反対方向に歩きます。二人が同時に出発すると，8 分後には何mはなれますか。

(5) 池のまわりに，5mずつ間をおいて，旗を 15 本並べました。この池のまわりの長さは何mありますか。

(6) あるクラスの生徒数は 41 人で，男子は女子より 3 人多いそうです。男女それぞれ何人ですか。

3 ある仕事をするのに，Ａさん１人では20日かかり，Ｂさん１人では30日かかります。このとき，次の問いに答えなさい。

(1)　２人が力をあわせてこの仕事をすれば，何日で仕上げられますか。

(2)　２人がいっしょに仕事にかかりました。10日間働いたあとで，Ａさんが休むことになりました。残りをＢさんだけですると，あと何日かかりますか。

(3)　Ａさんが１人で最初に５日間この仕事をして，そのあと，Ｂさんと２人で仕事をしました。２人でした日数は何日ですか。

4 右のグラフは３㎞はなれた図書館に行く様子です。Ａ君が家を出たあと，兄さんが自転車で追いかけたようすを表しています。

このとき，次の問いに答えなさい。

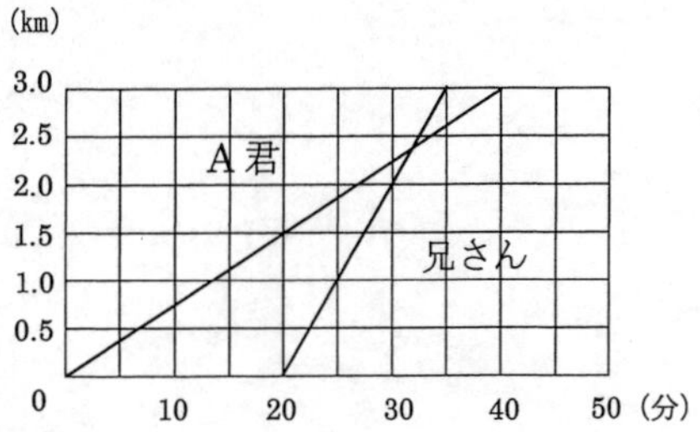

(1)　Ａ君は図書館まで何分かかりましたか。

(2)　Ａ君と兄さんのそれぞれの速さは，分速何ｍですか。

(3)　兄さんがＡ君に追いつくのにかかった時間は兄さんが出発してから何分ですか。

5 ２つの整数 a, b において (a, b) の計算を次のように決めます。(a, b)　＝10×a÷b，例えば，(6, 2)　＝6×10÷２＝30 となります。このとき，次の問いに答えなさい。

(1)　(9，３) と (10, 50) をそれぞれ計算しなさい。

(2)　(24, (4, 5)) を計算しなさい。

(3)　次の計算の□にあてはまる数を求めなさい。

(□，5) ＝30

【社　会】〈第１回午前一般試験〉（45分）〈満点：100点〉

〈編集部注：実際の試験問題では，1の(2)の地図および(3)の円グラフはカラー印刷です。〉

1　次の地図、表、グラフを見て、それぞれの問いに答えなさい。

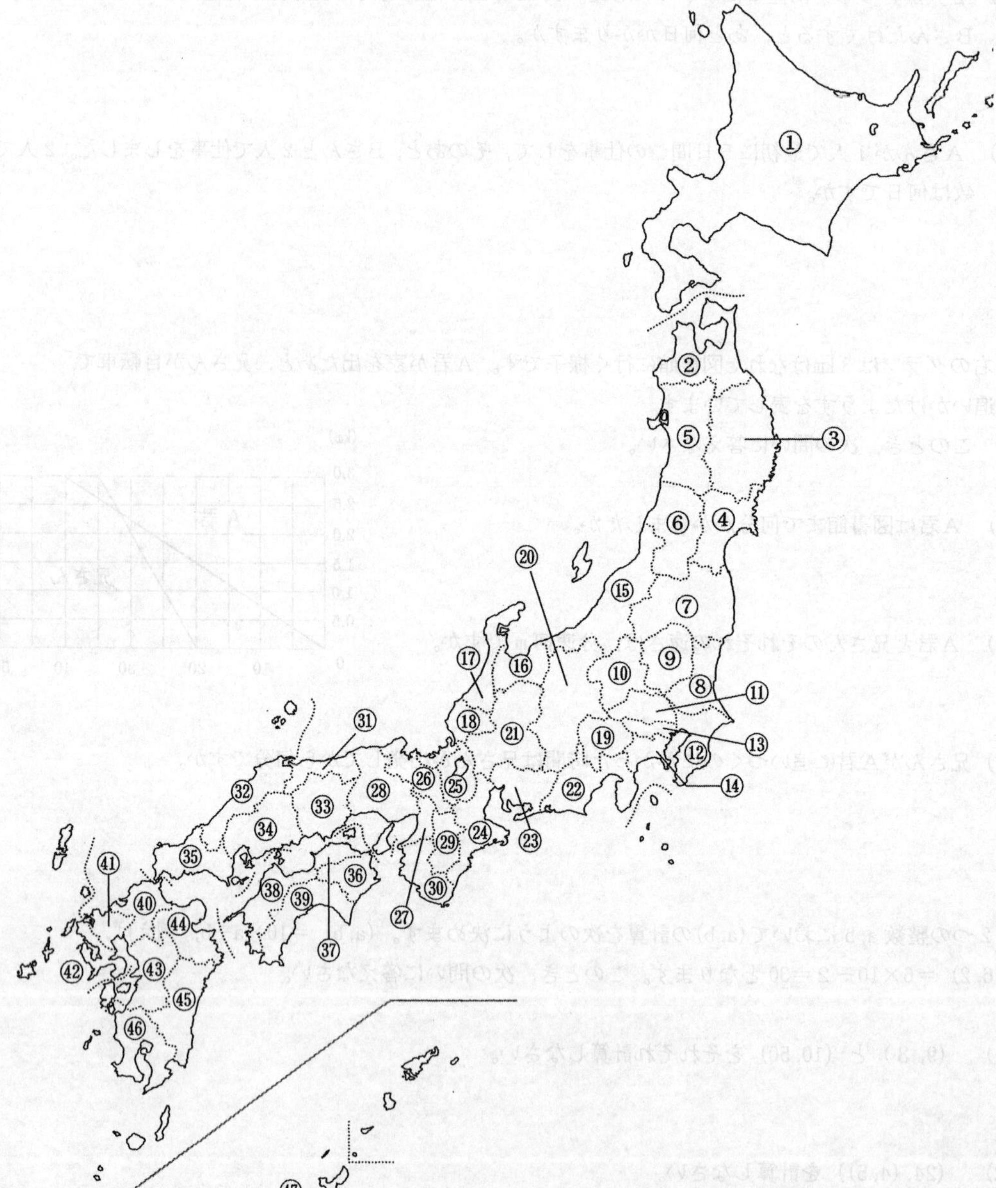

（1）次の（A）～（E）の説明文はそれぞれどの都道府県を説明していますか。都道府県名と前のページにある日本地図の位置の組み合わせとして正しいものを（ア）～（エ）より１つ選び、記号で答えなさい。

（A）この県には日本一の高さをもつ富士山をはじめ、3000m級の山々が連なる山岳《がく》地帯が広がっています。産業では農業分野で茶の生産量が日本一で、スズキやホンダの自動車工場があることから工業出荷額も全国で３位に位置しています。

	都道府県名	位置
（ア）	長野県	⑳
（イ）	静岡県	㉒
（ウ）	岡山県	㉝
（エ）	新潟県	⑮

（B）この県には木曽三川によってできた濃尾平野や、かつて天下分け目の戦いがおこった関ヶ原があります。また、観光業として合掌造《がっしょうづくり》集落の白川郷《しらかわごう》が有名です。その他にも美濃焼《みのやき》や美濃和紙など、昔ながらの伝統工芸が今も引き継がれています。

	都道府県名	位置
（ア）	岐阜県	㉑
（イ）	滋賀県	㉕
（ウ）	福井県	⑱
（エ）	栃木県	⑨

（C）この県の県庁所在地は東北唯一《ゆいいつ》の政令指定都市です。観光業としては日本三景の１つに数えられる松島があります。その他、畜産の分野でも仙台牛が有名です。

	都道府県名	位置
（ア）	宮城県	④
（イ）	沖縄県	㊼
（ウ）	秋田県	⑤
（エ）	石川県	⑰

（D）この県には日本最大流域面積を誇《ほこ》る利根川が流れています。産業では九十九里浜のいわし漁などが有名で、銚子《ちょうし》は水揚《あ》げ量が全国で１位です。また、新東京国際空港（成田空港）もあるため、日本の玄関口としての機能も果たしています。

	都道府県名	位置
（ア）	兵庫県	㉘
（イ）	山口県	㉟
（ウ）	愛知県	㉓
（エ）	千葉県	⑫

（E）かつて日本の都として栄えたこの地には、碁盤《ごばん》の目のように区切られた街並みが今でも残っています。また、鹿苑寺《ろくおんじ》金閣などの歴史的建造物や、日本三景の１つである天橋立《あまのはしだて》など、観光名所が数多くあるほか、今でも祇園祭《ぎおんまつり》などの伝統行事が行われています。

	都道府県名	位置
（ア）	大阪府	㉗
（イ）	熊本県	㊸
（ウ）	京都府	㉖
（エ）	東京都	⑬

（２）下の地図は、ある都道府県の一部を示した地図です。これついて、あとの問いに答えなさい。

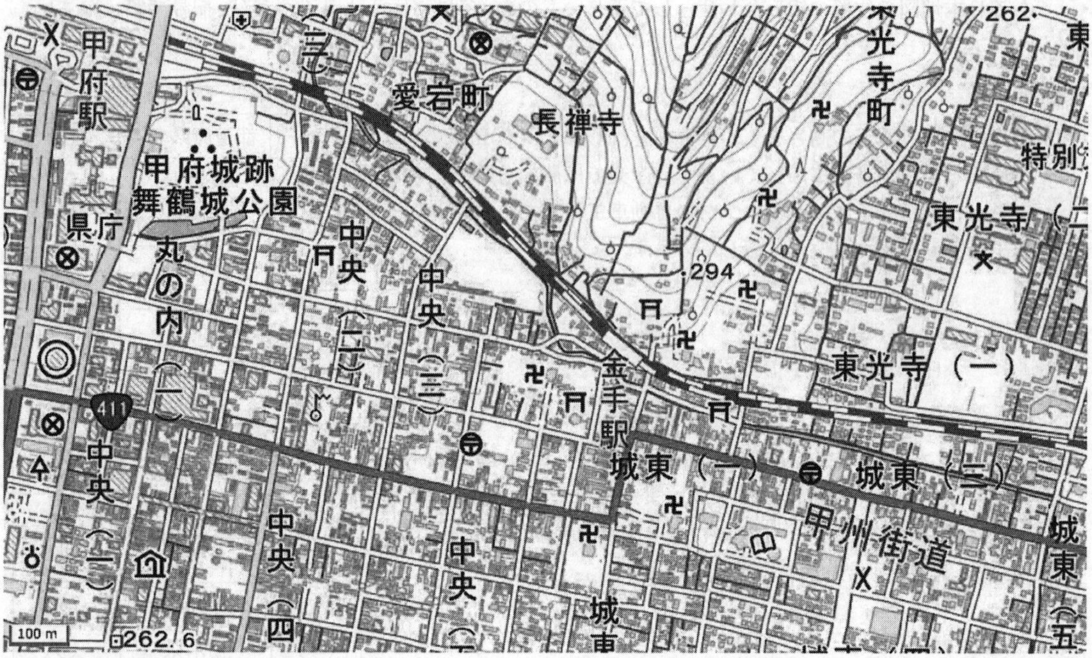

※国土地理院　電子国土 Web より作成

① この地図が示す都道府県はどこですか。都道府県名を答えなさい。

② この地図に関連したことをまとめた文章のうち、誤っているものを次の（ア）～（エ）より１つ選び、記号で答えなさい。

（ア）鉄道の線路を境に北側には果樹園や水田が広がっている。

（イ）鉄道の線路を境に南側には甲州街道が通っており、街道沿いには寺院や郵便局がある。

（ウ）県庁の南には警察署や裁判所などがある。

（エ）金手駅の南東には図書館があり、南西には郵便局がある。

（３）次の北海道に関する図やグラフを見て、あとの問いに答えなさい。

① 右の地図中のＡは北海道の道庁所在地です。ここを何市といいますか。

② 右の地図中のＢは豊かな自然の中で多種多様な生物が生息・生育していることから世界自然遺産にも登録されている半島です。この半島の名称を答えなさい。

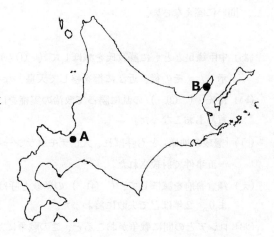

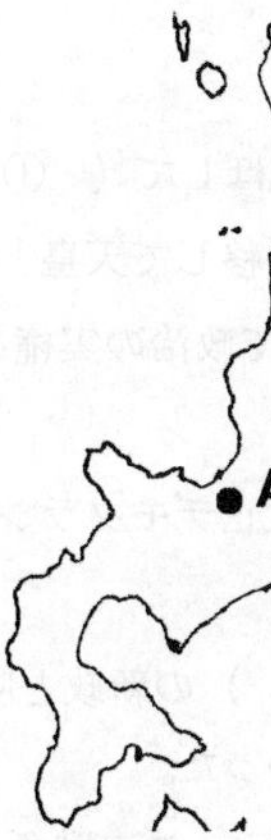

③ 右の円グラフは北海道における飼料《しりょう》作物を除いた農作物の作付面積を示しており、グラフ中の X には国内生産シェア100%を誇る、冷涼な北海道ならではの農作物が入ります。この農作物の名称として正しいものを次の（ア）～（エ）より１つ選び、記号で答えなさい。

（ア）らっきょう　　（イ）パイナップル

（ウ）てんさい　　（エ）さとうきび

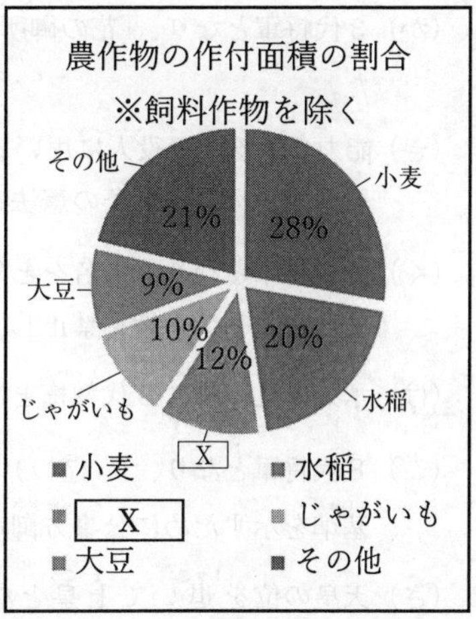

※北海道HP　「令和４年度　北海道農業・農村統計表」より作成

④ 右の表の（ア）～（エ）はそれぞれ、「北海道」「東京都」「島根県」「香川県」のいずれかの人口と人口密度をあらわしたものです。（ア）～（エ）のうち、北海道はどれですか。記号で答えなさい。

	人口（千人）	人口密度（人／１㎢）
（ア）	14,038	6,398.3
（イ）	658	98.1
（ウ）	934	497.7
（エ）	5,140	65.5

※　日本国勢図会　2023/24　より作成

2 次の（あ）～（そ）の文章は、歴史上の人物について述《の》べたものです。それぞれの文章を読んで、あとの問いに答えなさい。

（あ）中臣鎌足とともに蘇我氏を滅《ほろ》ぼして（　①　）の改新をおこない、公地公民制など新しい政治の方針《ほうしん》を示した。その後、近江《おうみ》に都を移して天皇となった。

（い）保元・（　②　）の乱に勝って政治の実権をにぎり、武士として初めて太政大臣《だいじょうだいじん》となり、③ 中国との貿易もおこなった。

（う）「憲政《けんせい》の神様」とも呼ばれ、大正デモクラシーや普通選挙法成立に大きく貢献《こうけん》したが、首相在任中に五・一五事件で射殺《しゃさつ》された。

（え）鎌倉幕府を滅ぼして、（　④　）の新政と呼ばれる天皇や公家《くげ》中心の政治を始めたが、武士の不満が高まり、２年ほどで失敗に終わった。

（お）ロシアとの間に戦争がおこると、この戦争に対して「君死にたもうことなかれ」という詩をよんで疑問を投げかけた。

（か）３代将軍となり、「花の御所」を建てて幕府を移した。また、南北朝を統一し、⑤ 中国との貿易も始めた。

（き）能力のある人を役人に用いるために冠位十二階の制度を定《さだ》め、天皇の地位を明らかにして、役人の心得《こころえ》を示すため、十七条の憲法を定めた。

（く）３代将軍となり、大名をとりしまるための法律である武家諸法度に⑥ 参勤交代の制度を付け加えた。また、キリスト教を禁止し、鎖国を完成させた。

（け）承久の乱の後に３代執権《しっけん》となり、武士の間のしきたりなどをまとめた御成敗式目を定めた。

（こ）８代将軍となり、（　⑦　）の改革をおこない、広く人々の意見を求めるために目安箱を置き、裁判の基準《きじゅん》を示すために公事方御定書《くじかたおさだめがき》を定めた。

（さ）天皇の位を退《しりぞ》いて上皇《じょうこう》となった後も、上皇の御所《ごしょ》で政治をおこなう院政を始めた。

（し）「この世をば　わが世とぞ思う　望月《もちづき》の　かけたることも　無しと思えば」という歌をよんで、摂関政治の全盛期《ぜんせいき》を築《きず》いた。

（す）大塩平八郎の乱の後、幕府政治の立て直しをめざして（　⑧　）の改革をおこない、株仲間《かぶなかま》の解散や上《あげ》地令《ちれい》を出した。

（せ）邪馬台国の女王として、占《うらな》いなどによって政治をおこなった。また、中国の魏《ぎ》に使者を遣《つか》わし「親魏倭王」の称号《しょうごう》や銅鏡などを授《さず》けられた。

（そ）朝廷の許《ゆる》しを得ずにアメリカと条約を結び、幕府のやり方を批判する人々を処罰《しょばつ》した。これを、（　⑨　）の大獄《たいごく》といい、吉田松陰らが処刑《しょけい》された。

（１）次の（ア）～（オ）の人物にあてはまる説明文を、（あ）～（そ）より１つ選び、それぞれ記号で答えなさい。

（ア）北条　泰時　　（イ）犬養　毅　　（ウ）卑弥呼　　（エ）中大兄皇子

（オ）与謝野　晶子

（２）（あ）～（そ）の中から、平安時代に活躍した人物の説明文を３つ選び、記号で答えなさい。

（３）（あ）～（そ）の中の（　①　）・（　②　）・（　④　）・（　⑦　）・（　⑧　）・（　⑨　）にそれぞれあてはまる語句を、次の（ア）～（カ）より１つずつ選び、記号で答えなさい。

（ア）享保　（イ）天保　（ウ）安政　（エ）平治
（オ）大化　（カ）建武

（４）下線部③と⑤の「中国との貿易」には、どのような違いがありますか。２つ答えなさい。

（５）下線部⑥に関して、次の問い（Ａ）・（Ｂ）にそれぞれ答えなさい。

（Ａ）どのような制度ですか。簡単に説明しなさい。
（Ｂ）当時の社会にどのような影響《えいきょう》を与えましたか。説明しなさい。

3　次の文章を読んで、あとの問いに答えなさい。

国家が守らなければならないルールとして定めているものを憲法といいます。現在の憲法である① 日本国憲法は、第二次世界大戦後につくられました。当時の日本は戦争に負け、② ＧＨＱ（連合国軍最高司令官総司令部）によって占領されていました。日本国憲法は、ＧＨＱの指示を受けて③ それまでの憲法を改正するかたちで新たに制定されたのです。

日本国憲法には、どのようなことが記《しる》されているのでしょうか。憲法前文を読んでみると、「政府の行為《こうい》によつて再び戦争の惨禍《さんか》が起ることのないやうにすることを決意し」、④「ここに主権が国民に存することを宣言し、この憲法を確定する」とあります。また、⑤「平和を愛する諸国民の公正と信義に信頼《しんらい》して、われらの安全と生存を保持しよう」と記されています。

日本国憲法の条文をいくつかみてみましょう。まず、第１条では、天皇の地位について述べられています。天皇は「日本国の象徴《しょうちょう》であり日本国民統合の象徴であつて」とされています。このことに関連し、第７条では、天皇の国事行為《こうい》について述べられています。

第 11 条では、⑥ 基本的人権の享有《きょうゆう》について述べられています。日本国憲法の３分の１ほどは、基本的人権についての記述です。それだけ、基本的人権は私たちにとって大切な権利だということが分かります。

また、日本国憲法には⑦ 三権分立についても記述されています。三権とは⑧ 国会・内閣・裁判所がそれぞれもつ権力のことです。

（１）下線部①に関して、憲法改正について述べた次の（ア）～（エ）より正しいものを１つ選び、記号で答えなさい。

（ア）憲法を改正するときには、国民の意見は問われない。
（イ）憲法を改正するときには、国会からの発議が必要である。
（ウ）憲法改正は内閣が決定する。
（エ）憲法改正の手続きについて、日本国憲法に記されていない。

（２）下線部②に関して、この組織の中心となっていた国はどこですか。次の（ア）～（エ）より１つ選び、記号で答えなさい。

（ア）アメリカ　　（イ）中国　　（ウ）イタリア　　（エ）ドイツ

（３）下線部③に関して、日本国憲法が制定される以前の憲法を何といいますか。漢字７字で答えなさい。

（４）下線部④は、日本国憲法の三原則のうち、どれと関わりが深いですか、答えなさい。

（５）下線部⑤は、日本国憲法の三原則のうち、どれと関わりが深いですか、答えなさい。

（６）下線部⑥に関して、誤っているものを次の（ア）～（エ）より１つ選び、記号で答えなさい。

（ア）教育を受ける権利がある。

（イ）収入によって、選挙権が与えられる。

（ウ）自由に宗教を信じることができる。

（エ）性別によって差別されない。

（７）下線部⑦に関して、三権をすべて答えなさい。

（８）下線部⑧に関して、国会の役割としてふさわしくないものを次の（ア）～（エ）より１つ選び、記号で答えなさい。

（ア）条約を承認《しょうにん》する。

（イ）予算を決議する。

（ウ）衆議院を解散する。

（エ）内閣総理大臣を指名する。

4 次の文章を読んで、あとの問いに答えなさい。

日本は第二次世界大戦で大きな被害《ひがい》を受けました。1945 年の８月６日に（　①　）へ、1945 年８月９日には（　②　）へ原子爆弾《ばくだん》が投下され、多くの命が奪《うば》われました。戦後 78 年をむかえ、世界中の人々が（　①　）や（　②　）を訪れ、平和への祈りをささげています。2016 年には現職の（　③　）大統領としては初めてオバマ大統領が（　①　）の平和記念公園を訪れました。そして、2023 年５月には（　①　）で G7 サミットが開かれ、さまざまな国の代表者が（　①　）に集まり、現代の社会が抱《かか》える問題について話し合いが持たれました。今回のサミットの重要な課題はさまざまありますが、その中でも核軍縮・不拡散について現実的な取り組みを進めていくためのメッセージが発信されています。核兵器のない世界を実現するために、実際にどのような取り組みがなされてきたのでしょうか。

核兵器の開発は、まず戦争で初めて核兵器を使用した（　③　）からスタートし、ソ連、イギリス、フランス、中国などが続きました。こうした中、核兵器を持っていない国が新たに核兵器を持つことを禁止したり、核弾頭《かくだんとう》*を載《の》せたミサイルの数を制限したりする条約が結ばれてきました。

その後、核兵器禁止条約が 2021 年１月に発効されました。この条約は、核兵器の開発、保有、使用、使用の威嚇《いかく》などのあらゆる活動を禁止しており、60 か国以上の国々がこの条約を批准《ひじゅん》*しています。

唯一《ゆいいつ》の被爆国である日本が、世界の平和のために果たす役割は何か、考えていかなくてはなりません。

＊核弾頭：核の爆発装置

＊批准：条約に対する国家の最終的な確認のこと

（１）（　①　）にあてはまる都市名を答えなさい。

（２）（　②　）にあてはまる都市名を答えなさい。

（３）（　③　）にあてはまる国名を答えなさい。

【理　科】〈第１回午前一般試験〉（45分）〈満点：100点〉

1　多くの植物は、１日の昼の長さと夜の長さを感じとって、季節を知り、花芽《かが》（花のもとになる部分）を形成しています。日（昼の時間）が長くなっていくと花芽を形成する(あ)長日《ちょうじつ》植物と、日（昼の時間）が短くなっていくと花芽を形成する(い)短日《たんじつ》植物があります。しかし実際《じっさい》は、長日植物や短日植物は昼の時間の長さではなく(う)夜の時間の長さを感じとって、花芽を形成していることが分かっています。

(1) 文中の下線部（あ）について、下の図は長日植物であるアブラナの花を分解したものです。図のア～ウの部分の名称を答えなさい。また、アブラナの花びらの色を答えなさい。

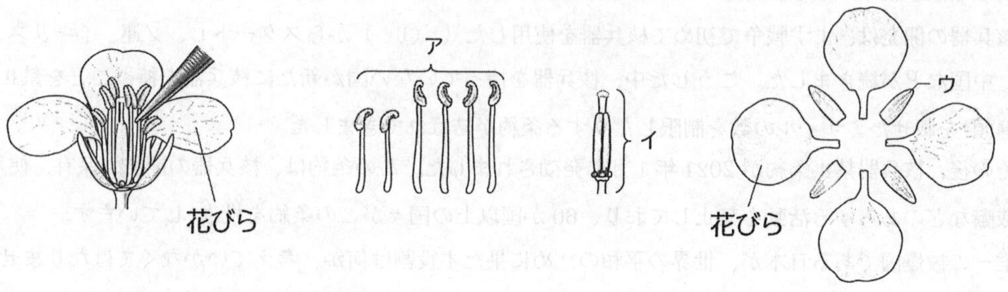

(2) (1) のアブラナの花のように、花びらが１枚ずつ離《はな》れている花を何といいますか。またこのように花びらが１枚ずつ離れている花を次の①～④から１つ選び、番号で答えなさい。

①　ツツジ　　②　ホウセンカ　　③　タンポポ　　④　アサガオ

(3) (1) のアブラナの花は、受粉のために昆《こん》虫を利用する虫媒《ばい》花です。虫媒花の花粉について述《の》べた次の文のうち、最も適当なものを次の①～④から１つ選び、番号で答えなさい。

①　小さくて軽いものが多い
②　表面にとげや毛がはえているものが多い
③　空気袋がついている
④　花粉症《かふんしょう》の原因になりやすいものが多い

(4) 文中の下線部（い）について、短日植物と考えられる植物を次の①～④から１つ選び、番号で答えなさい。

①　コスモス　　②　アヤメ　　③　カーネーション　　④　シロイヌナズナ

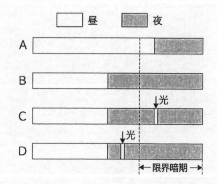

(5) 文中の下線部（う）について花芽を形成するために必要な夜の長さを限界暗期《げんかいあんき》といいます。つまり、短日植物は連続した夜の長さが、限界暗期より長くなると花芽を形成します。

右の図は、ある短日植物について、夜の長さと花芽形成の関係について調べた実験を表したものです。

実験Ａ～Ｄで花芽を形成する場合には○、花芽を形成しない場合には×を書きなさい。

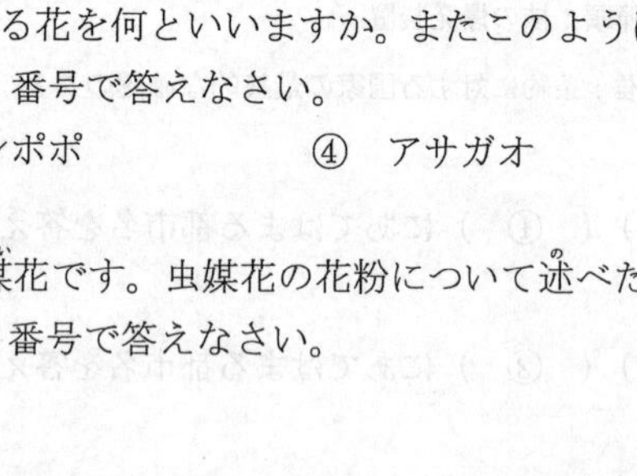

(6) 駒子さんの家の庭では、毎年秋にキクの花がよく咲《さ》いていました。しかし昨年の秋、気温はいつもとほぼ同じであったにも関わらず、キクの花はあまり咲きませんでした。昨年の秋、駒子さんの家の庭のキクの花があまり咲かなかった原因として、最も可能性が高いと考えられるものを次の①～④から１つ選び、番号で答えなさい。

①　東側に高い建物ができて、朝早い時間には庭に日が当たらなくなったから
②　庭の雑草《ざっそう》を刈ったので、キクの茎《くき》の部分によく日が当たるようになったから
③　夏から秋にかけて、晴れの日が多かったから
④　夏から秋にかけて、庭の横の道路で夜間に工事が行われ、深夜に照明灯《しょうめいとう》がつけられていたから

2　駒子さんは、近所のデパートに買い物に行きました。入り口に消毒《しょうどく》液があったため、手に吹《ふ》きかけるとすぐに消毒液は消えてしまいました。消毒液の成分表示を見ると、「エタノール」と書かれてあり、駒子さんはエタノールについて調べてみることにしました。

エタノールについて分かったこと
・(ア)殺菌・消毒作用がある
・通常は(イ)液体として存在する
・(ウ)蒸発《じょうはつ》しやすく、(エ)引火性《いんかせい》がある
・(オ)凝固点《ぎょうこてん》※は－114℃、(カ)沸点《ふってん》は78℃である　　※ 液体から固体に変わる温度のこと
・市販《しはん》の消毒液には、約(キ)75%のエタノールが含《ふく》まれている
・(ク)お酒に含まれているアルコール成分も、エタノールである

(1) 下線部(ア)について、殺菌・消毒作用があるとされているものは次のうちどれですか。①～⑤から１つ選び、番号で答えなさい。
①　水素　　②　ちっ素　　③　塩素　　④　炭素　　⑤　二酸化炭素

(2) 下の図①～③は、固体・液体・気体のいずれかの状態を表しています。下線部(イ)について、液体のようすを表している図はどれですか。①～③から１つ選び、番号で答えなさい。ただし、図中の○は物質をつくる粒《つぶ》を表しています。

①　　②　　③

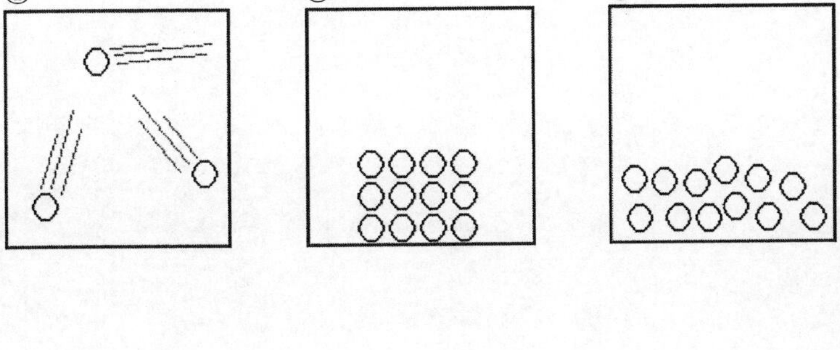

(3) 下線部(ウ)について、次のうち蒸発と関係のある現象はどれですか。①～⑤から１つ選び、番号で答えなさい。

① お風呂から出たとき、鏡《かがみ》がくもっていた
② ドライアイスを皿《さら》に置いておいたら、なくなった
③ 雨が降《ふ》ってできた水たまりが、次の日になくなっていた
④ 冬の寒い日、プールの水が凍《こお》っていた
⑤ コップに入れた氷が、溶《と》けて水になった

(4) 下線部(エ)について、引火性をもたないものは次のうちどれですか。①～⑤から１つ選び、番号で答えなさい。
① ガソリン　② 炭酸水　③ サラダ油　④ 石油　⑤ 天然ガス

(5) 下線部(オ)について、液体ちっ素（約－196℃）の中に液体のエタノールを入れた場合、エタノールはどの状態《じょうたい》になりますか。次の①～③から１つ選び、番号で答えなさい。
①固体になる　②液体のまま　③気体になる

(6) 下線部(カ)について、沸点とは何ですか。簡単に説明しなさい。

(7) 下線部(キ)について、消毒液に含《ふく》まれているエタノールの濃度《のうど》を 75%とすると、消毒液 200 g 中に含まれているエタノールは何 g ですか。

(8) 下線部(ク)について、駒子さんがデパートで見たワインのラベルには、下の図のように書かれてありました。

内容量　500 mL アルコール度数※　○%

※ アルコール濃度のこと

駒子さんがラベルの○の値を使って計算したところ、このワインには 60 g のエタノールが含まれていることが分かりました。○に当てはまる数値を答えなさい。ただし、このワイン 1mL あたりの質量を 1 g とします。

(9) トウモロコシなどの植物からつくられるエタノールをバイオエタノールといい、石油やガソリンの代わりになる燃料として注目されています。下の図は、バイオエタノールによって空気中に放出される気体Ｘの量を減《へ》らせることを説明している図です。気体Ｘの名称を答えなさい。

また、下の図は放出される気体Ｘの量を減らす取り組みの一例です。2020年に政府が2050年までに気体Ｘを含《ふく》む温室効果ガスの排出を全体としてゼロにすると宣言したことでも知られる、この取り組みを何といいますか。次の①～④から１つ選び、番号で答えなさい。

① バイオハザード　② リサイクル　③ カーボンニュートラル　④ オイルショック

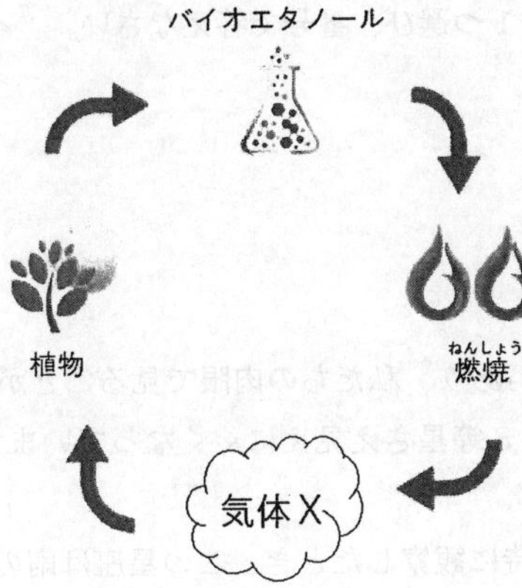

3 図１は、天体観測が好きな駒子さんが、ある冬の晴れた日の午後９時に南の空に見えた星座をイラストにしたものです。また図２は、この星座が動いていくようすを表したものです。

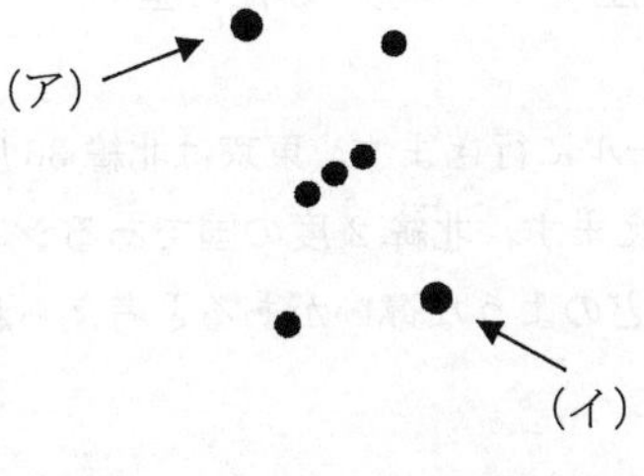

図１

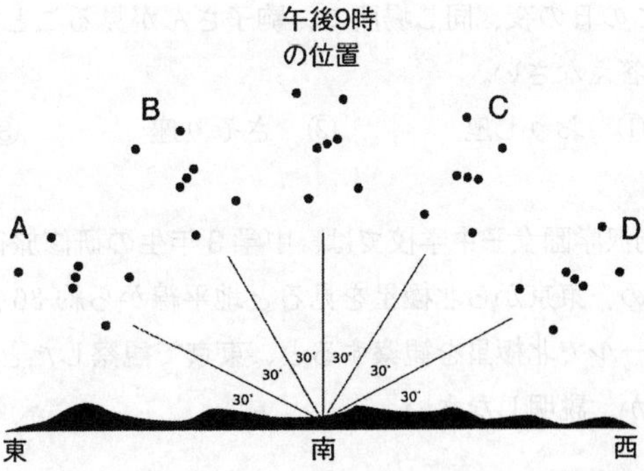

図２

(1) 図１の星座の名称を答えなさい。

(2) 図１の星座の左上の星(ア)と右下の星(イ)はとても明るく見えました。左上の星(ア)は、おおいぬ座のシリウス、こいぬ座のプロキオンとともに「冬の大三角」をつくっています。星(ア)、(イ)の名称をそれぞれ答えなさい。

(3) 星(ア)、(イ)は２つとも、地球上から見て最も明るく見える１等星である。１等星は全天に21個あります。次の①～④の中から１等星でない星を１つ選び、番号で答えなさい。

① アルタイル
② デネブ
③ ミラ
④ アンタレス

(4) 星(ア)は赤色に、星(イ)は青白色に見えました。このように星の色が違《ちが》って見えるのは、星の何が違うからですか。次の①～④から１つ選び、番号で答えなさい。

① 星までの距離《きょり》
② 星の大きさ
③ 星の形
④ 星の表面温度

(5) 夜空には、さまざまな明るさの星があり、私たちの肉眼で見ることができる最も暗い星を６等星としていますが、現代の都市部では３等星さえ見えにくくなっています。その理由を答えなさい。

(6) 図２のように、駒子さんが午後９時に観察したとき、この星座は南の空に見えました。この日の２時間後、この星座はどこに見えますか。図２のA～Dから１つ選び、記号で答えなさい。

(7) (6)のように、同じ日でも時刻によって、星の見える位置が変化するのはなぜですか。「地球」という言葉を用いて、説明しなさい。

(8) この日の夜、同じ場所で、駒子さんが見ることができない星座を次の①～④から１つ選び、番号で答えなさい。

① おうし座　　② さそり座　　③ カシオペア座　　④ ふたご座

(9) 駒沢学園女子中学校では、中学３年生の研修旅行でシンガポールに行きます。東京は北緯36度のため、東京から北極星を見ると地平線から約36度の高さに見えます。北緯２度の国であるシンガポールで北極星を観察すると、東京で観察したときと比べて、どのような違いがあると考えられますか。説明しなさい。

4 駒子さんはある日、博物館でさおばかりを見かけ、そのしくみが気になり調べてみたところ、てこのしくみを使っていることが分かりました。

(1) てこのしくみについて調べていたところ、さおばかりだけでなく、身近にあるさまざまな道具に利用されていることが分かりました。次の①～⑥の中から、てこのしくみを利用していない道具を１つ選び、番号で答えなさい。

① はさみ

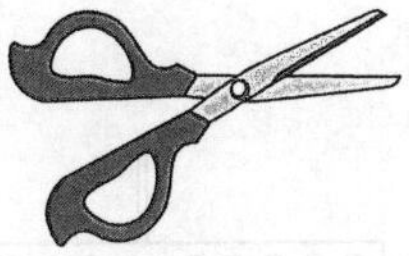

② くぎぬき

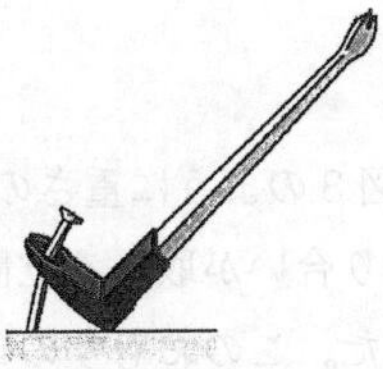

③ カッター

④ せんぬき

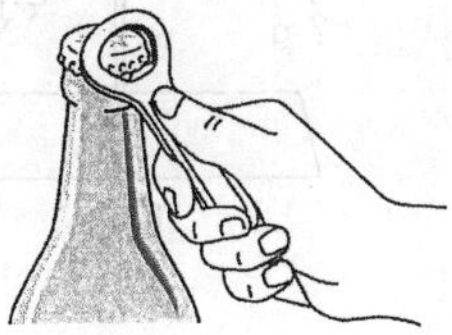

⑤ ピンセット

⑥ ものさし

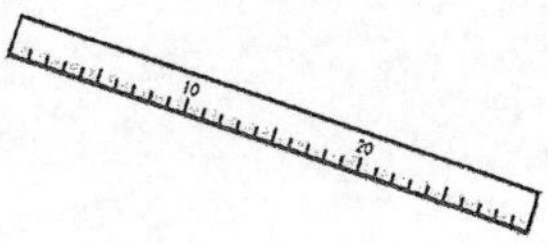

(2) 駒子さんは、さおばかりのしくみを詳《くわ》しく知るために、図１のような実験用てこを作りました。そして、この実験用てこに①～⑥のようにおもりをつけ、つり合いが取れるかを調べました。①～⑥の中から、つり合いが取れていると考えられるものを３つ選び、番号で答えなさい。なお、おもりは全《すべ》て同じ重さであり、実験用てこの左右の長さと穴《あな》の間隔《かんかく》は同じであるとします。

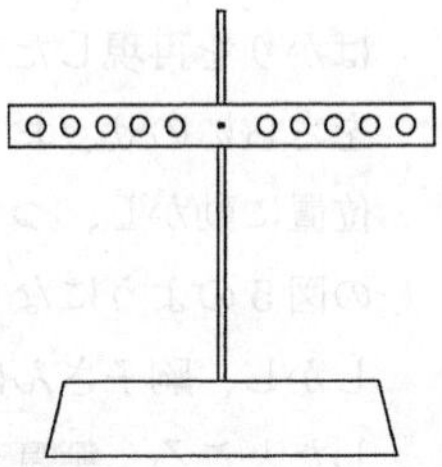

図１

①

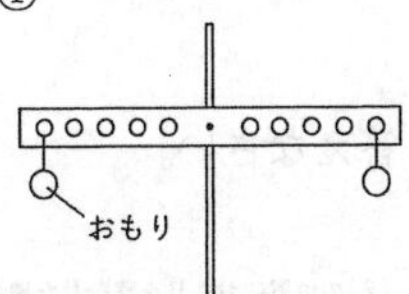

②

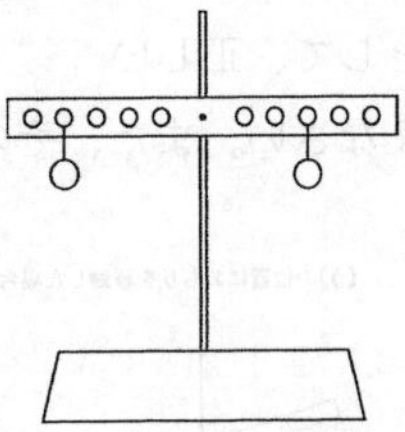

③

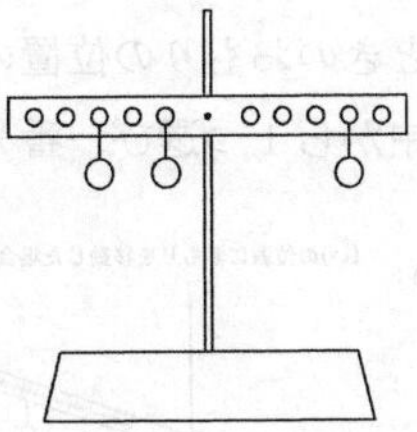

④

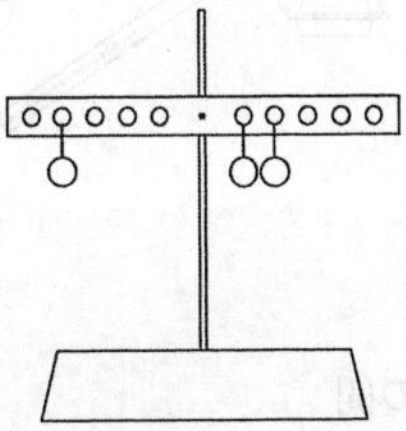

⑤

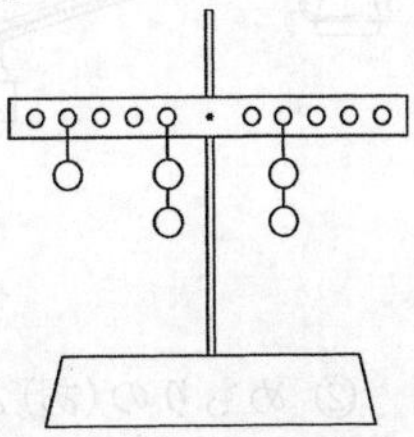

⑥

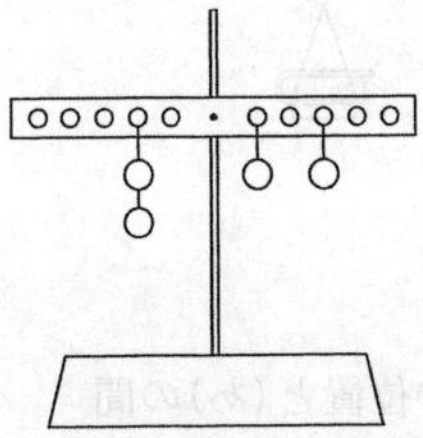

(3) 駒子さんは、次にこの実験用てこを使い、図２のように40ｇのおもりをつけた状態で、ばねばかりを(ア)の位置につけ、つり合いが取れる位置まで引きました。このとき、ばねばかりの値は何ｇを示《しめ》していますか。

また、図２の状態からばねばかりを(イ)の位置につけかえ、つり合いが取れる位置まで引くと、ばねばかりの値は何ｇを示しますか。

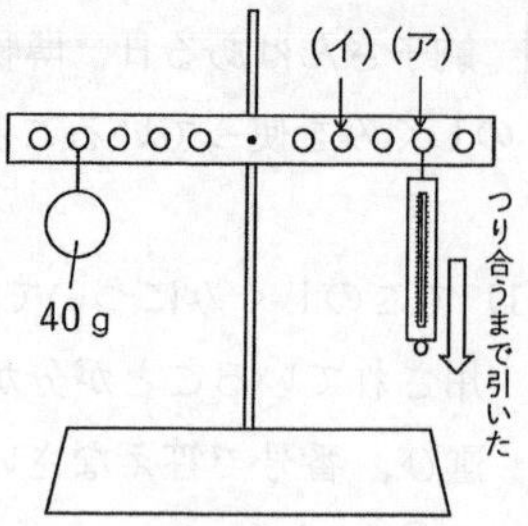

図２

(4) 駒子さんは、さらにこの実験用てこを使い、図３のように重さの分からないおもりをつけた状態で、ばねばかりをつり合いが取れる位置まで引くと、ばねばかりの値は50ｇを示していました。このおもりの重さは何ｇか答えなさい。

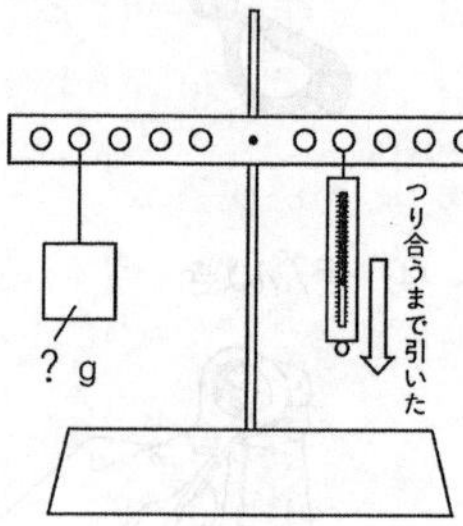

図３

(5) 駒子さんは、これまでの実験をもとに、図４のような、さおばかりを再現した装置を作りました。そして、自宅にあった本をさらにのせ、おもりの位置をめもりの(あ)～(え)の４か所の位置に動かし、つり合いが取れるかを調べましたが、結果は下の図５のようになり、つり合いを取ることができませんでした。しかし、駒子さんはあきらめずにもう一度おもりの位置を動かしたところ、無事つり合いが取れました。

つり合いが取れたときのおもりの位置の説明として、正しいものを次の①～⑤の中から１つ選び、番号で答えなさい。また、その理由も答えなさい。

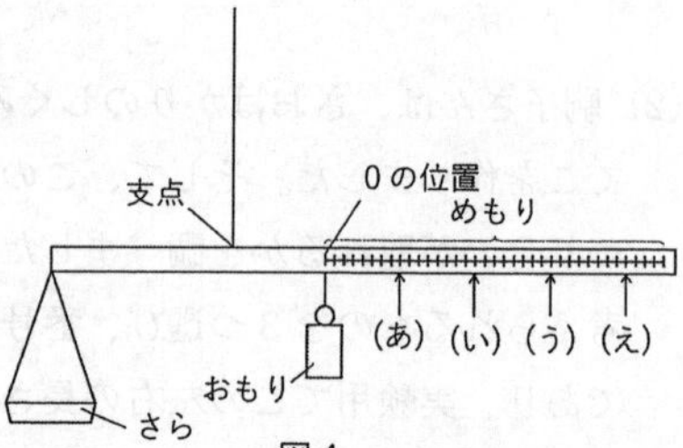

図４

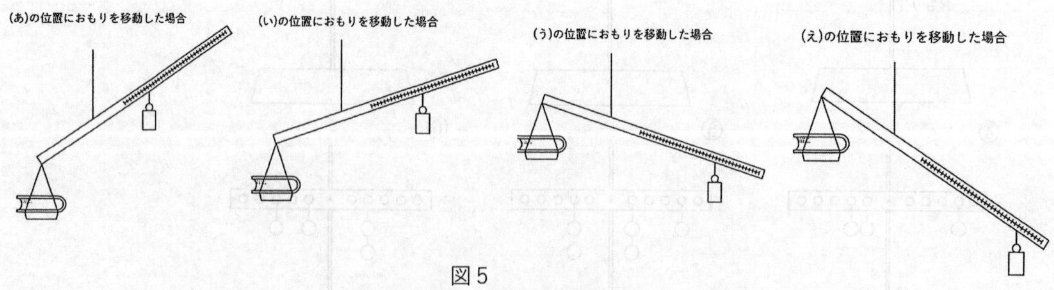

図５

① めもりの０の位置と(あ)の間　② めもりの(あ)と(い)の間
③ めもりの(い)と(う)の間　④ めもりの(う)と(え)の間
⑤ めもりの(え)より先

(6)　(5) の結果、つり合いが取れたときのめもりの値から、本の重さが200ｇと分かりました。その後、駒子さんは図６のように、支点の位置を、さらの方へ少し動かし、200ｇの本とつり合いが取れるおもりの位置を調べました。そのときの結果として正しい説明を①～③から１つ選び、番号で答えなさい。

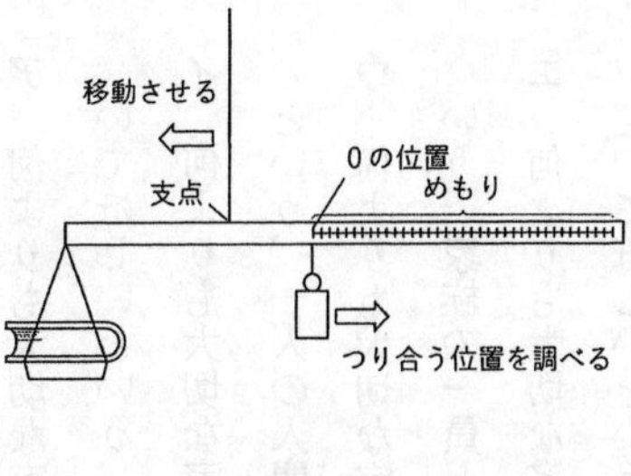

図６

① めもりの200ｇの位置でつり合った
② めもりの200ｇよりも小さい値の位置でつり合った
③ めもりの200ｇよりも大きい値の位置でつり合った

問十一　――線⑧「やっとジジを許せる気がした」とありますが、夏鈴さんのジジに対する気持ちの変化についてまとめた次の文章の、**ア**～**エ**にあてはまる言葉を本文中から探し、指定された文字数で書きぬきなさい。

最初の頃、夏鈴さんはお母さんが末期がんで余命が短いことを教えてくれなかったジジをものすごく［**ア**（四字）］が、実はジジも夏鈴さんと同じように［**イ**（六字）］をかかえていて、夏鈴さん以上に［**ウ**（七字）］ということを知り、心の底からジジと［**エ**（六字）］と感じられるようになった。

問十二　――線⑨「あのとき咲いた水仙は、命がけで植えた母からのメッセージなんだって思ったの」とありますが、夏鈴さんのお母さんが家族に伝えたかったこととして、もっとも適当なものを次の**ア**～**エ**から選び、記号で答えなさい。

ア　何よりも大切な家族に対して、どんなことがあっても後悔しないでほしいという、子ども思いの母親としての気遣《づか》い。

イ　何よりも大切な家族に対して、いつまでも悲しまないでほしいという、一人の人間としての切実な願い。

ウ　何よりも大切な家族に対して、いつまでも仲良くしてほしいという、家族の一員としてのアドバイス。

エ　何よりも大切な家族に対して、自分の花のような美しさを覚えていてほしいという、女性としてのプライド。

問十三　――線⑩「心がほぐれてきた」とありますが、これはどういうことですか。五十五字以上六十五字以内でまとめなさい。

問十四　――線⑪「真子は何度もうなずく」とありますが、夏鈴さんの言葉を聞いた真子は、夏鈴さんのどんな気持ちを受け止め、これからどうすると考えていますか。八十字以上九十字以内で書きなさい。

問七　——線⑤「制御不能な炎が、夏鈴さんの内で燃えさかっていたに違いない」とありますが、この時の夏鈴さんの様子として、もっとも適当なものを次の**ア**～**エ**から選び、記号で答えなさい。

ア　病気や余命のことを教えてくれなかったジジや母に対する強い怒《いか》りと失望を感じているが、今となってはどうにもできず、なげやりになっている様子。

イ　自分がかかえる苦しみや悲しみ、自分を責める気持ちを絵に描きたいが、どう表現していいか分からず、自分の画力の無さをもどかしく感じている様子。

ウ　どんな絵を描くかを頭で考える前に、自分の体が勝手に動いていくのを止めることもできないほどの苦しみや悲しみ、自分を責める気持ちにつき動かされている様子。

エ　絵を描くこと以外何も考えられない状態だったが、自分の中のイメージを形にすることがどうしてもできず、そんな自分への怒りで心がいっぱいになっている様子。

問八　（　１　）～（　４　）に入るもっとも適当な語句を、次の**ア**～**カ**からそれぞれ選び、記号で答えなさい。

ア　おずおずと　**イ**　そろそろと　**ウ**　ポロッと
エ　すうっと　**オ**　ひしひしと　**カ**　ペラペラと

問九　——線⑥「真子は何度も強く首をふった」とありますが、この時の真子の気持ちとして、もっとも適当なものを次の**ア**～**エ**から選び、記号で答えなさい。

ア　「祈る少女」は画家としての夏鈴さんの代表作であり、全てを計算した上で描かれているからこそ、水仙の花を描きそえたことにも夏鈴さんの計算があると信じ、真実を聞きたいと望む気持ち。

イ　「祈る少女」が生まれたのにははっきりとした理由があることを知り、水仙の花の絵にも夏鈴さんの気持ちや実際の出来事にまつわるエピソードがあると信じ、真実を聞きたいと望《のぞ》む気持ち。

ウ　「祈る少女」はお母さんの死から夏鈴さんが立ちなおるために描いたということをうちあけてくれたのに、水仙の話になると急によそよそしい態度をとる夏鈴さんを許せない気持ち。

エ　「祈る少女」という題名であれば、少女の姿だけ描いてあれば充分《じゅうぶん》なのに、水仙という関係のないものまで描いたことに疑問をもった真子をごまかそうとする夏鈴さんを許せない気持ち。

問十　——線⑦「ジジ、負けたって言ってた」とありますが、ジジはだれの、どんな頼みを断りきれなかったのですか。三十字以上三十五字以内でまとめなさい。

問二　――線①「そこまでお元気になられたってことよね」とありますが、以前のママの様子が書かれている一文を探し、始めの五字を書きぬきなさい。

問三　――線②「真子のおかげ」とありますが、ママは真子のどんな行動によって、何をすることになったのですか。四十五字以上五十五字以内でまとめなさい。

問四　[A]に当てはまる言葉としてもっとも適当なものを次の**ア**～**エ**から選び、記号で答えなさい。

ア　物語の一節を暗唱している
イ　女優がセリフを言っている
ウ　絵の中の少女に話しかけている
エ　幼い子供に言い聞かせている

問五　――線③「表情が曇っていった」について次の問いに答えなさい。

（1）「表情が曇る」の意味としてもっとも適当なものを次の**ア**～**エ**から選び、記号で答えなさい。

ア　焦《あせ》りで顔がこわばる。
イ　気まずくて顔が暗くなる。
ウ　怒りで怖《こわ》い顔になる。
エ　めんどうでけだるい顔になる。

（2）次の[　]に顔の一部を表す語を漢字一字で入れて、意味に合うように慣用句を完成させなさい。

1　[　]のかたきにする（何かあるたびににくらしく思う）
2　ねこの[　]（場所がせまいことのたとえ）
3　馬の[　]に念仏（言ってもむだである）

問六　――線④「真子の胸が苦しくなる」とありますが、この時の真子の気持ちとして、もっとも適当なものを次の**ア**～**エ**から選び、記号で答えなさい。

ア　母が亡くなってどうすれば良いか分からず、幼い子のように泣き続ける夏鈴さんの姿を想像して、母の病気を知らなかったことに同情する気持ち。
イ　母とのケンカでひどい言葉を投げつけた時のことを思い出し、反省している夏鈴さんの姿を想像して、過去の自分の姿を重ね合わせ同情する気持ち。
ウ　母の余命を教えてくれなかったジジに裏切られたと感じ、ショックを受けている夏鈴さんの姿を想像して、ジジの思いやりのない行動に心をいためる気持ち。
エ　母に対する後悔の念が次々とわき上がり、死んでしまいたいほど苦しんでいる夏鈴さんの姿を想像して、まるで自分のことのように心をいためる気持ち。

低い声だった。

「だから、今、ケンカしても、絶縁状が来ても、大声をだされても、全然平気。遅《おそ》すぎるよね。そして、お互い大バカだよ。ものすごく大切な人を亡くして、やっと気がつくなんて……」

夏鈴さんが大きく息を吐《は》いた。

「⑨あのとき咲いた水仙は、命がけで植えた母からのメッセージなんだって思ったの。ジジとわたしと兄へのメッセージ。母はわたしたちを何ものにも代えがたいほど大切に思ってた。悲しまないでほしいって、水仙の花で伝えたかったんじゃないかな。水仙が次々に花を咲かせるのを見てて、母のクアイジョウを心の底から信じることができたの。するとね、なんて言ったらいいのかな、⑩心がほぐれてきたって言うのかな、後悔も、ジジを責める気持ちも流されていった。そうして自分をケ許すこともできるようになった。だから、この絵が生まれ、あそこに水仙の花があるの」

真子は泣きそうになるのを必死でこらえた。泣くのは違うと思ったのだ。

「この絵には、それまでのわたしの全部がこもっちゃった」

夏鈴さんの声がいつもの響《ひび》きを取りもどした。

「ね、真子ちゃん。わたしね、一言だけ、母に言いたいことがあるの。それ、わかる?」

真子は首をふった。

「お母さんのバカ!」

泣きだす一歩手前の、夏鈴さんの声だった。お母さんへの甘《あま》えるような思いが（　3　）伝わってくる。

真子は、あっと思った。

（夏鈴さんのさびしさって、ここ……）

「ねえ、真子ちゃん」

夏鈴さんは真子の正面に座りなおした。そして、真子の手を取り、目をのぞきこむようにして口を開いた。

「真子ちゃんは、今、ママさんに言えるんだよ。なんでも、言えるんだよ。伝わるんだよ。わかるよね」

⑪真子は何度もうなずく。泣きそうになるのを必死でこらえて夏鈴さんにだきついた。

（わたし、泣くな。泣いちゃダメ）

背中をなでおろす夏鈴さんの手のぬくもりを感じる。『祈る少女』が醸《かも》しだす悲しさ、さびしさ、苦しさ、そしてやさしさ。そのすべてが夏鈴さんのものだった。

「やだ、わたしったら、絵描きコシッカクよね。（　4　）絵のことを話しちゃうなんて。感じてもらえればそれでいいのに、まだまだわたしも甘いわね」

少し自嘲《じちょう》気味に話す夏鈴さんから、真子は体を離《はな》した。

「この話は、もう、おしまい。さ、デフィン《インドネシアからの留学生》のために、ごちそう作ろう」

真子はうなずくのが精いっぱいだった。

問一　～～線ア～コについて、カタカナは漢字で、漢字は読みをひらがなで、それぞれ書きなさい。

真子は、（　1　）夏鈴さんにたずねた。

「あの、この花、水仙《すいせん》ですよね。なぜここに？」

真子は絵の片隅《かたすみ》に描《えが》かれた水仙の花を指さした。

夏鈴さんがはっとした表情を浮かべて真子を見た。

「え、この水仙？　最初っから、この花がここにあったのよ、っていう説明じゃダメ？」

真子は首をふった。今の夏鈴さんの説明で、それは違《ちが》うとはっきりとわかったから。⑥真子は何度も強く首をふった。

「まいったな。真子ちゃん、鋭《するど》すぎるよ」

夏鈴さんが頭をかいた。言いにくそうに、何度もくちびるを舌で湿《しめ》らせている。口を開きかけては閉じ、また口を開きかける。

「あの」

真子が口を開いたのと、夏鈴さんが語りだしたのは同時だった。

「母が亡くなったのは十二月のォ半ば。自分でもお正月を迎《むか》えられないってわかってたのかもしれないわ。亡くなる二ヶ月ほど前にね、急にたくさんの水仙の球根をヵチュウモンしたらしいの。そして、このイカル荘の玄関前《げんかんまえ》に植えはじめたの。体はかなりつらかったはずなんだけど、気分のいいときに植えてたみたい。ジジが、やめろって怒《いか》り狂《くる》ったんだけど、淡々《たんたん》として植えてたって。ジジが力ずくでやめさせたら、今まで見たこともないほど悲しそうな目をして、植えさせてくれって頼《たの》んだって。⑦ジジ、負けたって言ってた」

夏鈴さんの横顔を盗《ぬす》み見る。夏鈴さんの目から涙《なみだ》が一筋、（　2　）流れ落ちた。真子は見てはいけないものを見てしまった気がして、すぐに目をそらした。

「母が亡くなって、すべて終わって、わたしがどん底に落ちてしまったとき、その水仙が咲《さ》きはじめたの。かわいい水仙の花、とてもいい香りがしてたの。それを見たとたん、わたし、また大泣きしたの。でもね」

夏鈴さんが言葉を切った。

「でもね、ある日ね、夕方だったかな、その水仙が植わってる花壇《かだん》にね、ジジがいたの。はいつくばって地面をたたいて、体中から絞《しぼ》りだすような声をだして、わめいてた。ほえてたって言ったほうがいいかな。最初、少し離《はな》れたとこにいたからわからなかったけれど、泣いてるってわかったの」

真子の目に涙がせりあがってきた。

「その姿を見て、わたし、かけキヨってジジの背中にだきついちゃった。そして、また泣いちゃった」

夏鈴さんの声が震《ふる》えている。

「わたし、自分の悲しみや後悔《こうかい》でいっぱい、いっぱいだった。でも、外見は全く変わらなかったからわからなかったけれど、ジジだってすごく悲しかったんだって、はじめて気がついたの。ジジはだれよりも、わたしなんかより何倍も、何十倍も自分を責めてたんだろうなって。あやまってるんだろうなって」

夏鈴さんが口をふっとつぐんだ。

「⑧やっとジジを許せる気がした。お互《たが》い、大切すぎる人を亡くしたの。だからもうじゅうぶんだろうって。心の奥底《おくそこ》で、言葉をこえてジジとわかり合えた気がしたの」

（夏鈴さんは、わたしなんかより、ずっと長い間、この絵の少女と話してきたんだ。あれ？　でも、描《か》いた人なんだから当たり前なのかな）

そして、真子は口を開いた。

「あの、あの、聞いてもいいですか？」

「なあに？」

えくぼを浮《う》かべて夏鈴さんが真子を見る。

「この絵、どうして、生まれたんですか？」

「え？」

夏鈴さんの表情が一瞬《いっしゅん》で変わった。

「知りたいの？　絵だけでじゅうぶんだと思うけど」

「あの、この絵を描いた夏鈴さんを知っているからかもしれませんけれど、知りたいです」

「そういうものなのかな？」と、夏鈴さんの③表情が曇《くも》っていった。

それを見て、真子はあわてた。

「あ、無理ならいいです」

真子の言葉が聞こえなかったかのように、夏鈴さんが口を開いた。

「この絵はね、わたしの母が亡《な》くなって、少したってから描きだしたのよ。母は、末期がんだったの。ジジ《夏鈴さんのお父さん》は余命を聞いてたらしいけど、わたしは知らなかった。ちょうどそのころ、海外で絵のイベンキョウしてたの。だから、知らせを受けて、突然《とつぜん》に亡くなってしまったような気がして、ものすごくうろたえてしまったの。母はジジに、知らせるなって言ってたんですって」

聞いてはいけないことをたずねてしまったのかと、真子はまごついた。

夏鈴さんが座《すわ》りなおして両ヒザをかかえた。

「わたし、教えてくれなかったジジをものすごくうらんだの。そしてね、同時に、母とケンカしてひどい言葉を投げつけてた自分を責めて、責め続けてた。おまけに、あのときこうすればよかったって思いだしたら止まらなくなっちゃって、とても苦しかった。泣いて、泣いて、それこそ幼い子が泣いてるみたいに泣き続けたの。このまま泣き続けたら、母のところにいけるのかな、なんてね」

④真子の胸が苦しくなる。

「泣き疲《つか》れて寝《ね》こんじゃったとき、このままじゃ本当に自分がダメになるって思ったの。立ちなおりたいと思いはじめた。そのとき、わたしには絵しかないんだって気がついたの。だから絵を描こうと思ったの。どんな絵にするかなんて考えもせず、ただ鉛筆《えんぴつ》を持ってカンバスに向かったのよ。そしたら、この少女がでてきたの」

真子は少女を見あげた。

「勝手に手が動きだしてね。どの色、どのウハイケイなんて考える必要なんか、なかった。すべてが、そのときのわたしの中にあったから、それを写しただけなのよ。描きながら、泣いて、自分に悪態をついて、また泣いて。絵の前で泣きながらころがって床《ゆか》をたたいたこともあった。カンバスをやぶいて自分が入りこんでしまいたいほどだったの。他のことなんて何も考えられなかった」

一気に話すと、そこで夏鈴さんは言葉を切った。真子のまぶたに、無我夢中でエ絵筆を動かす夏鈴さんの姿が見える。⑤制御不能《せいぎょふのう》な炎《ほのお》が、夏鈴さんの内で燃えさかっていたに違《ちが》いない。

2024年度

駒沢学園女子中学校

【国　語】〈第一回午前一般試験〉（四五分）〈満点：一〇〇点〉

※字数制限のある問題の場合は、句読点や符号なども一字分として、字数にふくめて答えなさい。

次の文章はにしがきようこ作『イカル荘《そう》へようこそ』の一節です。

主人公の真子《まこ》は、ある事情で家を飛び出し、偶然《ぐうぜん》行き着いた画家の夏《か》鈴《りん》さんの個展《こてん》会場で倒《たお》れてしまいます。この出来事がきっかけとなり、真子は夏休みの間、夏鈴さんの家「イカル荘」にホームステイをすることになりました。ある日、真子と夏鈴さんは、夏鈴さんの代表作である「祈《いの》る少女」の前で話をします。これに続く場面を読んで後の問いに答えなさい。

「真子ちゃん、隣《となり》のネエさん、料理教室をやってるの知ってるでしょ？」

「はい」

ママの話とどうつながるのかわからないまま、真子はうなずいた。

「ママさんね、そこを手伝うことになったんですって」

「え、ママが？」

真子は心底驚《おどろ》いた。心身ともに調子を崩《くず》し、パートもやめ、何もかも、全くやる気がしなくなってしまい、投げやりで、ごろりと横になって、暗い表情で部屋《へや》のすみを見つめているだけだったママが、料理教室を手伝うというのだ。

「真子ちゃんもびっくりしたんだ。わたしもびっくりして、それはよかった、なんて間の抜《ぬ》けたこと言っちゃった」

真子は夏鈴さんの顔を見た。

「ママさんね、わたしもびっくりしてますって言ってらした。よくよくたずねたら、中学校の保護者会《ほごしゃかい》で、ネエさんと話をしたんですって。そしたら流れでそうなったって」

「ママ、保護者会に来てたんだ……」

「①そこまでお元気になられたってことよね。真子ちゃん、全然連絡《れんらく》とってないんですって？　とってみたらどうかな」

真子はうつむいた。

「ママさんね、②真子のおかげですって」

「え、わたしのおかげ？」

「そうよ。真子が家をでていっちゃったせいで、いろいろ気がついたり、考えさせられたりしたって。ずいぶん長いこと、っていっても十分くらいかな。この絵を見てらしたのよ。そして、真子には会わないで帰りますって……」

「そうですか……」

夏鈴さんは『祈る少女』の絵を見つめたまま口を開いた。

「親と子って、そんなに簡単に縁《えん》が切れるものでもなく、かと思えば、簡単に疎遠《そえん》になることもあって、ほんとにアムズカしいわね。わたしにとっては、とても大切な縁だと思うんだけどね」

夏鈴さんの口ぶりは、まるで、［　A　］ようだった。

それを聞いて真子ははっと気づいた。

2024年度

駒沢学園女子中学校　▶解説と解答

算　数　＜第１回午前一般試験＞（45分）＜満点：100点＞

解　答

1　(1)　162　(2)　41　(3)　21　(4)　3　(5)　$4\frac{4}{5}$　(6)　7　2　(1)　10.4％
(2)　３年後　(3)　282.6cm^3　(4)　1320m　(5)　75m　(6)　**男子**…22人，**女子**…19人
3　(1)　12日　(2)　５日　(3)　９日　4　(1)　40分　(2)　**Ａ君**…分速75m，**兄さん**…
分速200m　(3)　12分　5　(1)　**（９，３）**＝30，**（10，50）**＝２　(2)　30　(3)　15

解　説

1　四則計算，逆算

(1)　250－12×９＋20＝250－108＋20＝142＋20＝162

(2)　35－(18－５)＋19＝35－13＋19＝22＋19＝41

(3)　$3\frac{8}{9}\times\frac{18}{10}\div\frac{1}{3}=\frac{35}{9}\times\frac{9}{5}\times\frac{3}{1}=21$

(4)　45÷５－３×２＝９－６＝３

(5)　$1.8\times\frac{4}{5}\div0.3=\frac{18}{10}\times\frac{4}{5}\div\frac{3}{10}=\frac{9}{5}\times\frac{4}{5}\times\frac{10}{3}=\frac{24}{5}=4\frac{4}{5}$

(6)　(273＋□)÷14＝20より，273＋□＝20×14＝280　よって，□＝280－273＝７

2　濃度《のうど》，年れい算，体積，旅人算，植木算，和差算

(1)　８％の食塩水200ｇには食塩が，200×0.08＝16(ｇ)ふくまれ，12％の食塩水300ｇには食塩が，300×0.12＝36(ｇ)ふくまれる。よって，これらをまぜると，食塩水の重さは，200＋300＝500(ｇ)になり，食塩の重さは，16＋36＝52(ｇ)になる。したがって，できた食塩水のこさは，52÷500×100＝10.4(％)とわかる。

(2)　今から□年後に，お父さんの年れいが駒子さんの年れいの３倍になるとすると，右の図１のように表せる。図１より，③－①＝②にあたる年れいが，42－12＝30(歳《さい》)だから，①にあたる年れいは，30÷２＝15(歳)となる。よって，□＝15－12＝３(年後)とわかる。

図１

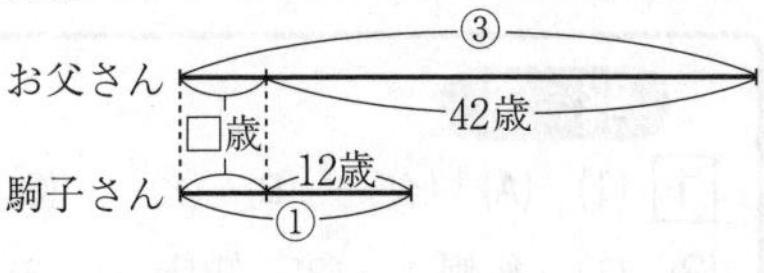

(3)　底面の円の面積は，３×３×3.14＝９×3.14(cm^2)で，高さは10cmだから，この円柱の体積は，９×3.14×10＝90×3.14＝282.6(cm^3)と求められる。

(4)　２人は１分間に，90＋75＝165(m)ずつはなれていく。よって，出発から８分後には，165×８＝1320(m)はなれる。

(5)　池のまわりに旗を並べるとき，旗の数と，旗と旗の間の数は同じになる。したがって，この池のまわりの長さは，５×15＝75(m)である。

(6)　右の図２のように表せるので，男子の人数の２倍が，

図２

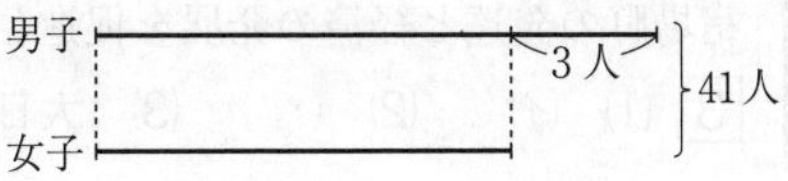

41＋３＝44(人)となる。よって，男子の人数は，44÷２＝22(人)，女子の人数は，22−３＝19(人)である。

3 仕事算

(1)　この仕事の量を20と30の最小公倍数の60とすると，Ａさんは１日あたり，60÷20＝３，Ｂさんは１日あたり，60÷30＝２の仕事ができる。よって，２人でこの仕事をすると，60÷(３＋２)＝12(日)で仕上げられる。

(2)　２人で10日間仕事をすると，(３＋２)×10＝50の仕事ができるから，残りは，60−50＝10になる。これをＢさんが１人ですると，10÷２＝５(日)かかる。

(3)　Ａさんが５日間仕事をすると，３×５＝15の仕事ができるので，残りは，60−15＝45になる。これを２人ですると，45÷(３＋２)＝９(日)かかる。

4 グラフ―速さ，旅人算

(1)　問題文中のグラフより，Ａ君は家から図書館まで40分かかったとわかる。

(2)　Ａ君は40分で３km(＝3000m)進んだから，Ａ君の速さは分速，3000÷40＝75(m)である。また，兄さんは，35−20＝15(分)で3000m進んだから，兄さんの速さは分速，3000÷15＝200(m)である。

(3)　グラフより，兄さんが家を出発したとき，Ａ君は家から1.5km(＝1500m)の地点にいる。その後，２人の間の道のりは１分間に，200−75＝125(m)ずつ縮まる。よって，兄さんが出発してからＡ君に追いつくまでの時間は，1500÷125＝12(分)とわかる。

5 約束記号

(1)　(*a*，*b*)＝10×*a*÷*b*だから，(９，３)＝10×９÷３＝30，(10，50)＝10×10÷50＝２となる。

(2)　(４，５)＝10×４÷５＝８より，(24，(４，５))＝(24，８)＝10×24÷８＝30となる。

(3)　(□，５)＝10×□÷５より，10×□÷５＝30と表すことができる。よって，□＝30×５÷10＝15と求められる。

社　会　＜第１回午前一般試験＞（45分）＜満点：100点＞

解　答

1 (1) (A) (イ)　(B) (ア)　(C) (ア)　(D) (エ)　(E) (ウ)　(2) ① 山梨県　② (ア)　(3) ① 札幌　② 知床　③ (ウ)　④ (エ)　2 (1) (ア) (け)　(イ) (う)　(ウ) (せ)　(エ) (あ)　(オ) (お)　(2) (い)，(さ)，(し)　(3) ① (オ)　② (エ)　④ (カ)　⑦ (ア)　⑧ (イ)　⑨ (ウ)　(4) (例)　③は宋，⑤は明との貿易である。また，③は平安時代，⑤は室町時代を中心に行われた貿易である。　(5) (A) (例)　江戸幕府の第３代将軍徳川家光の時代に大名統制のために定められたもので，諸大名を一定期間江戸に住まわせるという制度である。原則として大名を１年交替で江戸と国もと(領国)に住まわせ，その妻子は江戸に常住させた。　(B) (例)　参勤交代は，各地の諸大名の力をおさえて江戸幕府の支配力を高め，江戸の繁栄や交通・宿場町の発達と経済の発展を促進した。文化面では，江戸の文化が地方に伝わる役割を果たした。
3 (1) (イ)　(2) (ア)　(3) 大日本帝国憲法　(4) 国民主権　(5) 平和主義　(6) (イ)

(7)　立法権，行政権，司法権　(8)　(ウ)　**4**　(1)　広島　(2)　長崎　(3)　アメリカ

解　説

1　都道府県についての問題

(1)　(A)　中部地方の㉒に位置する静岡県は東部に火山が多く，山梨県との県境には富士山がある。温暖な気候と水はけのよい土地を利用した茶の栽培《さいばい》がさかんで，生産量は全国一である。また，オートバイなど輸送用機器を中心とする機械工業もさかんで，工業出荷額は愛知県・神奈川県に次いで全国第３位をほこる。なお，最新の数値によると愛知県・大阪府・神奈川県に次ぐ全国第４位である(2021年)。　(B)　中部地方の㉑に位置する岐阜県では，1600年に天下分け目の戦いともよばれる関ヶ原の戦いが起こった。また，白川郷の合掌造集落は富山県にある五箇山の合掌造集落とともに，ユネスコ(国連教育科学文化機関)の世界文化遺産に登録されている。なお，美濃《みの》国は岐阜県南部の旧国名である。　(C)　東北唯一《ゆいいつ》の政令指定都市である仙台市は，④に位置する宮城県の県庁所在地でもある。松島は京都府の天橋立，広島県の宮島とともに日本三景に数えられる。　(D)　関東地方の⑫に位置する千葉県東部の海岸線に広がる九十九里浜は，日本最大級の砂浜海岸である。古くから地引網《あみ》によるいわし漁がさかんで，利根川の河口に位置する銚子《ちょうし》港は水揚《みずあ》げ量が全国一となっている。また，県北部には日本最大の貿易港である成田国際空港がある。　(E)　近畿地方の㉖に位置する京都府には古い街並みが残っており，「古都京都の文化財」として多くの歴史的建造物が世界文化遺産に登録されている。また，日本三大祭りの１つである祇園《ぎおん》祭が毎年７月に行われる。

(2)　①　地形図中に「甲府駅」があることから，山梨県の県庁所在地である甲府市の地図と判断できる。　②　特にことわりがないかぎり，地形図上では上が北となる。鉄道の線路を境に北側には果樹園(ó)や広葉樹林(Q)，針葉樹林(Λ)が広がっているが，水田(॥)は見られない((ア)…×)。なお，甲州街道沿いには寺院(卍)や郵便局(〶)，県庁の南には警察署(⊗)・裁判所(⍏)・官公署(ö)，金手駅の南東には図書館(🕮)，南西には郵便局がある。

(3)　①　北海道の道庁所在地である札幌市は，北海道南西部の日本海側に広がる石狩平野に位置する北海道最大の都市である。政令指定都市にもなっており，人口は100万人を超《こ》える。　②　知《しれ》床《とこ》半島は北海道の東部に位置し，オホーツク海に突《つ》き出た半島である。流氷のはぐくむ海の生態系と手つかずに近い陸の生態系の連鎖《れんさ》が見られ，シマフクロウやオオワシなど多種多様な生物の生息地となっていることから，2005年に世界自然遺産に登録された。　③　冷涼《れいりょう》な気候を好む(ウ)のてんさいは，北海道特産の砂糖の原料となる植物で，ビートともよばれる。なお，(ア)のらっきょうは鳥取県，温暖な気候を好む(イ)のパイナップルと(エ)のさとうきびは，ともに沖縄県が生産量全国一である。　④　北海道には100万都市である札幌市があり，都道府県別人口は全国で８番目に多いが，広大なため人口密度は低いので，(エ)があてはまる。なお，人口が最も多い(ア)が東京都，最も少ない(イ)が島根県，面積が日本一小さいため人口のわりに人口密度が高い(ウ)が香川県を表している。

2　歴史上の人物についての問題

(1)　(ア)　北条泰時は，1221年に起こった承久の乱後に京都に置かれた六波羅探題の初代長官をつとめたのち，鎌倉幕府の第３代執権《しっけん》となり，1232年には御成敗式目(貞永《じょうえい》式目)を定めた((け)…○)。　(イ)　護憲運動の中心的政治家として活躍《かつやく》した犬養毅は，尾崎幸雄とともに憲政二柱《ふたはしら》の神と称され

たが，首相在任中の1932年に起こった五・一五事件で暗殺された((う)…○)。　(ウ)　邪馬台国の女王卑弥呼が占《うらな》いやまじないによる政治を行い，魏《ぎ》(中国)に使いを送ったことは，３世紀の中国で著《あらわ》された歴史書『魏志』倭人伝に記されている((せ)…○)。　(エ)　中大兄《なかのおおえの》皇子は，中臣鎌足らとともに蘇我氏を滅《ほろ》ぼして政治改革を行い，のちに近江大津宮で天智天皇として即位《そくい》した((あ)…○)。　(オ)　1904年に日露戦争が起こると，戦地にいる弟の身を案じた与謝野晶子は，「君死にたもうことなかれ」という詩をよんだ((お)…○)。　なお，文章の(い)は平清盛，(え)は後醍醐天皇，(か)は足利義満，(き)は聖徳太子，(く)は徳川家光，(こ)は徳川吉宗，(さ)は白河上皇，(し)は藤原道長，(す)は水野忠邦，(そ)は井伊直弼について述べている。

(2)　平安時代は８世紀末から12世紀末までの期間にあたる。この期間に活躍したのは，政敵である源義朝《よしとも》を破って権力をにぎり，1167年に太政大臣となった(い)の平清盛，幼い息子に天皇の位をゆずり，1086年に院政を始めた(さ)の白河上皇，11世紀前半に息子である藤原頼通とともに摂関《せっかん》政治の全盛期を築いた(し)の藤原道長である。

(3)　①　大化の改新は，中大兄皇子が中臣鎌足らとともに蘇我氏を滅ぼした乙巳《いっし》の変から始まる政治改革である。646年に出された改新の詔《みことのり》では，すべての土地と人民を国家のものとする公地公民制，戸籍《こせき》にもとづいて６歳《さい》以上の男女に口分田を支給する班田収授法，租庸《よう》調の税制など，中央集権的な国家を目指す政治の基本方針が示された。　②　保元の乱(1156年)と平治の乱(1159年)は，ともに京都で起きた戦乱である。保元の乱に勝利した平清盛は，政敵であった源義朝を破り，その子である頼朝を伊豆に流して政治の実権をにぎった。　④　1333年に鎌倉幕府が滅亡《めつぼう》すると，後醍醐天皇は建武の新政とよばれる天皇中心の政治を始めた。武士よりも公家を重用《ちょうよう》し，公家に対する恩賞を手厚《あつ》くしたため，多くの武士が不満を持ち，建武の新政は短期間で失敗に終わった。　⑦　江戸幕府の第８代将軍徳川吉宗は，幕政を立て直すために享保の改革を行った。質素・倹約《けんやく》を奨励《しょうれい》し，有能な人材を登用する足高の制，人々の意見をきく目安箱，公正な裁判を行うための公事方御定書などを定めた。また，財政を立て直すために新田開発を行い，上米の制を実施《じっし》した。　⑧　大塩平八郎の乱(1837年)後に老中となった水野忠邦は，天保の改革を行った。経済の立て直しを図るために株仲間の解散を命じたり，上地(上知)令を出して江戸・大阪の周辺を幕府の領地にしようとしたりしたが，改革は２年あまりで失敗に終わった。　⑨　安政の大獄《たいごく》は，天皇の許可を得ずに結ばれた日米修好通商条約の調印に反対する人々を，大老の井伊直弼が弾圧《だんあつ》した出来事である。大名・公家・志士など100名以上が処罰《しょばつ》された。

(4)　③は，平安時代から鎌倉時代に宋《そう》(中国)との間で行われた民間貿易である。金や銀，硫黄《いおう》，刀《とう》剣《けん》，漆器《しっき》などが日本から輸出され，宋からは銅銭(宋銭)のほか，陶磁《とうじ》器，香料，書物などが主に輸入された。平清盛が貿易を拡大させるために大輪田泊(現在の神戸港の一部)を修築したことでも知られる。一方，⑤は室町時代に第３代将軍をつとめた足利義満が始めた明《みん》(中国)との貿易で，日本が明に朝貢《ちょうこう》する形式で行われた。日本からは主に銅，硫黄，刀剣，扇《おうぎ》などが輸出され，明からは大量の銅銭(明銭)のほか，生糸や陶磁器などが輸入された。倭寇《わこう》(日本の武装商人団・海賊《かいぞく》)と正式な貿易船を区別するために勘合が用いられたことから，勘合貿易ともよばれる。

(5)　(A)　江戸幕府の第３代将軍徳川家光は武家諸法度を改定し，参勤交代を制度化して大名統制を強化した。これにより，大名は１年おきに江戸と国もと(領国)に住むことを義務づけられ，大名の妻子は人質として江戸に置くことを命じられた。　(B)　参勤交代では，大名が部下や家来を引き連れた大規模な行列(大名行列)をつくって江戸と領国間を行き来したため，大勢の人が通れる道が必要になった。そこで，五街道(東海道・中山道・甲州街道・奥州街道・日光街道)が整備され，宿場町が発達して経済も発展した。また，人の移動が活発になったことで，江戸で栄えた文化が地方に広がるなど，文化面での影響《えいきょう》も見られた。

3 日本国憲法についての問題

(1) 日本国憲法は，国会で改正案を審議《しんぎ》した結果，各議院の総議員の３分の２以上の賛成が得られると，国会がこれを発議する((イ)…○)。なお，国会による憲法改正の発議は，国民の承認を得るために行われ，発議後に国民投票が実施される((ア)…×)。国民投票で過半数の賛成があれば憲法改正が決定し，天皇が国民の名でこれを公布する((ウ)…×)。日本国憲法は，第96条で改正の手続きについて規定している((エ)…×)。

(2) GHQ(連合国軍最高司令官総司令部)は連合国により構成された機関で，第二次世界大戦後に日本の占領《せんりょう》政策を指揮《しき》した。(ア)のアメリカとイギリスを中心に組織され，最高責任者にはアメリカのマッカーサーが就任した。なお，(イ)の中国は連合国の１つであるが，GHQの中心ではない。(ウ)のイタリアと(エ)のドイツは日本の同盟国であり，日本と同じ敗戦国である。

(3) 日本国憲法は，1889年２月11日に天皇が国民に授ける形で発布された大日本帝国憲法(明治憲法)を改正する形で制定された。大日本帝国憲法では主権が天皇にあり，天皇には軍隊を率いる権限や国を統治する権限など，非常に強い権力が与《あた》えられた。

(4) 日本国憲法の三大原則とは，国民主権・平和主義・基本的人権の尊重である。日本国憲法は前文で，「ここに主権が国民に存することを宣言し，この憲法を確定する」としており，国民主権を明言している。また，主権(国の政治について最終的に決める権利)は国民にあるとしたうえで，大日本帝国憲法下で主権者であった天皇については，第１条で日本国と日本国民統合の象徴《しょうちょう》としている。

(5) 日本国憲法前文の「平和を愛する諸国民の公正と信義に信頼《しんらい》して，われらの安全と生存を保持しよう」という文言は，平和主義との関わりが深い。日本国憲法は前文の中で平和主義を表明し，第９条で戦争の放棄《ほうき》と戦力の不保持，交戦権の否認を規定している。

(6) 日本国憲法第11条は基本的人権について，侵《おか》すことのできない永久の権利と規定している。収入によって選挙権が与えられるかどうかを決めることは，基本的人権の１つである平等権に反しており，基本的人権を守るためにある参政権の１つである選挙権は，満18歳以上の全ての国民に与えられている((イ)…×)。

(7) フランスの政治思想家であるモンテスキューは，著書《ちょしょ》『法の精神』の中で国の権力を，法をつくる立法権，政治を行う行政権，人を裁く司法権の３つに分ける三権分立を唱えた。日本では，国会が立法を，内閣が行政を，裁判所が司法をそれぞれ受け持っている。

(8) 衆議院を解散する権限は内閣にあり，衆議院の解散は内閣の助言と承認にもとづいて天皇が行う国事行為《こうい》である((ウ)…×)。

4 核兵器の使用と核兵器をなくす取り組みについての問題

(1)，(2) 1945年８月６日，アメリカは人類史上初の原子爆弾を広島市に投下した。また，８月８日にソ連が日本に宣戦布告すると，翌９日には長崎市にも原子爆弾を投下した。2023年５月には最初の被爆地である広島でＧ７サミット(先進国首脳会議)が開かれ，各国の代表者が広島市に集まり，世界経済や外交・安全保障，ウクライナ情勢，気候変動やエネルギーなど，世界全体のさまざまな問題について話し合った。

(3) 2016年５月，現職のアメリカ大統領として初めてバラク＝オバマ大統領が広島を訪問し，平和記念公園で核兵器のない世界の実現に向けて演説を行った。

理 科 ＜第１回午前一般試験＞（45分）＜満点：100点＞

解 答

[1] (1) **ア** おしべ **イ** めしべ **ウ** がく **花びらの色**…黄色 (2) 離弁花，② (3) ② (4) ① (5) **A** × **B** ○ **C** × **D** ○ (6) ④ [2] (1) ③ (2) ③ (3) ③ (4) ② (5) ① (6) （例） 液体が沸とうする温度。 (7) 150g (8) 12 (9) 二酸化炭素，③ [3] (1) オリオン座 (2) (ア) ベテルギウス (イ) リゲル (3) ③ (4) ④ (5) （例） 昔に比べて，現代の都市部は，街のあかりが多くなったから。 (6) C (7) （例） 地球が自転をしているから。 (8) ② (9) （例） 北半球では，北極星の高度とその場所の緯度は等しいため，シンガポールで北極星は地平線から２度の高さに見える。しかし，観察する場所によっては建物などにかくれてしまい見えないと考えられる。 [4] (1) ⑥ (2) ①，③，⑥ (3) (ア) 40g (イ) 80g (4) 25g (5) ③／**理由**…（例） めもり(あ)から，めもり(い)におもりを動かしたときは水平に近づいていったが，めもり(う)まで動かすとおもり側に下がったため，つり合う位置はめもり(い)とめもり(う)の間にあると考えられる。 (6) ②

解 説

[1] 植物の花のつくり，開花の条件についての問題

(1) アブラナの花のつくりは，外側から順に４枚のがく(ウ)，４枚の花びら，６本のおしべ(ア)，１本のめしべ(イ)となっている。また，アブラナの花びらの色は黄色である。

(2) アブラナやホウセンカの花のように，花びらが１枚ずつ離《はな》れている花を離弁《りべん》花，ツツジやタンポポ，アサガオのように，花びらがくっついている花を合弁花という。なお，タンポポは小さな花がたくさん集まったつくりをしている(頭状花という)。

(3) 虫媒《ちゅうばい》花の花粉は，虫のからだにくっつきやすいように表面にとげや毛がはえていたり，ねばねばしていたりするものが多い。なお，風で花粉が飛ばされる風媒花の花粉は，飛びやすいように小さくて軽く，空気袋《ぶくろ》や羽のようなものがついているものもある。また，花粉の数が多く，花粉症《しょう》の原因になる花もある。

(4) 短日植物は，昼の時間が短くなっていくと花芽を形成するので，夏の終わりから秋にかけて咲《さ》く花が多い。一般《いっぱん》に，コスモスは秋に咲く短日植物で，アヤメやカーネーション，シロイヌナズナは春から夏にかけて咲く長日植物である。

(5) 短日植物は，連続した夜の長さが限界暗期よりも長くなると花芽を形成すると述べられている。よって，夜の長さが限界暗期より長いBとDは花芽を形成する。一方，限界暗期より夜の長さが短いAや，夜の長さは限界暗期よりも長いものの，途中《とちゅう》で光を当てたため連続した夜の長さが限界暗期よりも短くなるＣは花芽を形成しない。

(6) キクの花は秋に咲くので短日植物のなかまとわかる。そのため，昨年の秋に庭のキクがあまり咲かなかったのは，夜の長さ(暗期)が限界暗期より短くなってしまったからだと考えられる。よって，花芽を形成する夏から秋にかけて，夜間に光が当たってしまった④が選べる。なお，①では夜が長くなり，②と③は昼のできごとなので当てはまらない。

2 エタノールについての問題

(1) 塩素には殺菌《さっきん》・消毒作用があるため，水道水やプールの消毒剤《ざい》などに使われている。

(2) 固体は物質をつくる粒《つぶ》がしっかり並んでいてほとんど動かず，液体は粒どうしの間が少しあいていて，粒が動けるようになっている。また，気体は粒がさかんに動き回っている状態である。よって，①は気体，②は固体，③は液体を表しているとわかる。

(3) 蒸発は，液体がその表面から少しずつ気体に変化していく現象である。よって，③が選べる。なお，①は気体が液体になる現象(液化・凝縮《ぎょうしゅく》)，②は固体が直接気体になる現象(しょう華)，④は液体が固体になる現象(凝固)，⑤は固体が液体になる現象(ゆう解)である。

(4) 炭酸水は，二酸化炭素を水に溶《と》かしたものである。二酸化炭素も水も燃えないため，炭酸水は引火性をもたない。

(5) エタノールの凝固点(液体から固体になる温度)は－114℃なので，凝固点より温度が低い約－196℃の液体窒素《ちっそ》に入れると固体になる。

(6) 沸《ふっ》点とは，液体が沸とうして気体に変化するときの温度である。なお，固体から液体に変化するときの温度はゆう点という。

(7) 溶けている物質の重さは，(水溶液《すいようえき》全体の重さ)×(濃度《のうど》)で求めることができるから，この消毒液200ｇに含《ふく》まれているエタノールは，200×0.75＝150(ｇ)である。

(8) このワイン１mLの重さは１ｇなので，ワイン500mLの重さは，500×１＝500(ｇ)である。よって，(濃度)＝(溶けている物質の重さ)÷(水溶液の全体の重さ)より，このワインの度数(アルコール濃度)は，60÷500×100＝12(％)と求められる。

(9) 植物を燃やしたときに発生する二酸化炭素の量は，その植物が育つ間に光合成によって吸収された二酸化炭素の量と等しくなる。そのため，植物から作られたバイオエタノールを燃やしても，大気中の二酸化炭素の量は変化しないと考えることができる。この考え方を，カーボンニュートラルという。

3 冬に見える星座についての問題

(1)，(2) 図１の星座はオリオン座で，冬の代表的な星座である。図１で，左上の１等星(ア)は赤色にかがやくベテルギウスで，冬の大三角をつくる星の１つである。右下の１等星(イ)はリゲルで，青白色にかがやいている。

(3) ミラはくじら座にある星で，日によって明るさが２等星～10等星ほどに変わる(変光星という)。なお，アルタイルはわし座の１等星，デネブははくちょう座の１等星であり，こと座のベガとともに夏の大三角をつくる。アンタレスはさそり座の中心にある赤くかがやく１等星である。

(4) 地球から見た星の色は主に表面温度によって決まり，表面温度が低いほど赤く見え，表面温度が高いほど青白く見える。

(5) 現代の都市部では，夜でも明るく，その光にかき消されて星が見えにくくなっている。また，昔と比べると空気がよごれているため，星が観測しにくくなっていることなども考えられる。

⑹，⑺　地球は24時間かけて西から東に自転しているので，星座は１時間に，360÷24＝15(度)西に移動するように見える。よって，午後９時から２時間後のオリオン座は，図２の位置から，15×２＝30(度)西へ移動したＣの位置に見える。

⑻　オリオン座が見られたことから，天体観測を行っているのは冬とわかる。よって，夏の星座であるさそり座は地平線の下にあり見ることができない。なお，おうし座やふたご座は冬の星座なので南の空で見ることができ，カシオペア座は北の空で北極星を中心に回る星座であり，１年中見ることができる。

⑼　問題文から，観測地点の緯《い》度《ど》(北緯)と北極星の高度は等しいことがわかる。したがって，シンガポールでは，北極星は地平線から２度の高度に見ることができる。しかし，ほぼ地平線の位置にあるため，実際には建物などにかくれてほとんど見ることができないと考えられる。

４ てこについての問題

⑴　ものさしは長さを測定する道具であり，てこのしくみは利用していない。

⑵　図１のようなてこは，(てこをかたむけるはたらき)＝(おもりの数)×(支点からのきょり)で考えられるてこをかたむけるはたらきが，左右で等しいときにつり合う。①について，左側は，１×５＝５，右側は，１×５＝５より，つり合う。②について，左側は，１×４＝４，右側は，１×３＝３より，てこは左にかたむく。③について，左側は，１×３＋１×１＝４，右側は，１×４＝４より，つり合う。④について，左側は，１×４＝４，右側は，１×２＋１×１＝３より，てこは左にかたむく。⑤について，左側は，１×４＋２×１＝６，右側は，２×２＝４より，てこは左にかたむく。⑥について，左側は，２×２＝４，右側は，１×３＋１×１＝４より，つり合う。よって，つり合いが取れているのは①，③，⑥である。

⑶　図２のてこで，てこを左側にかたむけるはたらきは，４×40＝160である。よって，(ア)で引く場合は，160÷４＝40(ｇ)の力で引けばつり合う。また，(イ)で引く場合は，160÷２＝80(ｇ)の力で引けばよい。

⑷　図３のてこで，てこを右側にかたむけるはたらきは，２×50＝100だから，おもりの重さは，100÷４＝25(ｇ)と求められる。

⑸　図５で，おもりが(い)の位置にあるときには，さおばかりは左側にかたむき，(う)の位置にあるときには右側にかたむいている。したがって，さおばかりがつり合うのは，おもりを(い)の位置と(う)の位置の間につるしたときである。

⑹　支点を左側に移動させると，支点の左側では支点からのきょりが短くなるため，てこをかたむけるはたらきが小さくなる。そのため，てこをつり合わせるには，右側にかたむけるはたらきも小さくしないといけないので，おもりを支点に近づける(めもりの200ｇよりも小さい位置に動かす)必要がある。

国 語 ＜第１回午前一般試験＞（45分）＜満点：100点＞

解 答

問１ ア，イ，ウ，カ，キ，ク，コ　下記を参照のこと。　**エ**　えふで　**オ**　なか(ば)　**ケ**　ゆる(す)　**問２**　心身ともに　**問３**　(例)　真子が家を出て行ったことによって，気がついたことや考えさせられたことがあり，料理教室を手伝うことになった。　**問４**　ウ　**問５**　⑴　イ　⑵　**１**　目　**２**　額　**３**　耳　**問６**　エ　**問７**　ウ　**問８**　⑴　ア　⑵　エ　⑶　オ　⑷　カ　**問９**　イ　**問10**　(例)　夏鈴さんのお母さんの，水仙の球根を植えさせてほしいという頼み。　**問11**　**ア**　うらんだ　**イ**　悲しみや後悔　**ウ**　自分を責めてた　**エ**　わかり合えた　**問12**　イ　**問13**　(例)　夏鈴さんが今まで感じていた後悔の気持ちやジジを責める気持ちが流されていくとともに，自分を許すこともできるようになったということ。　**問14**　(例)　真子は，夏鈴さんのお母さんが突然亡くなってしまったことについての後悔の気持ちを受け止め，自分も後悔しないように，今ママに対して言いたいことをしっかりと伝えるようにすると考えている。

●漢字の書き取り

問１　**ア**　難(しい)　**イ**　勉強　**ウ**　背景　**カ**　注文　**キ**　寄(って)　**ク**　愛情　**コ**　失格

解 説

出典：にしがきようこ『イカル荘《そう》へようこそ』。母との関係について悩《なや》んで家を飛び出した真子《まこ》は，ホームステイ先の家主である夏鈴《かりん》さんが描《か》いた「祈《いの》る少女」の制作時のエピソードを聞く。

問１　**ア**　音読みは「ナン」で，「難関」などの熟語がある。　**イ**　学問などを学習すること。　**ウ**　絵の中心となるものや人の後ろに描くもの。　**エ**　絵を描くときに使う筆。　**オ**　音読みは「ハン」で，「半分」などの熟語がある。　**カ**　店に買いたい商品をたのむこと。　**キ**　音読みは「キ」で，「寄港」などの熟語がある。　**ク**　相手を大切に思う気持ち。　**ケ**　音読みは「キョ」で，「許可」などの熟語がある。　**コ**　資格を失うこと。

問２　前の部分に注目する。今の母は，保護者会に出られるまでに回復しているが，以前は，「心身ともに調子を崩《くず》し，パートもやめ，何もかも，全くやる気がしなくなってしまい，投げやりで，ごろりと横になって，暗い表情で部屋のすみを見つめているだけだった」のである。

問３　少し後にあるとおり，真子の母は，真子の家出によって，「いろいろ気がついたり，考えさせられたりした」と，夏鈴さんに語っている。そして，これをきっかけにして，母は落ちこんでいた状態から立ちなおって，料理教室を手伝うことになった。母はこのことをふまえて，「真子のおかげ」と言っているのである。

問４　少し後に，真子が「夏鈴さんは，わたしなんかより，ずっと長い間，この絵の少女と話してきた」ことに気づいたと書かれている。よって，ウが選べる。

問５　⑴「表情が曇《くも》る」は，“暗い気持ちが表情に出る”という意味。ここでは，絵が生まれたいきさつについて，夏鈴さんがあまり積極的に話したがらないようすを表している。　⑵　**１**「目のかたきにする」は，“その相手をしつこく敵視する”という意味。　**２**「ねこの額」は，土地が非常にせまいこと。　　３「馬の耳に念仏」は，言ったことが相手の心にひびかないこと。

問６　前の部分にあるとおり，夏鈴さんは，彼女《かのじょ》の母が亡《な》くなったときに，母にやさしくできなかった自分を責めて泣き続け，「このまま泣き続けたら，母のところにいけるのかな」などと思ったという心の内を告白している。夏鈴さんのそんな苦しみを思って，真子もまた苦しくなったのである。

問７　夏鈴さんは，「立ちなおりたい」という思いをこめて，カンバスに自分が入りこんでしまいたいほどの強い気持ちで，無心にカンバスに向かい，自分の中にあったすべてを写し出して，「祈る少女」を描いたのである。このときの彼女の気持ちは，苦しみや，自分を責める気持ちなのだから，ウがふさわしい。

問８　⑴　続く部分の，水仙《すいせん》がなぜ絵の片隅に描かれているのかという真子の質問に対して，夏鈴さんは答えづらそうにしている。よって，聞きにくいことを，おそるおそるたずねるようすを表す「おずおずと」が合う。　　⑵「涙《なみだ》が一筋」流れ落ちるようすは，「すうっと」がふさわしい。　　⑶強い思いが伝わってくるようすは，「ひしひしと」である。　　⑷　ここでは，夏鈴さんが「祈る少女」についてのエピソードをくわしく話し終えた後なので，よく話すようすを表す「ペラペラと」が正しい。

問９「祈る少女」に描かれていた水仙について，夏鈴さんは，「最初っから，この花がここにあったのよ，っていう説明じゃダメ？」と話し，答えづらそうにしている。そのようすを見て，真子は夏鈴さんの今の説明が「違《ちが》うとはっきりとわかった」ので，本当の理由を知りたいと思い，夏鈴さんの答えに「強く首をふっ」て，納得しなかったのである。

問10　同じ文をふくむ夏鈴さんの発言に注目する。ジジは，夏鈴さんの母がイカル荘の玄関《げんかん》に水仙の球根を植えようとするのを，力ずくでやめさせようとした。しかし，彼女の母が「今まで見たこともないほど悲しそうな目をして，植えさせてくれって頼《たの》んだ」ので，ジジはこれ以上やめろとは言えず，水仙を植えることを許したのである。

問11　**ア〜エ**　ぼう線④の前の部分に注目する。夏鈴さんは，彼女の母が末期がんであることを教えてくれなかったジジを「ものすごくうらんだ」のである。しかし，ぼう線⑧の前の部分にあるとおり，彼女が「悲しみや後悔《こうかい》でいっぱい」になっているように，ジジも「自分を責めてた」ことがわかり，心の奥底《おくそこ》で，「言葉をこえてジジとわかり合えた気がした」のである。

問12　続く部分に注目する。夏鈴さんの母は家族を「何ものにも代えがたいほど大切に思ってた」ので，自分の死を「悲しまないでほしい」と，水仙の花で伝えたのである。

問13　前後に注目する。母が植えた水仙の花を見て，夏鈴さんは母の愛情を心の底から信じることができた。それによって，「後悔も，ジジを責める気持ちも」水に流して，夏鈴さんは，「自分を許すこと」ができるようになったのである。

問14　問６でみたように，真子は，「祈る少女」にこめられた夏鈴さんの思いを聞くなかで，自分の思いを伝えられないまま母を亡くしてしまった夏鈴さんの後悔と悲しみを，自分のことのように受け止めて，心を痛めている。そのうえで，直前の，「真子ちゃんは，今，ママさんに言えるんだよ。なんでも，言えるんだよ」という夏鈴さんの言葉の意味がよくわかり，ママに対して自分の思いをきちんと話そうと思って，何度もうなずいているのである。

2024年度 駒沢学園女子中学校

※この試験は算数・国語のいずれかを選択して受験します。

【算　数】〈第１回午後１科試験〉（60分）〈満点：100点〉

【注意】計算の途中式や考えは採点されますので、消さないでください。

1　次の□にあてはまる数を求めなさい。

(1)　$20 \times 24 - 21 =$ □

(2)　$\{12 + (3 \times 4) \div 6\} \div 7 =$ □

(3)　$1 - \frac{2}{3} \div \frac{4}{5} + \frac{5}{6} - \frac{7}{8} =$ □

(4)　$9 - 8.7 + 6.54 \div 3 - 0.21 =$ □

(5)　$\frac{9}{8} \times \left(\frac{7}{6} + \frac{5}{4}\right) \div \frac{4}{3} - \frac{1}{2} =$ □

(6)　$(9 +$ □ $) \div 6 + 5 = 21$

2 次の問いに答えなさい。

(1) 分速 80mの速さで２時間歩きました。歩いた道のりは何mですか。

(2) 税抜き１個 200 円のペンを７個買ったときの税込みの代金は何円ですか。ただし，消費税率は 10%です。

(3) 長さが 5mのリボンを 30ｃｍずつの長さに切って子供たちに分けます。何人に分けることができますか。
また，余ったリボンの長さは何ｃｍですか。

(4) ３人で 35 日かかる仕事を 15 日で終えるのに必要な人数は最低何人ですか。

(5) 上底が３ｃｍ，下底が５ｃｍ，高さが７ｃｍの台形の面積は何ｃｍ^{2}ですか。

(6) 底面積が 35ｃｍ^2，体積が 245ｃｍ^{3}の円柱があります。この円柱の高さは何ｃｍですか。

3 次の問いに答えなさい。

(1) 120 ページある本を１日目に全体の$\frac{1}{3}$だけ読み，２日目に残りの$\frac{2}{5}$より２ページ多く読みました。
まだ，読まずに残っているのは何ページですか。

(2) 10%の食塩水 200ｇに水を 50ｇ加えると何%の食塩水が何ｇできますか。

(3) 正五角形の角の大きさの和は何度ですか。また，正五角形の１つの角の大きさは何度ですか。

(4) 底面が半径２ｃｍの円で高さが５ｃｍの円柱の表面積は何ｃｍ^{2}ですか。ただし，円周率を 3.14 とします。

4 図１のような，たて60ｃｍ，横60ｃｍ，高さ100ｃｍの直方体の形をした水そうがあり，この中に直方体のおもりが入っています。この水そうに一定の割合で水を入れたときの様子を表したものが図２です。このとき，次の問いに答えなさい。

図１

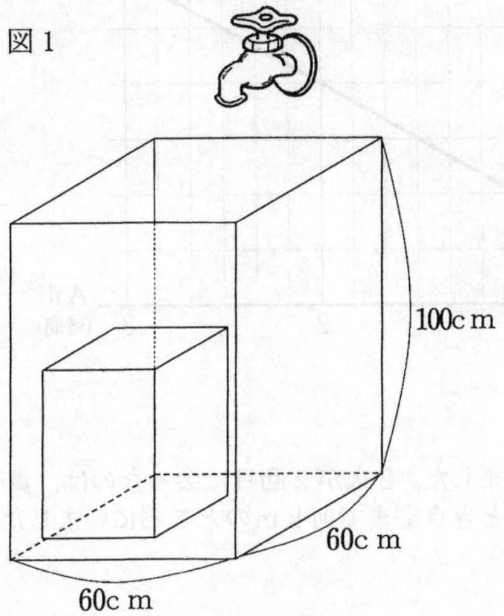

図２

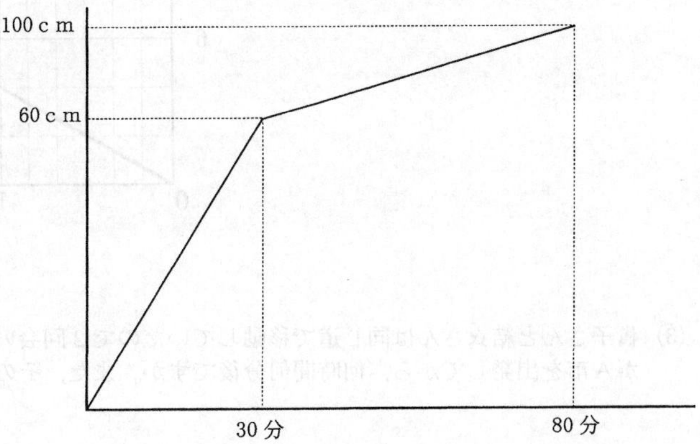

(1) 水そうの容積は何ｃｍ^{3}ですか。

(2) おもりの高さは何ｃｍですか。

(3) １分間に入れる水の体積は何ｃｍ^{3}ですか。

(4) おもりの底面積は何ｃｍ^{2}ですか。

5 貴子さんはＡ市を出発し，12ｋｍはなれた自宅に向かって歩き始めました。妹の結衣さんは，貴子さんが出発したのと同時に自転車で自宅を出発し，時速24ｋｍの速さでＡ市まで行き，30分で用事を済ませてから，時速12ｋｍの速さで自宅まで戻りました。右のグラフは貴子さんがＡ市を出発してからの時間と自宅までの道のりの関係を示したものです。このとき，次の問いに答えなさい。

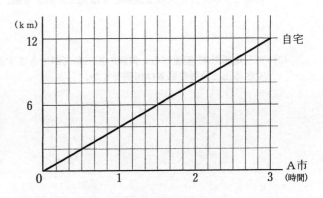

(1) 貴子さんの歩く速さは時速何ｋｍですか。

(2) 結衣さんの動いた様子を，下のグラフ用紙にかき入れなさい。

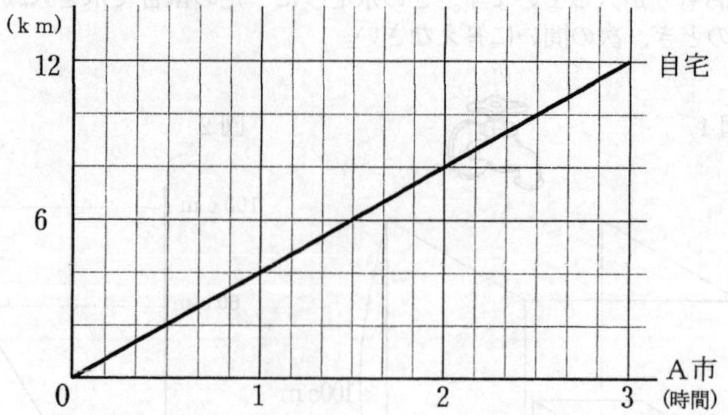

(3) 貴子さんと結衣さんは同じ道で移動していたので２回会いました。２人が２回目に会ったのは，貴子さんがＡ市を出発してから，何時間何分後ですか。また，そのとき自宅まで何ｋｍのところにいましたか。

6 下の図のように正三角形を並べていきます。

２段の正三角形を作るには正三角形が３個必要です。

３段の正三角形を作るには正三角形が６個必要です。

４段の正三角形を作るには正三角形が10個必要です。

このとき，次の問いに答えなさい。

(1) ５段，６段，７段の正三角形を作るには，それぞれ何個の正三角形が必要ですか。

(2) ５段，６段，７段の正三角形を作るとき，並べた正三角形の個数とすき間にできる正三角形の個数の合計は何個ですか。たとえば３段のときは正三角形が６個，すき間にできる正三角形が３個で合計９個です。

(3) 正三角形を45個並べると何段の正三角形ができますか。また，20段の正三角形を作ったときのすき間にできる正三角形の個数は何個ですか。

問十四　——線⑨「統理は意を決したように姿勢を正した」とありますが、このときの統理の気持ちとして、もっとも適当なものを次の**ア～エ**から選び、記号で答えなさい。

ア　自分と百音が「なさぬ仲」であることを、けっして伝えてはならないと決めた。

イ　事実を伝えるのではなく、誰にどう思われようとも自分の解釈を伝えようと決めた。

ウ　新しい関係性を作るために、ごまかさず自分が考えていることを伝えようと決めた。

エ　存在するのは解釈だけだというニーチェの考え方を、わかってもらおうと決めた。

問十五　——線⑩「わたしは外国の絵本を見るように統理を見つめた」とありますが、そのときの百音の気持ちとして**あてはまらないもの**を次の**ア～エ**から選び、記号で答えなさい。

ア　何を言っているのかわからないので、この人を信じていいのかわからない。

イ　今までこのように難しい話は、聞きなれていなかったのでびっくりしている。

ウ　言っていることはさっぱりわからないけれど、なぜかひかれるものがある。

エ　どうしてこの人はわたしに、こんな難しい話をしているのか不思議だ。

問十六　——線⑪「職員さんが『百音ちゃん、お父さんよ』と小声で言った」とありますが、そのときの職員さんの気持ちとしてもっとも適当なものを次の**ア～エ**から選び、記号で答えなさい。

ア　血がつながらないのに引き取ってくれる人に対して、呼び捨てにするなどとんでもないことだとおこっている。

イ　これからお世話になる人なのに、それにも気づかない幼い百音のことをかわいそうに思っている。

ウ　お父さんと呼ばなければならない人に対して、呼び捨てにしてしまったことにあわてている。

エ　呼び捨てにする前に、この人がお父さんであることをきちんと伝えるべきであったと後悔《かい》している。

問十七　——線⑫「あの日から、わたしと統理の手はずっとつながれている」とありますが、これは百音にとって、どのようなことを意味していますか。本文中に使われている「解釈」という言葉を用いて六十字以上七十字以内で書きなさい。

問十　Ⅰ　～　Ⅳ　にあてはまる文として、もっとも適当なものを次のア～エからそれぞれ選び、記号で答えなさい。

ア　ぼくたちは違《ちが》うけど認《みと》め合おう

イ　ぼくたちは同じだから仲良くしよう

ウ　それでも認められないときは黙《だま》って通りすぎよう

エ　俺《おれ》が嫌《いや》なことはみんなも嫌

問十一　――線⑥「わたしにも意見を訊《き》いてくれるので、置いてきぼりにされた気がしない」とありますが、このときの百音の気持ちとして、もっとも適当なものを次のア～エから選び、記号で答えなさい。

ア　統理と路有の話はわたしの話していた内容からどんどん離れ、わたしを無視したような内容にまで進んでいるように感じるが、難しい話をしながらも、きっとわたしならわかってくれるだろうという二人の期待を感じている。

イ　統理と路有の話はわたしの話していた内容からどんどん離れ、わたしとは全く関係のない内容にまで進んでいるように感じるが、関係のない話をすることでなぐさめてくれようとしていて、二人の優しさに安心を感じている。

ウ　統理と路有の話はわたしの話していた内容からどんどん離れ、わたしには理解できないような内容にまで進んでいるように感じるが、わたしを子ども扱いせずに話したり、聞いたりしてくれることに信頼《しんらい》を感じている。

エ　統理と路有の話はわたしの話していた内容からどんどん離れ、わたしには難しい大人の世界の内容にまで進んでいるように感じるが、わたしの話題で二人が盛り上がっている姿を見て、うれしさを感じている。

問十二　――線⑦「統理が顔色を変えた」とありますが、その理由を、本文中の言葉を使って、五十字以内でまとめなさい。

問十三　――線⑧「目を白黒させた」とありますが、同じような意味・使い方の慣用句としてもっとも適当なものを次のア～エから選び、記号で答えなさい。

ア　目を丸くする

イ　目に余る

ウ　目にとまる

エ　目をひく

問六　――線③「なんかよくわかんない。ちょっと嫌な気持ちなの」とありますが、このときの百音の気持ちについてまとめた次の文章の、**ア**～**オ**にあてはまる言葉を本文中から探し、指定された文字数で書きぬきなさい。

わたしのことを思いやってくれている友だちのことは、本当に**ア**（三字）と思っている。けれど、本当の両親を失って、血のつながらないおじさんと暮らしているわたしは**イ**（二字）だと、勝手に**ウ**（六字）子扱いをされているようで、嫌な気持ちになっている。お父さんとお母さんが死んでしまったことは**エ**（三字）ことだが、代わりに統理と路有がいてくれるわたしは、決してかわいそうな子ではない。友だちがわたしに気をつかって言ってくれた言葉だとはわかってはいるものの**オ**（十四字）とは思えなかった複雑な気持ち。

問七　――線④「統理は静かに、けれどきっぱりと言い切った」とありますが、このときの統理の気持ちとして、もっとも適当なものを次の**ア**～**エ**から選び、記号で答えなさい。

ア　嫌な気持ちを持ったとしても、それはそれで百音の感情なのだから、受け入れてほしい。

イ　百音の感情を無視して、優しくされたらありがとうと伝えなければいけないと言う人は、疑った方がよい。

ウ　先生の言っていたことは、人の心を縛《しば》ることではないのだから、先生は間違っていないと百音に伝えたい。

エ　間違っているという百音に、間違っているのは別の人たちであることを分かってもらいたい。

問八　――線⑤「百音は人よりたくさんのものを持ってる」とありますが、統理が百音のことをこのように思う理由を、本文中の言葉を使って、六十字以上七十字以内でまとめなさい。

問九　**B**について次の問いに答えなさい。

（1）**B**にあてはまる、体の一部を表す語を漢字一字で入れて、慣用句を完成させなさい。

（2）次の［　］に、体の一部を表す漢字一字を入れて、慣用句を完成させなさい。

1　［　］が高い（得意になっている）

2　［　］をむける（無関心なふりをして取り合わない）

3　［　］をなでおろす（心配事が解決してほっとする）

父さんの手とは違う、すんなりと薄《うす》くて、けれど大きな温かい手だった。

——よろしくね、とーり。

そう呼ぶと、⑪職員さんが「百音ちゃん、お父さんよ」と小声で言った。

今度はわたしが困った。わたしにとってお父さんは死んだお父さんだけなので、初めて会った人をお父さんとは呼べない。いいんだよ、と統理がつないだ手に力を込めた。

——呼び方も暮らし方も、これからふたりでひとつずつ作っていこう。

⑫あの日から、わたしと統理の手はずっとつながれている。

※1 氏子……神社を敬い、お参りに来る人たちのこと。

※2 児童相談所……ここでは、百音の両親が亡くなった後、一時的に百音を保護し、生活のめんどうをみてくれていた場所。

問一　〜〜線ア〜コについて、カタカナは漢字で、漢字は読みをひらがなで、それぞれ書きなさい。

問二　（ 1 ）（ 2 ）に入るもっとも適当な語句を、次のア〜オからそれぞれ選び、記号で答えなさい。

ア　ぎょっと　イ　はっと　ウ　そっと

エ　きょとんと　オ　むっと

問三　——線①「わたしはもらってくれなくていいと答える」とありますが、百音《もね》がこのように答えている理由として、もっとも適当なものを次のア〜エから選び、記号で答えなさい。

ア　はずかしげもなく「お嫁さんにもらいたい」とはっきり言うユヅルくんに対して、照れくさいと思っているから。

イ　いつもお婆ちゃんとお参りに来てはくれるものの、ユヅルくんのことを、好きとか嫌いとか、思ったことがなかったから。

ウ　「お嫁さんにもらいたい」と言われたが、お嫁さんになる、ならないに関係なく、わたしは誰かのものになるつもりはないから。

エ　自分より年下のユヅルくんから「お嫁さんにもらいたい」などと言われると、ばかにされたように感じるから。

問四　——線②「なんか機嫌《げん》悪いな」とありますが、「機嫌の悪い」百音の様子がよくわかる一文を二か所探し、それぞれ最初の五字を書きぬきなさい。

問五　［A］にあてはまる言葉としてもっとも適当なものを次のア〜エから選び、記号で答えなさい。

ア　冷え冷えですき通った

イ　ぐちゃぐちゃにゆるんだ

ウ　くだものばかりになった

エ　プルンプルンとゆれる

「認め合うって、そういうことなんでしょう?」

統理は⑧目を白黒させた。

どうやら統理は自分が言ったことを忘れているらしい。

あれはお父さんとお母さんのお葬《そう》式のあと、初めて統理に会った日のことだった。

——はじめまして。これから百音ちゃんのお父さんになる国見統理《くにみとうり》です。

自己紹介《しょうかい》をしたあと、少し考えるような顔をして統理は続けた。

——お父さんと思えなかったら、ｸムリに思わなくてもいいんだ。でもこれからひとつ屋根の下で暮らすことになるから、できるだけ協力し合って気持ちよく暮らしていきたいと思ってるよ。

ヒトツヤネノシタってなんだろう。わたしは B をかしげた。

——おじさん、だれ?お父さんとお母さんのお友達?

——友達ではない、かな。

——じゃあお兄ちゃん? 弟?

——お兄ちゃんじゃないし、弟でもない。

——じゃあ、おじさんは百音のなに?

統理の横にいる※2児童相談所の職員さんは困った顔をした。しばらく黙《だま》ってわたしと見つめ合ったあと、⑨統理は意を決したように姿勢を正した。

——百音ちゃん、事実というものは存在しません。存在するのは解釈《しゃく》だけです。

——かいしゃく?

——そう、これはニーチェという人の言葉です。

——にいちぇ?

——ぼくと百音ちゃんは血がつながっていない。他にもたくさんの事情があって、これからぼくたちのことをいろいろ言う人がいるかもしれない。でもそれはその人たちの解釈であり、ぼくと百音ちゃんがなんであるかは、ぼくと百音ちゃんが決めればいい。

⑩わたしは外国の絵本を見るように統理を見つめた。

ぽかんとしているわたしに、統理はさらに続けた。

——手を取り合ってはいけない人なんていないし、誰とでも助け合えばいい。それは世界をｹユタかにするひとつの手段だと、少なくともぼくは思っています。

さっぱりわからないまま統理の話は終わり、わたしは小さく口を開け続けた。

——あの、国見さん、百音ちゃんはまだ五歳《さい》ですから。

児童相談所の職員さんが遠慮《りょ》がちに統理に囁《ささや》いた。

——そうですよね。

統理はうなずいたものの、それ以上どう説明していいのかわからないようだった。大ピンチな表情がかわいそうで、わたしはおそるおそる手を差し出した。

——わかった。じゃあ、これから仲良くしてね。

——ああ、よろしく、百音ちゃん。

統理がほっとしたｺエガオでわたしの手を取った。ごつごつしていたお

「わたしはお父さんもお母さんもいないし、それってわたしは人より持ってないってことなんじゃないの？　だからみんなわたしをかわいそうって思うんでしょう？」
「失うことや持ってないことで得られるものもあるんだ」
　ますます意味がわからなくなった。
「そうそう、俺も一時はスッカラカンになったけど、今はたくさん得てるぞ」

【中略】

　路有《ろう》はにこりと笑う。確かに路有は毎日楽しそうで、そこは疑うエ余地がない。失うことで逆に得られるものがある、というのはやっぱりちょっとまだ不公平な気もするけれど、わたしはほんの少し気持ちが晴れた。嫌な思いをすることも、まるっきり無駄《むだ》ではないということだ。
「けど『　Ⅰ　』は、最初の考え方としてどうなんだろう。『俺が嫌なのに、なんでおまえは好きなんだ』って疑問が湧《わ》くんじゃないかな。そこで話し合えればいいけど、短気なやつだと『俺が正しい。おまえは間違ってる』って喧嘩《けんか》になりそうだ」
　路有《ろう》が言い、統理《とうり》もうなずいた。
「できれば『　Ⅱ　』より、『　Ⅲ　』のほうを勧《すす》めたい。次の授業では、ぜひそこまで進めるよう先生にがんばってもらいたい」
「次の次では、『　Ⅳ　』だな。『無駄《むだ》に殴《なぐ》り合って傷つけ合うよりは、他人同士でいたほうがまだ平和』ってあたりまで」
「結果として、世界は穏《おだ》やかにオブンダンされていく」
「終わりも正解もない話だな」
「小学生相手にこんな難しいテーマに取り組まなきゃいけないなんて、カキョウシは大変な仕事だ」
　ふたりはゼリーを食べながらおしゃべりをしている。よくわからないところも多いけど、ふたりの話を聞いていると、散らかっていた心が少しずつ整頓《とん》されていくように感じる。
「百音《もね》はどう思う？」
　そして⑥わたしにも意見を訊《き》いてくれるので、置いてきぼりにされた気がしない。
「認め合うのが大事だっていうのはわかった」
「それはよかった」
　ふたりが微笑《ほほえ》んでうなずく。
「わたしと統理って、普通なら認め合ったり仲良くできない関係なんでしょ？」
「うん？」
「前に近所のおばさんたちが言ってた『なさぬ仲』ってそういうことなんだよね。わたしもあのころより賢《かしこ》くなったから、いろいろわかるようになった。わたしは本当なら引き取りたくない子供だったってことも」
「百音、それは違う」
　⑦統理が顔色を変えたので、大丈《じょう》夫、とわたしは急いで続けた。
「なんで統理がわたしを引き取ってくれたかはわからないけど、誰と誰が手を取り合ってもいいんだって、それが世界をキ救うんだってこともわかったもん」
「え？」

「どうした。②なんか機嫌《げん》悪いな」

路有《ろう》がわたしのほっぺたをつついてくる。

「思いやりってなんなのか、ずっと考えてるの」

「なにかあったのか?」

統理《とうり》が蜜柑《みかん》ゼリーのシール蓋《ふた》を剝《は》がしながら訊《き》いてくる。

「道徳の授業のテーマだったの。感想文の宿題も出た」

「難しいテーマだ。それで悩《なや》んでるのか」

「悩んでるっていうか」

わたしは今の気持ちのように［A］ゼリーを見つめた。

「③なんかよくわかんない。ちょっと嫌な気持ちなの」

「嫌な気持ち?」

どう説明すればいいのか、考えながら話してみた。わたしの本当のお父さんとお母さんは死んでしまった。それは悲しいことだけど、代わりに統理《とうり》と路有《ろう》がいる。けれど本当のお父さんとお母さんがいるみんなにとって、親が死んじゃって赤の他人のおじさんと暮らしているということはあきらかな不幸であり、だからわたしの前で親の話をしたことを謝った。自分がされて嫌なことを人にもしないという思いやりのルールに則《のっと》って、みんなわたしを思いやってくれたのだ。みんな優しい。わたしはみんなが好き。それは間違《ちが》いない。

「なのに、なんでわたしは嫌な気持ちになってるのかな」

「本当にわからないのか?」

わたしはゼリーを見つめ、静かに首を横に振った。

わかっている。でもわかりたくない。わたしはみんなの話を普《ふ》通に聞いていたのに、勝手に思いやられて、かわいそうな子扱《あつか》いをされたことにむっとしている。でもそう言えなかった。わたしはかわいそうじゃないなんて、言えば言うほどかわいそうな子になっていくようで。

「わたし、優しくしてくれてありがとうねって思えばいいのかな」

「そんなことを思う必要はない」

「でも優しくされたのに嫌な気持ちになるなんて、間違ってるんだよね?」

「間違ってない。百音《もね》の感情は百音だけのものだ。誰かにこう思いなさいと言われたら、まずはその人を疑ったほうがいい。どんなに素晴らしい主義主張も人の心を縛《しば》るゥケンリはない」

④統理は静かに、けれどきっぱりと言い切った。

「じゃあ先生が間違ってるの?」

「間違ってない。ただ、段階を踏《ふ》むことが大事なんだと思う。算数だって最初からかけ算なんてできないだろう。足し算引き算と順番に教えてもらう。今は足し算の段階なんだ」

「誰も間違ってないのに、わたしだけ嫌な気持ちになるの?」

そんなの不公平だと唇《くちびる》を尖《とが》らせると、統理はもっともだとうなずいた。

「本当に不公平だ。でも⑤百音は人よりたくさんのものを持ってる。その分、考えることも増える。考えることは百音の頭や心を強く賢《かしこ》くしてくれる。それはいいことだよ」

「たくさんのもの?」

わたしは［B］をかしげた。

2024年度

駒沢学園女子中学校

【国　語】〈第一回午後一科試験〉（六〇分）〈満点：一〇〇点〉

※字数制限のある問題の場合は、句読点や符号なども
一字分として、字数にふくめて答えなさい。

　次の文章は凪良ゆう作『わたしの美しい庭』の一節です。統理《とうり》と小学生の百音《もね》は血がつながらない親子です。屋上に小さな神社があるマンションに二人暮らしですが、食事の時間になると、同じマンションに住む、統理《とうり》の友人の路有《ろう》がやってきて、三人で楽しく過ごしています。ある日の道徳の授業で、「思いやり」という議題で話し合いました。その授業の最後に先生は「思いやりとは、自分がされて嫌《いや》なことを人にもしないことです」とまとめました。その日の放課後、百音《もね》は仲良しの友だち数人といっしょに下校しました。これに続く場面を読んで、後の問いに答えなさい。

「お父さんがご飯作ってくれるっていいね。うちのお父さんなんもしないよ」
「うちも。ごろごろテレビ観てるだけ」
「お昼間はアハタラいてるんじゃない？」
「見たことないもん。たまにおみやげ買ってきてくれるけど」
　みんながお父さんやお母さんについて話す中、サトちゃんが（　１　）わたしを見た。
「ごめん、百音《もね》ちゃん」
　いきなり謝られ、わたしは（　２　）した。
「百音ちゃん、お父さんとお母さんいないんだよね」
　他のみんなもはっとした。ごめんね、わたしたち思いやりがなかった、嫌《いや》なこと言っちゃったと口々に謝られ、わたしはきょとんとしたまま、いいよいいよと首を横に振《ふ》り続けた。

　屋上神社でおやつを食べていると、水遣《や》りを終えた統理《とうり》と路有《ろう》が戻《もど》ってきて、やれやれと腰《こし》を下ろした。今年はすごい暑さで、屋上にはまだサルビアや百日草が咲《さ》いている。
「もう九月だってのにいつまで暑いんだ」
「オーストラリアで道路が溶《と》けたらしい」
「ここが溶けないことが不思議だな」
　ふたりは水を張ったバケツの中から蜜柑《みかん》ゼリーを取り出した。わたしはお先に白桃《はくとう》のゼリーを食べている。つつき回すばかりで、やわらかいゼリーはどろどろになっている。
　憂鬱《ゆううつ》なわたしの目の前を、ユヅルくんが通りすぎていく。一日一度は必ずおイ参りにくる※1氏子のお婆《ばぁ》ちゃんと手をつないでいる。ユヅルくんは幼稚《ち》園の年長さんで、大人になったらわたしをお嫁《よめ》さんにもらいたいと言う。①わたしはもらってくれなくていいと答える。誰《だれ》のお嫁さんになろうと、わたしはわたしのものだ。誰にもあげたくない。百音ちゃーんとユヅルくんが手を振ってくる。わたしは頬杖《ほおづえ》をついたまま、適当に手をひらひらと振り返した。

2024年度

駒沢学園女子中学校　▶解説と解答

算　数　＜第１回午後１科試験＞（60分）＜満点：100点＞

解　答

1 ⑴ 459　⑵ 2　⑶ $\frac{1}{8}$　⑷ 2.27　⑸ $1\frac{69}{128}$　⑹ 87　2 ⑴ 9600m　⑵ 1540円　⑶ 16人，余り20cm　⑷ 7人　⑸ 28cm^2　⑹ 7 cm　3 ⑴ 46ページ　⑵ 8％，250 g　⑶ **和**…540度，**１つの角**…108度　⑷ 87.92cm^2　4 ⑴ 360000cm^3　⑵ 60cm　⑶ 2880cm^3　⑷ 2160cm^2　5 ⑴ 時速 4 km　⑵ 解説の図を参照のこと。　⑶ 1時間30分後，自宅まで 6 km　6 ⑴ **5段**…15個，**6段**…21個，**7段**…28個　⑵ **5段**…25個，**6段**…36個，**7段**…49個　⑶ 9段，190個

解　説

1　四則計算，逆算

⑴　$20\times24-21=480-21=459$

⑵　$\{12+(3\times4)\div6\}\div7=(12+12\div6)\div7=(12+2)\div7=14\div7=2$

⑶　$1-\frac{2}{3}\div\frac{4}{5}+\frac{5}{6}-\frac{7}{8}=1-\frac{2}{3}\times\frac{5}{4}+\frac{5}{6}-\frac{7}{8}=1-\frac{5}{6}+\frac{5}{6}-\frac{7}{8}=1-\frac{7}{8}=\frac{1}{8}$

⑷　$9-8.7+6.54\div3-0.21=0.3+2.18-0.21=2.48-0.21=2.27$

⑸　$\frac{9}{8}\times\left(\frac{7}{6}+\frac{5}{4}\right)\div\frac{4}{3}-\frac{1}{2}=\frac{9}{8}\times\left(\frac{14}{12}+\frac{15}{12}\right)\div\frac{4}{3}-\frac{1}{2}=\frac{9}{8}\times\frac{29}{12}\times\frac{3}{4}-\frac{1}{2}=\frac{261}{128}-\frac{1}{2}=\frac{261}{128}-\frac{64}{128}=\frac{197}{128}=1\frac{69}{128}$

⑹　$(9+\square)\div6+5=21$より，$(9+\square)\div6=21-5=16$，$9+\square=16\times6=96$　よって，$\square=96-9=87$

2　速さ，割合と比，仕事算，面積，体積

⑴　2時間は，60×2＝120(分)だから，分速80mで2時間歩いたときの道のりは，80×120＝9600(m)となる。

⑵　税抜《ぬ》きの代金の合計は，200×7＝1400(円)だから，税込《こ》みの代金の合計は，1400×(1＋0.1)＝1540(円)とわかる。

⑶　5 m(＝500cm)のリボンを30cmずつ分けると，500÷30＝16余り20より，16人に分けることができて，20cm余る。

⑷　1人が1日にする仕事の量を1とすると，3人で35日かかる仕事の量は，1×3×35＝105となる。よって，15日で終えるには，1日に，105÷15＝7の仕事をする必要があるから，最低7人必要である。

⑸　(台形の面積)＝{(上底)＋(下底)}×(高さ)÷2より，この台形の面積は，(3＋5)×7÷2＝28(cm^2)となる。

⑹　(円柱の体積)＝(底面積)×(高さ)より，この円柱の高さは，245÷35＝7(cm)である。

3 割合と比，濃度《のうど》，角度，表面積

(1)　１日目に読んだページ数は，$120\times\frac{1}{3}=40$(ページ)だから，その残りは，120－40＝80(ページ)である。すると，２日目に読んだページ数は，$80\times\frac{2}{5}+2=34$(ページ)とわかる。したがって，読まずに残っているページ数は，80－34＝46(ページ)となる。

(2)　10％の食塩水200ｇにふくまれる食塩の重さは，200×0.1＝20(ｇ)である。また，水を50ｇ加えると，食塩水の重さは，200＋50＝250(ｇ)になり，食塩の重さは20ｇのままである。よって，できる食塩水の濃度は，20÷250×100＝８(％)とわかる。

図１

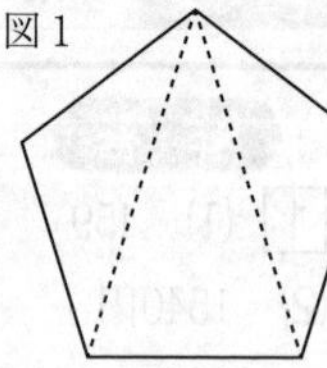

(3)　右の図１のように，正五角形は３つの三角形に分けることができるから，内角の大きさの和は，180×３＝540(度)になる。よって，１つの角の大きさは，540÷５＝108(度)となる。

図２

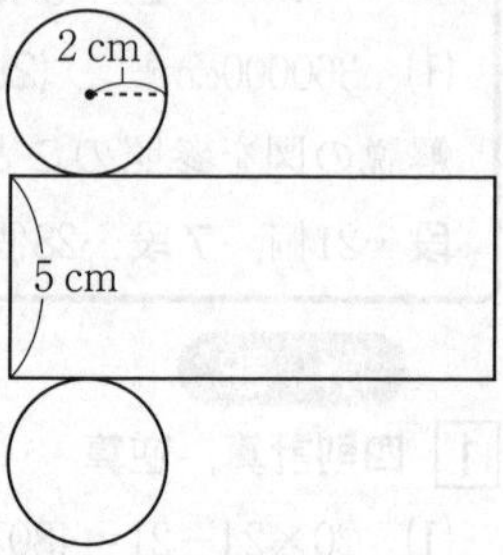

(4)　この円柱の展開図は右の図２のようになり，２つの底面の面積の和は，２×２×3.14×２＝８×3.14(cm^2)である。また，側面の長方形の横の長さは，底面の円周と等しいので，２×２×3.14＝４×3.14(cm)になる。したがって，側面の面積は，５×(４×3.14)＝20×3.14(cm^2)だから，円柱の表面積は，８×3.14＋20×3.14＝28×3.14＝87.92(cm^2)と求められる。

4 グラフ―水の深さと体積

(1)　水そうは，たて60cm，横60cm，高さ100cmの直方体だから，容積は，60×60×100＝360000(cm^3)である。

(2)　問題文中の図２より，水面の高さが60cmになったときに水面の高さの増え方が変わっているから，おもりの高さは60cmとわかる。

(3)　おもりより上の部分に入る水の体積は，60×60×(100－60)＝144000(cm^3)である。よって，水は，80－30＝50(分間)で144000cm^3入れたから，１分間に入れる水の体積は，144000÷50＝2880(cm^3)となる。

(4)　(3)より，水そうに入れた水の体積は，2880×80＝230400(cm^3)である。よって，おもりの体積は，360000－230400＝129600(cm^3)とわかり，おもりの高さは60cmだから，おもりの底面積は，129600÷60＝2160(cm^2)と求められる。

5 グラフ―速さ，旅人算

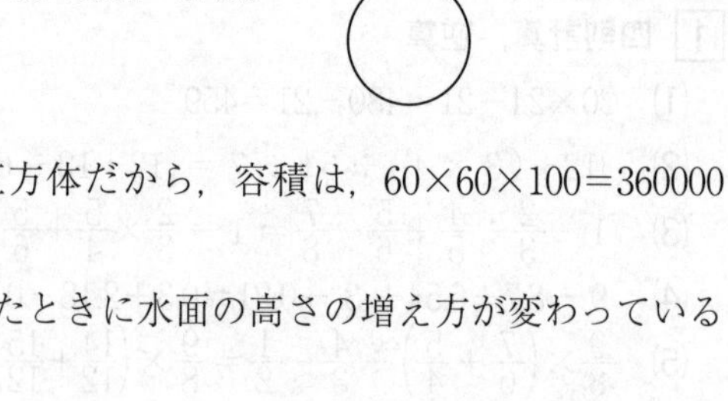

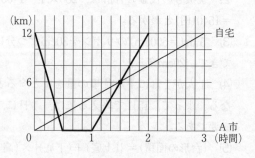

(1)　問題文中のグラフより，貴子さんはＡ市から自宅までの12kmを３時間で歩いたから，貴子さんの速さは時速，12÷３＝４(km)とわかる。

(2)　結衣さんは自宅からＡ市まで進むのに，$12\div24=\frac{1}{2}$(時間)，$60\times\frac{1}{2}=30$(分)かかる。また，Ａ市に30分とどまった後，Ａ市から自宅まで進むのに，12÷12＝１(時間)かかる。よって，結衣さんのグラフは右上の太線のようになる。

(3)　２人が２回目に会うのはグラフの●のときだから，貴子さんがＡ市を出発してから１時間30分後とわかる。また，このとき２人は自宅まで，12－６＝６(km)の地点にいる。

6 図形と規則

⑴　正三角形の個数は，１段のときは１個，２段のときは，１＋２＝３(個)，３段のときは，１＋２＋３＝６(個)，４段のときは，１＋２＋３＋４＝10(個)になる。よって，５段のときは，10＋５＝15(個)，６段のときは，15＋６＝21(個)，７段のときは，21＋７＝28(個)必要になる。

⑵　すき間にできる正三角形の個数は，２段のときは１個，３段のときは，１＋２＝３(個)，４段のときは，１＋２＋３＝６(個)である。よって，右の表のようになるから，５段のときの正三角形の合計は25個，６段のときの正三角形の合計は36個，７段のときの正三角形の合計は49個となる。

段数	1	2	3	4	5	6	7
並べる正三角形	1	3	6	10	15	21	28
すき間の正三角形	0	1	3	6	10	15	21
合計	1	4	9	16	25	36	49

⑶　１＋２＋３＋…＋９＝(１＋９)×９÷２＝45より，正三角形を45個並べると９段の正三角形ができる。また，⑵より，20段の正三角形を作ったとき，すき間にできる正三角形は，１＋２＋３＋…＋19＝(１＋19)×19÷２＝190(個)とわかる。

国語　＜第１回午後１科試験＞（60分）＜満点：100点＞

解答

問１　ア，ウ，オ，カ，ク，ケ，コ　下記を参照のこと。　**イ**　まい　**エ**　よち　**キ**　すく　**問２　１**　イ　**２**　エ　**問３**　ウ　**問４**　つつき回す／わたしは頬　**問５**　イ　**問６　ア**　優しい　**イ**　不幸　**ウ**　かわいそうな　**エ**　悲しい　**オ**　優しくしてくれてありがとうね　**問７**　ア　**問８**　（例）　百音は両親を失ったことで，ほかの友だちが経験しないことや考えないことを考える機会があり，それが百音の頭や心を強く賢くしてくれたから。　**問９　⑴**　首　**⑵　１**　鼻　**２**　背　**３**　胸　**問10　Ⅰ**　エ　**Ⅱ**　イ　**Ⅲ**　ア　**Ⅳ**　ウ　**問11**　ウ　**問12**　（例）　百音が，自分は統理にとって本当なら引き取りたくない子供だった，と思っていたことにおどろいたから。　**問13**　ア　**問14**　ウ　**問15**　ア　**問16**　ウ　**問17**　（例）　血のつながらない統理とわたしは，ふたりの解釈で，呼び方や暮らし方を決め，ふたりでひとつずつ作っていく生活をし，きずなを深めていること。

●漢字の書き取り

問１　ア　働　ウ　権利　オ　分断　カ　教師　ク　無理　ケ　豊　コ　笑顔

解説

出典：凪良《なぎら》ゆう『わたしの美しい庭』。学校の授業で「思いやり」について習った百音《もね》が，統理《とうり》とその友人の路有《ろう》と話しながら，両親を亡《な》くし，統理に引き取られたときのことを思い出す。

問１　ア　音読みは「ドウ」で，「労働」などの熟語がある。　**イ**　音読みは「サン」で，「参拝」などの熟語がある。　**ウ**　あることをしてもよいという資格。　**エ**　ものごとを行ったりできるゆとり。　**オ**　分けられて別々になること。　**カ**　学校の先生。　**キ**　音読みは「キュウ」で，「救助」などの熟語がある。　**ク**　できないことを強引に行おうとすること。　**ケ**　音読みは

「ホウ」で，「豊富」などの熟語がある。　**コ**　笑っている顔。

問２　**１**　続く部分に，「他のみんなもはっとした」と書かれているので，その前にサトちゃんが「はっと」したことがわかる。　**２**　百音は，サトちゃんに「いきなり謝《あやま》られ」た事情がつかめずにいる。その後もほかのみんなから同じように謝られても，「きょとんとしたまま」だったのだから，「きょとんと」が合う。

問３　直後に注目する。百音は，「わたしはわたしのものだ。誰《だれ》にもあげたくない」と考えているので，ユヅルくんが自分を「もらってくれなくて」もいいのである。

問４　前の部分にあるとおり，百音の機嫌《きげん》が悪いようすは，ゼリーを「つつき回すばかりで」食べようとしないことや，ユヅルくんに手を振《ふ》られても，「頬杖《ほおづえ》をついたまま，適当に手をひらひらと振り返し」ていることなどからわかる。

問５　百音の「思いやり」について「なんかよくわかんない」という気持ちは，手元にあるゼリーの状態に表されている。問４でみたように，「やわらかいゼリーはどろどろになっている」ので，「ぐちゃぐちゃにゆるんだ」がふさわしい。

問６　**ア～オ**　この後の百音の気持ちが書かれている部分に注目する。両親が死んでしまったことは「悲しいこと」である。そんな百音に対し，友だちは「みんな優しい」のである。しかし，両親がいないことを「あきらかな不幸」であると考えて，百音を「かわいそうな子」としてあつかおうとする友だちに，「優しくしてくれてありがとう」と思うことができず，嫌《いや》な気持ちになっている自分自身が正しいのかどうか，百音は悩《なや》んでいる。

問７　前の部分にあるとおり，統理は，百音が嫌な気持ちになったのは「間違《まちが》って」いるわけではなく，「百音の感情は百音だけのもの」だから，大切にすべきだと強調している。

問８　続く部分で，統理は，「失うことや持ってないことで得られるものもある」と話している。ここでの「失うこと」とは，百音の両親が亡くなったことを表しており，「得られるもの」とは，それによって「考えること」が「増える」ため，「頭や心を強く賢《かしこ》く」できることを指している。これをもとに，「百音は両親を失って，多くのことを考える機会を得るようになり，頭や心を強く賢くすることができたから」のようにまとめる。

問９　(1)「首をかしげる」は，“相手の発言などが理解できず，不思議に思う”という意味。　(2)　**１**「鼻が高い」は，得意げなようす。　**２**「背をむける」は，“無関心である”という意味。　**３**「胸をなでおろす」は，“ほっとする”という意味。

問10　**Ⅰ**　直後で「最初の考え方としてどうなんだろう」と言い，その後「『俺《おれ》が嫌なのに，なんでおまえは好きなんだ』って疑問が湧《わ》くんじゃないか」と話している。よって，「俺が嫌なことはみんなも嫌」があてはまる。　**Ⅱ**，**Ⅲ**　統理は，みんな「同じ」でなければならないという考えを否定している。後の部分にあるとおり，おたがいの違いを「認め合おう」とすることが，本来，目指すべき状態である。　**Ⅳ**　直後に，「無駄《むだ》に殴《なぐ》り合って傷つけ合うよりは」とあるので，おたがいに傷つけないようにする「黙《だま》って通りすぎよう」がふさわしい。

問11　前の部分に注目する。統理と路有の話は「よくわからないところも多い」が，子どもの百音に対しても意見をきいてくれるので，話から置いていかれることなく聞き続けることができた。そのおかげもあって，しだいに「散らかっていた心が少しずつ整頓《せいとん》されていくように感じ」たのだから，ウが選べる。

問12　直前の統理の発言に注目する。「それは違う」の「それ」とは，統理にとって百音は「本当なら引き取りたくない子供だった」という百音の発言を指す。なお，「顔色を変える」は，“興奮したり立腹したりして顔つきを変える”という意味。百音から，思いもよらない考えを聞いて，統理は真剣《しんけん》な表情に変わったのである。

問13　「目を白黒させる」は，“おどろく”という意味。同じような意味であるのは，“おどろいて目を大きく開く”という意味の「目を丸くする」。「目に余る」は，“程度がひどくて見ていられないほどである”という意味。「目にとまる」は，“関心を引く”という意味。「目をひく」は，“人の注意を向けさせる”という意味。

問14　続く部分に注目する。この後，統理は百音に対して，これからふたりで暮らすにあたって自らが考えていることをかしこまって話している。「姿勢を正した」のは，百音に真剣に話をしようという気持ちの表れである。

問15　直後の，「ぽかんとしている」百音のようすから，幼い百音には統理の言っていることが理解できなかったと想像できる。また，「外国の絵本を見るように」というのは，異なる言語の絵本の，内容を理解しづらいようすをたとえている。統理を「信じていいのかわからない」とまで想像できるようすは百音からうかがえないので，アがふさわしくない。

問16　直前の百音の発言にある「とーり」という呼び方を，「お父さんよ」と訂正《ていせい》していることから，職員さんがその呼び方はよくないと考えていることがわかる。

問17　前の部分に注目する。「手はずっとつながれている」とは，統理が「呼び方も暮らし方も，これからふたりでひとつずつ作っていこう」と言って百音を引き取って以来，ふたりの心がつながっていることを表している。また，統理は，「これからぼくたちのことをいろいろ言う人がいるかもしれない。でもそれはその人たちの解釈《かいしゃく》であり，ぼくと百音ちゃんがなんであるかは，ぼくと百音ちゃんが決めればいい」とも話しており，ほかの人たちが何を言おうとも，ふたりの関係は自分たちで作っていくのだという決意をしている。よって，これらをまとめるとよい。

Dr.福井の
入試に勝つ！脳とからだのウルトラ科学

寝る直前の30分が勝負！

みんなは，寝る前の30分間をどうやって過ごしているかな？　おそらく，その日の勉強が終わって，くつろいでいることだろう。たとえばテレビを見たりゲームをしたり――。ところが，脳の働きから見ると，それは効率的な勉強方法ではないんだ！

実は，キミたちが眠っている間に，脳は強力な接着剤を使って海馬《かいば》（脳の，知識をためる倉庫みたいな部分）に知識をくっつけているんだ。忘れないようにするためにね。もちろん，昼間に覚えたことも少しくっつけるが，やはり夜――それも“寝る前”に覚えたことを海馬にたくさんくっつける。寝ている間は外からの情報が入ってこないので，それだけ覚えたことが定着しやすい。

もうわかるね。寝る前の30分間は，とにかく勉強しまくること！　そうすれば，効率よく覚えられて，知識量がグーンと増えるってわけ。

では，その30分間に何を勉強すべきか？　気をつけたいのは，初めて取り組む問題はダメだし，予習もダメ。そんなことをしても，たった30分間ではたいした量は覚えられない。

寝る前の30分間は，とにかく「復習」だ。ベストなのは，少し忘れかかったところを復習すること。たとえば，前日の勉強でなかなか解けなかった問題や，１週間前に勉強したところとかね。一度勉強したところだから，短い時間で多くのことをスムーズに覚えられる。そして，30分間の勉強が終わったら，さっさとふとんに入ろう！

ちなみに，寝る前に覚えると忘れにくいことを初めて発表したのは，アメリカのジェンキンスとダレンバッハという２人の学者だ。

寝る前に予習した？
こっちの方がよく覚えられるのっ
復習

Dr.福井（福井《ふくい》一成《かずしげ》）…医学博士。開成中・高から東大・文Ⅱに入学後，再受験して翌年東大・理Ⅲに合格。同大医学部卒。さまざまな勉強法や脳科学に関する著書多数。

Memo

Memo

2023 年度

駒沢学園女子中学校

【算　数】〈第１回午前一般試験〉（45分）〈満点：100点〉

【注意】計算の途中式や考えは採点されますので、消さないでください。

1　次の□にあてはまる数を求めなさい。

(1)　$120-6\times 5+10=$ □

(2)　$20+\{25-(21-3)\}=$ □

(3)　$6\frac{2}{5}-\frac{1}{3}\times 2.4=$ □

(4)　$30\div 5+21\times 2=$ □

(5)　$3.5\div\frac{5}{2}-0.3=$ □

(6)　$50-(\square+10\div 2)=30$

2 次の問いに答えなさい。

(1) 6％の食塩水が 100g あります。これに，50g の水を入れると，何％の食塩水になりますか。

(2) 駒子さんは 360 ページある本を読んでいます。きのうまでに，その $\frac{1}{2}$ を読み，きょうは残りの $\frac{2}{5}$ を読みました。きょうは何ページ読みましたか。

(3) あめを何人かの子どもに１人に４個ずつ分けると 12 個あまり，１人に７個ずつ分けると９個不足します。あめは何個ありますか。

(4) ２，３，４，５の４つの数字を全部使って，４けたの整数を大きいほうから順に作っていきます。大きいほうから数えて 14 番目にくる整数はいくらですか。

(5) 長さ 100m の電車が，１秒間に８m の速さで，長さ 212m のトンネルにさしかかりました。これを通りぬけるのに何秒かかりますか。

(6) 母は 40 才，子供は 12 才です。母の年れいが子供の年れいの２倍になるのは，今から何年後ですか。

3 １辺が１cmの正三角形を，右の図のように３段並べました。
このとき，次の問いに答えなさい。

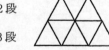

1段
2段
3段

(1) １段目には１辺１cmの正三角形が１個，２段目には正三角形が３個あります。４段目には１辺１cmの正三角形は何個必要ですか。

(2) ５段並べたときにできる正三角形のまわりの長さは，何cmですか。

(3) 並べてできた正三角形のまわりの長さが 78 cmになるのは，１辺１cmの正三角形を何個並べたときですか。

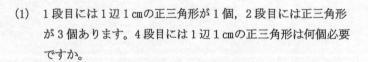

4 右のグラフは，船がＡ市とＢ市の間を往復したときのようすを表したものです。船の静水時の速さと川の流れの速さは一定とします。

このとき，次の問いに答えなさい。

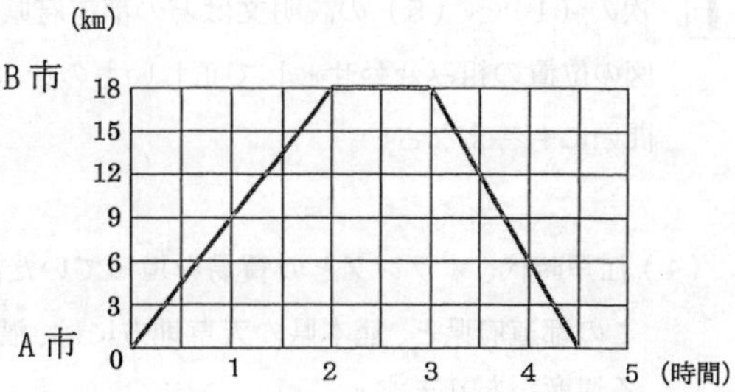

(1)　下流にあるのは，どちらの市ですか。

(2)　この船の静水時の船の時速は何kmですか。

(3)　この川の流れの速さは，時速何kmですか。

5 2つの整数 a, b において (a, b) の計算を次のように決めます。(a, b) ＝a×b＋3，例えば，(2，5) ＝2×5＋3＝13 となります。このとき次の問いに答えなさい。

(1)　(3，8) と (10，50) をそれぞれ計算しなさい。

(2)　(2，(4，5)) を計算しなさい。

(3)　次の計算の□にあてはまる数を求めなさい。

(□，8) ＝19

【社　会】〈第１回午前一般試験〉（45分）〈満点：100点〉

1　次の（１）～（５）の説明文はどの都道府県を説明していますか。都道府県名と次のページにある日本地図の位置の組み合わせとして正しいものを（ア）～（エ）より１つ選び、記号で答えなさい。また、続く問いにも答えなさい。

（１）江戸時代、オランダとの貿易を担《にな》っていた出島があります。また、この都道府県と、熊本県の天草地方には、潜伏《せんぷく》キリシタンに関連する遺産があります。

	都道府県名	位置
（ア）	佐賀県	㊶
（イ）	香川県	㊲
（ウ）	長崎県	㊷
（エ）	大阪府	㉗

（２）屋久島や奄美《あまみ》大島が世界自然遺産に登録されています。火山灰の地質を生かしてサツマイモの栽培《さいばい》がさかんに行われています。

	都道府県名	位置
（ア）	鹿児島県	㊻
（イ）	北海道	①
（ウ）	高知県	㊴
（エ）	新潟県	⑮

（３）琉球《りゅうきゅう》王国時代には周辺の国々との交易を通して発展しました。現在は首里城跡《しゅりじょうあと》や県北の自然が世界遺産となっており、多くの観光客が訪れます。

	都道府県名	位置
（ア）	山口県	㉟
（イ）	青森県	②
（ウ）	福岡県	㊵
（エ）	沖縄県	㊼

（４）令和３年度にはみかんの収穫《かく》量が全国１位となりました。紀伊山地の熊野古道《くまのこどう》は参詣道《さんけいどう》として世界遺産に登録されています。

	都道府県名	位置
（ア）	三重県	㉔
（イ）	岐阜県	㉑
（ウ）	和歌山県	㉚
（エ）	長野県	⑳

（５）ここの都道府県庁所在地は近畿地方の代表都市の１つです。この都道府県にある姫路城《ひめじじょう》は白鷺城《しらさぎじょう》ともよばれ、白い漆喰《しっくい》の壁《かべ》が特徴《ちょう》です。

	都道府県名	位置
（ア）	京都府	㉖
（イ）	兵庫県	㉘
（ウ）	広島県	㉞
（エ）	福島県	⑦

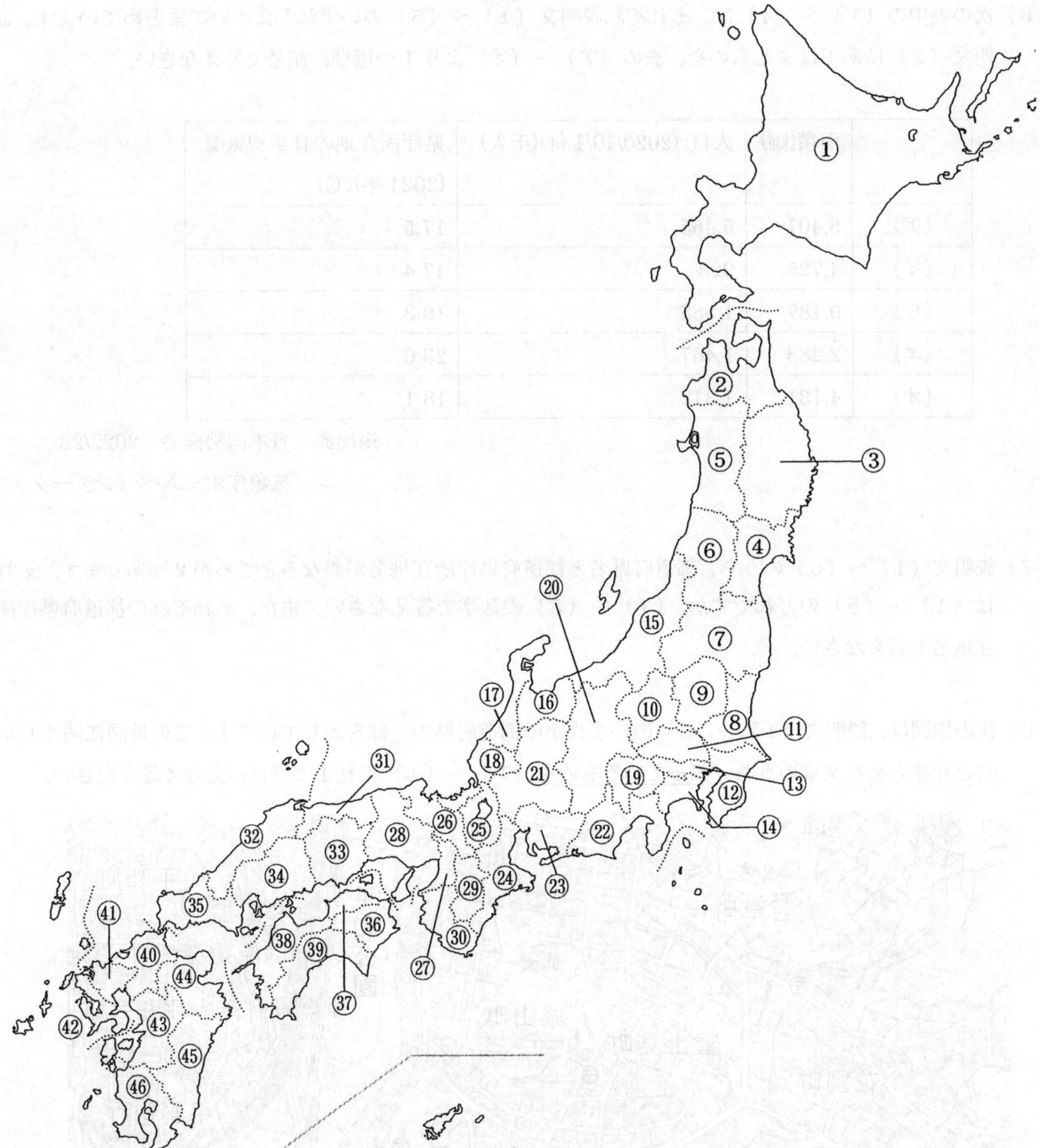
①
②
③
④
⑤
⑥
⑦
⑧
⑨
⑩
⑪
⑫
⑬
⑭
⑮
⑯
⑰
⑱
⑲
⑳
㉑
㉒
㉓
㉔
㉕
㉖
㉗
㉘
㉙
㉚
㉛
㉜
㉝
㉞
㉟
㊱
㊲
㊳
㊴
㊵
㊶
㊷
㊸
㊹
㊺
㊻
㊼

（６）次の表中の（ア）～（オ）は、それぞれ説明文（１）～（５）のいずれかについてまとめています。説明文（３）にあてはまるものを、表の（ア）～（オ）より１つ選び、記号で答えなさい。

	面積(㎢)	人口（2020/10/1 付)(千人)	県庁所在地の日平均気温(2021 年)(℃)
（ア）	8,401	5,465	17.5
（イ）	4,725	923	17.4
（ウ）	9,187	1,588	19.3
（エ）	2,283	1,467	23.6
（オ）	4,131	1,312	18.1

※出典　日本国勢図会　2022/23
気象庁ホームページデータ

（７）説明文（１）～（５）のうち、都道府県名と都道府県庁所在地名が異《こと》なるところが２つあります。それは（１）～（５）のどれですか。（１）～（５）の数字で答えなさい。また、それぞれの都道府県庁所在地名も答えなさい。

（８）次の地図は、説明文（１）～（５）のいずれかの都道府県の一部を表しています。この地図に関連したことをまとめた文章のうち、誤っているものを（ア）～（エ）より１つ選び、記号で答えなさい。

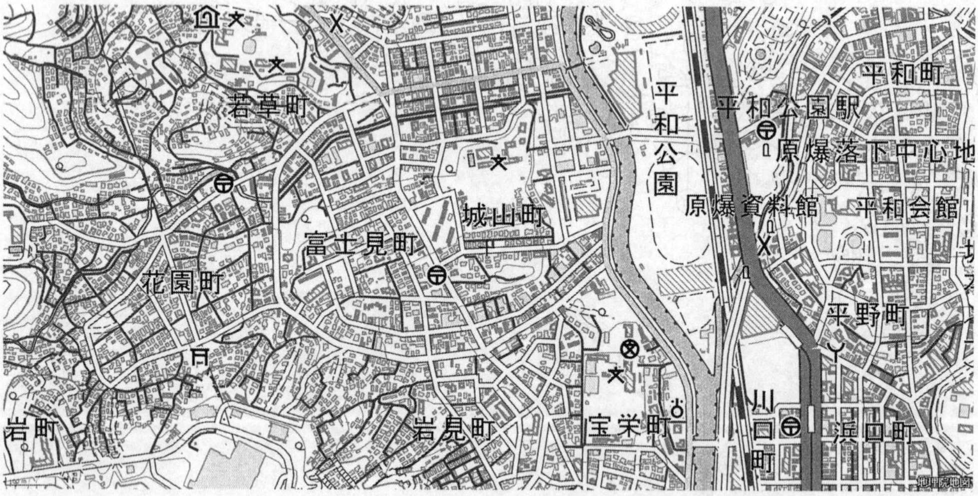

※国土地理院　電子国土 Web より作成

（ア）この地図は説明文（１）の都道府県庁所在地の一部を表している。
（イ）1945 年８月９日に、この地図の地域に原子爆弾《だん》が投下された。
（ウ）この地図では平和公園の西側に学校はない。
（エ）この地図の区域には、老人ホームと消防署が設置されている。

2 次の文を読んで下の問いに答えなさい。

2011 年 6 月、第 35 回世界遺産委員会において世界遺産への登録が決定したのが、「(A) 平泉― 仏国土《ぶっこくど》（浄土《じょうど》）を表す建築・庭園及《およ》び考古学的遺跡《いせき》群 ―」です。構成している遺産は、中尊寺《ちゅうそんじ》、毛越寺《もうつうじ》、観自在王《かんじざいおう》院跡《いんあと》、無量光院跡《むりょうこういんあと》、金鶏山《きんけいざん》です。

平泉は、奥州藤原氏《おうしゅうふじわらし》が治めていました。初代清衡《きよひら》は「奥州の戦いで亡くなった人々を敵味方問わず、極楽《ごくらく》浄土へ導きたい」という思いから、1105 年に中尊寺を建立《こんりゅう》しました。なかでも、金色堂《こんじきどう》とよばれる仏堂は創建当初のまま残る唯一《ゆいいつ》の建造物で、金や螺鈿《らでん》をふんだんに使った大変豪華《ごうか》なお堂です。

清衡の息子たちも清衡の思いを汲《く》み、仏教を大切にし、(B) 浄土思想《しそう》の実現を目指して寺院を建てました。また、平泉の中心部の西側に位置する金鶏山は、平泉のまちと重要な関係にあり、さらに「夏草や 兵《つわもの》どもが夢の跡《あと》」「五月雨《さみだれ》の降り残してや光堂《ひかりどう》」などの句を詠《よ》んだ、[1]の紀行文に登場する山としても知られています。

奥州は馬や金の主要な産地として栄え、大きな経済力を誇《ほこ》りましたが、[2]をかくまったことが原因となり、1189 年に (C) 源頼朝の軍勢によって滅《ほろ》ぼされました。

参考資料：UNESCO　世界遺産センターHP　https://whc.unesco.org/ja/list/1277

（1）文中の下線部（A）は、東北地方の県にある都市ですが、それはどこの県のことですか。次の文を読んで答えなさい。

全国で二番目に大きい東北地方の県。宮沢賢治《みやざわけんじ》の出身地で、作品の中にも登場する。
南部鉄器やこけし、わんこそばが有名で、観光で人気のポイントになっている。

（2）上の問い（1）の県の位置を右の地図のア～オより１つ選び、記号で答えなさい。

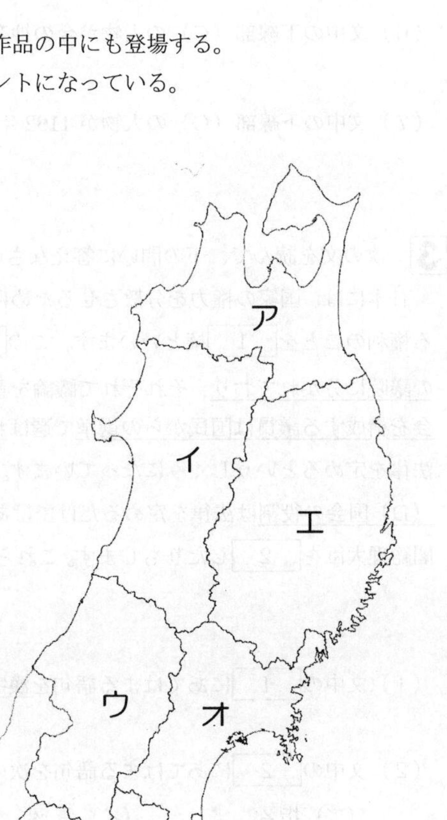

（３）文中の［ 1 ］に関して次の問いに答えなさい。

①「夏草や兵どもが夢の跡」「五月雨の降り残してや光堂」「古池や蛙《かわず》飛びこむ水の音」などの作品をのこした江戸時代前期の［ 1 ］に当てはまる人物は誰《だれ》ですか。答えなさい。

②［ 1 ］の人物が書いた、江戸から美濃《みの》の大垣《おおがき》までの旅の様子がつづられている紀行文を次の（ア）～（エ）より１つ選び、記号で答えなさい。

（ア）奥の細道　（イ）更級《さらしな》日記　（ウ）古事記　（エ）日本書紀

（４）文中の［ 2 ］には「壇ノ浦の戦い」にて平氏を滅ぼした武将名が入ります。その人物は誰ですか。次の（ア）～（エ）より１人選び、記号で答えなさい。

（ア）藤原道長　（イ）源義朝　（ウ）足利尊氏　（エ）源義経

（５）文中の下線部（B）を説明する文として正しいものを次の（ア）～（エ）より１つ選び、記号で答えなさい。

（ア）南無阿弥陀仏《なむあみだぶつ》と唱えれば、極楽に往生できるという思想。

（イ）仏教の力で国の平和と発展を祈《いの》ろうとする思想。

（ウ）曹洞宗において、坐禅を重視すべきだとする思想。

（エ）西洋の知識や技術を取り入れて、国を発展させようという思想。

（６）文中の下線部（C）の人物が今の神奈川県に開いた武士の政権を何といいますか。答えなさい。

（７）文中の下線部（C）の人物が1192年に就《つ》いた役職名を漢字５文字で答えなさい。

3 次の文を読んで、下の問いに答えなさい。

日本には、国家の権力を分散させるために（A）三権分立というしくみがあります。その中でも法律を定める権利のことを［ 1 ］権といいます。この［ 1 ］権をもつ機関は、日本では国会のみです。（B）国会は２つの議院に分かれており、それぞれで議論を重ねることで、慎重《しんちょう》に法律の内容を定めています。また、（C）国会を構成する議員は国民からの選挙で選ばれます。そして、選ばれた国会議員が国民の代表者として議論をし、法律を定めるというしくみになっています。

（D）国会の役割は法律を定めるだけではありません。憲法の条文によれば、国会における多数決により、内閣総理大臣を［ 2 ］したりもします。これら国会の役割はすべて（E）日本の憲法によって定められています。

（１）文中の［ 1 ］にあてはまる語句を漢字２字で答えなさい。

（２）文中の［ 2 ］にあてはまる語句を次の（ア）～（エ）より１つ選び、記号で答えなさい。

（ア）指名　（イ）承認《しょうにん》　（ウ）推薦《すいせん》　（エ）任命

（３）文中の下線部（Ａ）について、この「三権」のうちの１つである司法権をもつ機関はどこですか。
次の（ア）～（エ）より正しいものを１つ選び、記号で答えなさい。

（ア）内閣府　（イ）日本銀行　（ウ）裁判所　（エ）警視《けいし》庁

（４）文中の下線部（Ｂ）に関して、次の表を見て、あとの問いに答えなさい。

議院	衆議院	（ あ ）
議員の定数	４６５人	２４８人
議員の任期	（ い ）年	６年
被《ひ》選挙権の年齢《れい》	（ う ）歳《さい》	３０歳

※2022年12月現在

①表中の（ あ ）にあてはまる語句を次の（ア）～（エ）より１つ選び、記号で答えなさい。

（ア）枢《すう》密院　（イ）貴族院　（ウ）参議院　（エ）元老院

②表中の（ い ）にあてはまる数字を次の（ア）～（エ）より１つ選び、記号で答えなさい。

（ア）４　（イ）６　（ウ）８　（エ）１０

③表中の（ う ）にあてはまる数字を次の（ア）～（エ）より１つ選び、記号で答えなさい。

（ア）２０　（イ）２５　（ウ）３０　（エ）３５

（５）文中の下線部（Ｃ）に関して、現在、選挙で投票ができる年齢は何歳以上と定められていますか。数字で答えなさい。

（６）文中の下線部（Ｄ）に関して、国会の役割は文章中にあるもの以外にもたくさんあります。国会の役割としてふさわしいものを次の（ア）～（エ）より１つ選び、記号で答えなさい。

（ア）衆議院の解散
（イ）天皇の国事行為《こうい》に対する助言と承認
（ウ）政令の発令
（エ）国の予算の決定

（７）文中の下線部（Ｅ）に関して、次の問いに答えなさい。

①現在の日本の憲法の正式名称《めいしょう》は何といいますか。漢字５字で答えなさい。

②現在の日本の憲法では天皇を日本国の何であると定めていますか。正しいものを次の（ア）～（エ）より１つ選び、記号で答えなさい。

（ア）国王　（イ）皇帝　（ウ）象徴《しょうちょう》　（エ）君主

4 次の文を読んで、下の問いに答えなさい。

2022 年 2 月 24 日、ロシア連邦（以下、「ロシア」と表記します。）が、隣《となり》の国の（A）ウクライナへ軍事侵攻《しんこう》を開始しました。ロシアのウクライナへの軍事侵攻は、ウクライナ国内で一般市民の多くの命と平穏《へいおん》な日常生活を奪《うば》いました。さらに、ロシア軍のウクライナ侵攻は、（B）世界中に大きな影響《えいきょう》を与《あた》えました。

それでは、どうしてロシアはウクライナに軍事侵攻したのでしょうか。

1945 年、第二次世界大戦後の国際社会では、アメリカと［ 1 ］が激しく対立しました。この頃のヨーロッパでは、資本主義諸国と社会主義諸国の間で大きな対立が生まれました。アメリカの支援《しえん》を受けた資本主義諸国はヨーロッパの西側を中心にまとまり、［ 1 ］の支援を受けた社会主義諸国はヨーロッパの東側の国々を中心につながりを深めてお互《たが》いに対立しました。（C）アメリカと［ 1 ］がにらみ合うという状態が長く続きましたが、この対立では実際に軍隊同士が衝突《しょうとつ》するような戦争は起こりませんでした。このような対立は、1991 年に［ 1 ］が崩壊《ほうかい》し、ロシアが成立したことで解消《かいしょう》されました。

1991 年以降、アメリカを中心とする資本主義諸国の影響が東ヨーロッパ各国にも広がっていきました。特に、（D）1949 年にアメリカを中心に成立した軍事同盟（ＮＡＴＯ）は、始めは 12 ヵ国でしたが現在では 30 ヵ国と増加し、かつて［ 1 ］の一部だった国も加わりました。そのため、アメリカを中心とする軍事同盟がロシアの安全にとって不安であると、危機感を持ったロシアの［ 2 ］政権は、ウクライナなど自国に近い国がアメリカ中心の軍事同盟に加わらないように働きかけました。しかし、ウクライナは、ロシアが（E）クリミア半島に部隊を送り込んで、2014 年 3 月にロシア領としたことへの反発と警戒《けいかい》から、アメリカを中心とした軍事同盟に加わりたいと考えるようになりました。このような動きがロシアを不安にさせ、ウクライナ侵攻の理由の１つとなったとされています。

また、ウクライナ東部では、2014 年以降ウクライナ政府とロシア寄りの住民との間で、激しい対立が生まれました。ロシアはウクライナ東部のロシア寄りの住民を保護することも、ウクライナ侵攻の理由の１つとしています。

（１）文中の［ 1 ］にあてはまる語句を次の（ア）～（エ）より１つ選び、記号で答えなさい。

（ア）東ドイツ　（イ）ソ連　（ウ）イギリス　（エ）中国

（２）文中の［ 2 ］にあてはまる人物名を次の（ア）～（エ）より１つ選び、記号で答えなさい。

（ア）バイデン　（イ）マクロン　（ウ）プーチン　（エ）ゼレンスキー

(３) 文中の下線部（A）の位置を、地図中のア～エより１つ選び、記号で答えなさい。

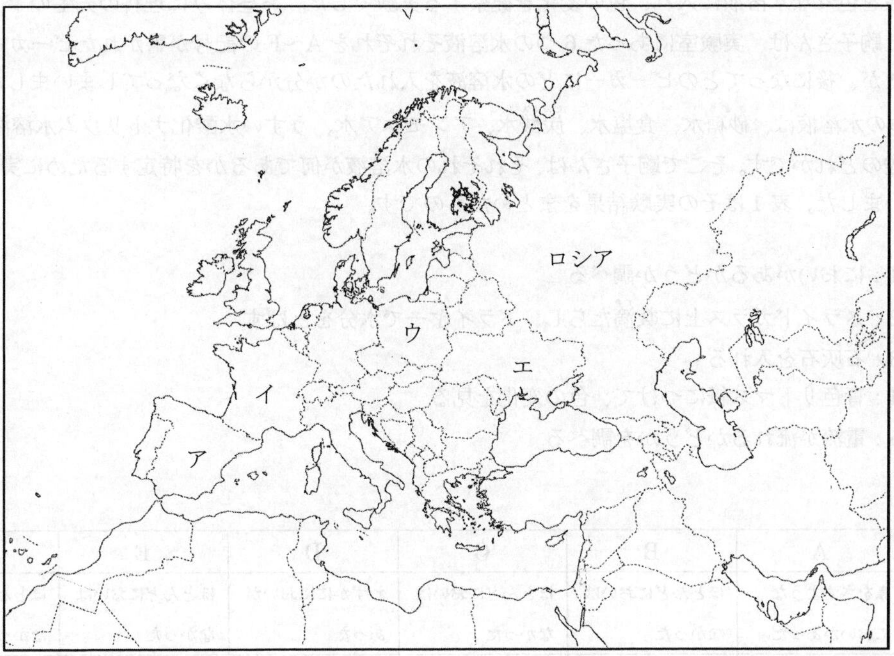

(４) 文中の下線部（B）に関して、次の（ア）～（エ）よりあてはまらないものを１つ選び、記号で答えなさい。

（ア）EU（ヨーロッパ連合）・アメリカとロシアの対立が激しくなる。

（イ）アフリカなどでの食糧《しょくりょう》危機が心配される。

（ウ）世界中でエネルギーの不足が心配される。

（エ）世界の難民数が大きく減少する。

(５) 文中の下線部（C）を何といいますか。漢字２字で答えなさい。

(６) 文中の下線部（D）の正式名称を次の（ア）～（エ）より１つ選び、記号で答えなさい。

（ア）日米安全保障条約　　（イ）ワルシャワ条約機構

（ウ）核《かく》拡散防止条約　　（エ）北大西洋条約機構

(７) 文中の下線部（E）では、第二次世界大戦中にイギリス・アメリカ・文中の［ 1 ］の３ヵ国による話し合いが行われました。この話し合いを何といいますか。次の（ア）～（エ）より１つ選び、記号で答えなさい。

（ア）ヴェルサイユ会議　（イ）ワシントン会議　（ウ）ヤルタ会談　（エ）ポツダム会談

【理　科】〈第1回午前一般試験〉（45分）〈満点：100点〉

1 駒子さんの通う中学校では、毎週理科室で実験が行われています。この日の5時間目の理科は、BTB溶《よう》液を色々な水溶液に入れ、色の変化を観察する実験でした。お昼休みに理科の先生の手伝いをしていた駒子さんは、実験室にあった6つの水溶液それぞれをA〜Fの記号が書かれたビーカーに移《うつ》しましたが、後になってどのビーカーにどの水溶液を入れたのか分からなくなってしまいました。

6つの水溶液は、砂糖《さとう》水、食塩水、炭酸《たんさん》水、アンモニア水、うすい水酸化ナトリウム水溶液、うすい塩酸《えんさん》のどれかです。そこで駒子さんは、それぞれの水溶液が何であるかを特定するために実験1〜5を行いました。表1はその実験結果をまとめたものです。

実験1：においがあるかどうか調べる
実験2：スライドガラス上に数滴《てき》たらし、ドライヤーで水分をとばす
実験3：石灰《せっかい》石を入れる
実験4：青色リトマス紙につけて、色の変化を見る
実験5：電流が流れるかどうかを調べる

表1

実験	A	B	C	D	E	F
1	鼻をさすようなにおいがあった	ほとんどにおいはなかった	ほとんどにおいはなかった	わずかににおいがあった	ほとんどにおいはなかった	ほとんどにおいはなかった
2	何も残らなかった	白い固体が残った	白い固体が残った	何も残らなかった	ベトベトしたものが残った	何も残らなかった
3	何も起こらなかった	何も起こらなかった	何も起こらなかった	気体が発生した	何も起こらなかった	何も起こらなかった
4	変化しなかった	変化しなかった	変化しなかった	赤色に変化した	変化しなかった	赤色に変化した
5	電流が流れた	電流が流れた	電流が流れた	電流が流れた	電流は流れなかった	電流が流れた

(1) 実験1で、においはどのようにかげばよいですか。
(2) 実験2で、A・D・Fは何も残らなかったのはなぜですか。
(3) 実験3で、石灰石をDに入れたときに発生した気体の名称を答えなさい。
(4) 実験4で、変化のあったDとFは、何性であると考えられますか。
(5) 水溶液A〜Fはそれぞれ何ですか。
(6) 理科の先生は、授業でA〜F全ての水溶液にBTB溶液を加えました。実験後、A〜F全ての水溶液を図1のように1つのビーカーにまとめたところ、その水溶液の色は青色になりました。この結果から分かることを駒子さんは次のようにまとめました。空欄《らん》にあてはまる語句を答えなさい。ただし、空欄には同じ語句があてはまる。

今回用意されたA〜Fの水溶液で、酸性の水溶液とアルカリ性の水溶液の濃度《のうど》を比べると□性の水溶液のほうが濃《こ》かったので、1つにまとめた水溶液は□性となり、水溶液は青色になった。

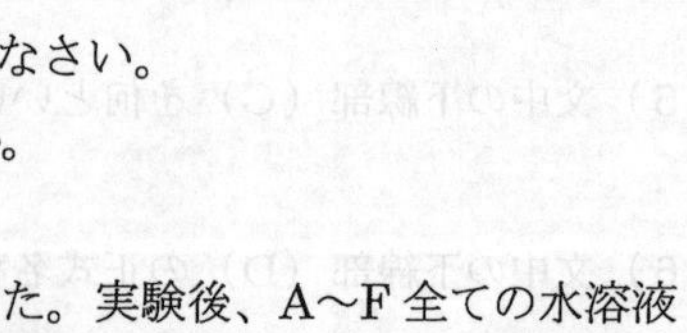

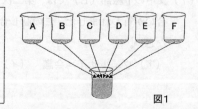

図1

2 駒子さんは、夏休みの自由研究で血液について調べてみました。
人の血液は、血しょうとよばれる液体の中に有形《ゆうけい》成分の血球が浮《う》かんでいて、それぞれが重要な役割をはたしています。
血液を全身に送り出すポンプの役割をしているのが心臓《ぞう》で、心臓は私たちが眠《ねむ》っている間も動き続けています。
右の図１は人の心臓を正面から見たときの断面《だんめん》図で、図のように４つの部屋からなっています。あとの問いに答えなさい。

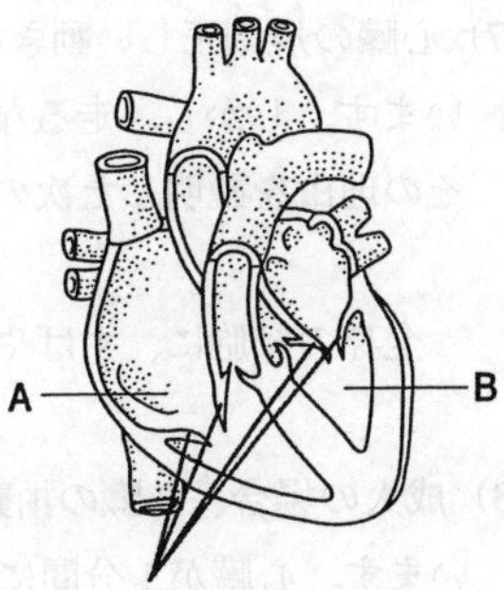

図1

(1) 図１の心臓の部屋A、Bのそれぞれの名称を答えなさい。

(2) 心臓の４つの部屋のうち、部屋Bは最も厚《あつ》い壁から出来ている。その理由を説明した次の文章中の空欄《らん》 ア ～ イ にあてはまる語句の組合せとして正しいものをあとの①～④から選び、番号で答えなさい。

部屋Bは、この部屋から ア を通って、 イ へ血液を送り出すため、最も厚い壁（筋肉）から出来ている

	ア	イ
①	大動脈	肺
②	大動脈	全身
③	肺動脈	肺
④	肺動脈	全身

(3) 酸素を多く含《ふく》む血液のことを何といいますか。また、その血液が流れているのは、図１のAの部屋、Bの部屋のどちらですか。

(4) 心臓の上の部屋と下の部屋の間には、弁《べん》がある。この弁のはたらきを簡単に説明しなさい。

(5) 人の血液量は体重のおよそ８%です。体重が 50kg の人の血液量はおよそ何 L（リットル）ですか。ただし、血液 1kg を 1L とする。

(6) 右の図２は、人の血液を顕微《けんび》鏡で観察したときのスケッチです。
aは真ん中がくぼんでいる円盤《えんばん》状の細胞《さいぼう》で、bは大きな細胞でした。
a、b それぞれの名称を答えなさい。また、そのはたらきとして最も適切なものを次の①～④からそれぞれ１つずつ選び、番号で答えなさい。

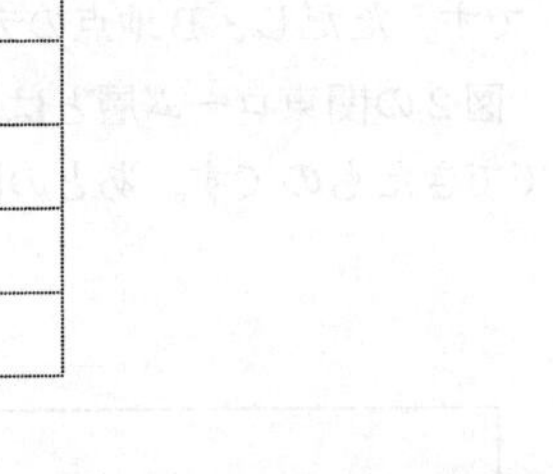

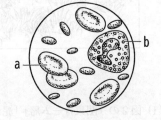

図2

①　酸素を運ぶはたらき
②　二酸化炭素を運ぶはたらき
③　体内に入った細菌《さいきん》を殺すはたらき
④　血液を固めるはたらき

(7) 心臓の規則《きそく》正しい動きを拍動《はくどう》といいます。成人の場合、安静《あんせい》時には1分間におよそ70回拍動しています。しかし、走るなど激《はげ》しい運動をしたときには拍動する回数が増《ふ》えます。それはなぜですか。その理由を説明した次の文章中の空欄《らん》[ア]～[イ]にあてはまる語句を答えなさい。

全身の細胞に、すばやく[ア]や[イ]を送り込む必要があるため

(8) 成人の場合、心臓の拍動1回あたりに送り出される血液の量はおよそ70mL（0.07L）といわれています。心臓が1分間に70回拍動するとして、1日に心臓から送り出される血液量はおよそ何Lですか。ただし、1日中安静《あんせい》にしているとし、激《はげ》しい運動などは行わないものとする。

3 図1のように切り立った崖《がけ》では、地層を観察することができますが、地面の下にある地層は観察する機会があまりありません。建物を建てるときは、地面の下の地層を調べてから建設を開始します。

パイプを使って地面の下の岩石などを掘《ほ》り取ることをボーリングといい、このときに掘り取ったものをボーリング試料《しりょう》といいます。このボーリング試料《しりょう》を使って、地面の下の地層がどのように広がっているのかを観察することができます。駒沢学園女子中学高等学校の校舎《こうしゃ》を建設するときにもボーリングが行われました。図2は、そのときの3つの地点のボーリング試料のデータをもとに作られたものです。ただし、B地点のデータは空白《くうはく》にしています。

図2の関東ローム層とは、富士山・箱根山《はこねさん》などが噴火《ふんか》したときの火山灰《かざんばい》が風によって運ばれ、積《つ》もってできたものです。あとの問いに答えなさい。

図1

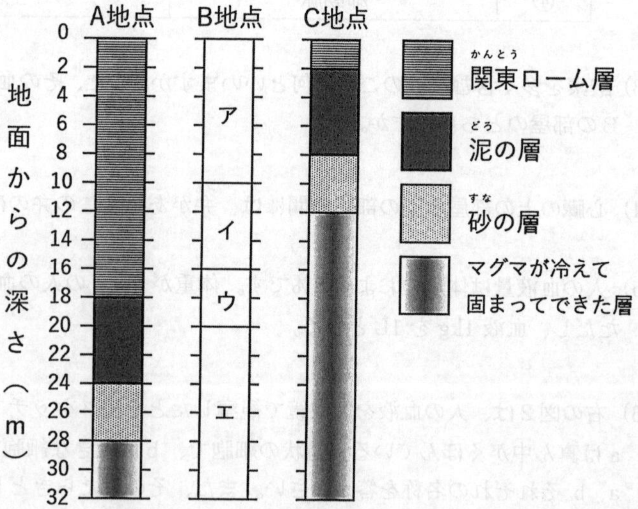

図2

(1) 図2の「関東ローム層」「泥《どろ》の層」「砂《すな》の層」のうち、一番古い層だと考えられるものはどれですか。

(2) 川の流れる水のはたらきで、泥《どろ》や砂《すな》が海まで運ばれてきたとき、河口《かこう》から、より遠いところで積《つ》もるのは「泥《どろ》」「砂《すな》」のどちらですか。

(3) (2) の理由を「粒《つぶ》の大きさ」という言葉を用いて説明しなさい。

(4) 図２のＢ地点のア～エにあてはまる層を次の①～④から選び、番号で答えなさい。

	ア	イ	ウ	エ
①	関東ローム層	泥《どろ》の層	砂《すな》の層	マグマが冷えて固まってできた層
②	関東ローム層	砂《すな》の層	泥《どろ》の層	マグマが冷えて固まってできた層
③	マグマが冷えて固まってできた層	泥《どろ》の層	砂《すな》の層	関東ローム層
④	マグマが冷えて固まってできた層	砂《すな》の層	泥《どろ》の層	関東ローム層

(5) 泥《どろ》の層や砂《すな》の層があることから、大昔この場所は海底であったと考えられます。砂《すな》の層の上に泥《どろ》の層が積もっていったとき、海の深さはどのようになっていったと考えられますか。次の①～③から選び、番号で答えなさい。

① 浅《あさ》い海から深い海に変化していった
② 深い海から浅い海に変化していった
③ 海の深さに変化はなかった

(6) 砂《すな》の層と関東ローム層（火山灰の層）に含《ふく》まれる粒《つぶ》を観察したら、図３のように粒《つぶ》の形に違《ちが》いがありました。砂《すな》の層は粒の形が丸みを帯びており、関東ローム層は、粒《つぶ》の形が角張《かくば》っていました。砂《すな》の層の粒の形が丸みを帯びているのはなぜですか。「川」という言葉を用いて説明しなさい。

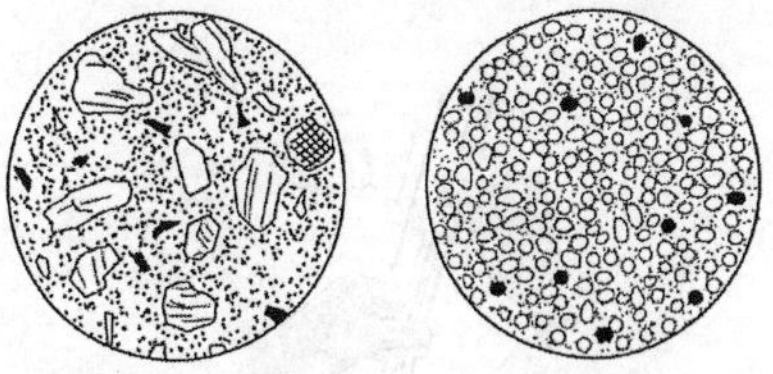
関東ローム層　　砂の層

図3

(7) 図４は地層から見つかることがある化石です。これらの生物が生きていた年代を古い順に並べたものを次の①～④から選び、番号で答えなさい。

サンヨウチュウ　　アンモナイト　　ビカリア

図4

	(古)		(新)
①	サンヨウチュウ	アンモナイト	ビカリア
②	サンヨウチュウ	ビカリア	アンモナイト
③	ビカリア	サンヨウチュウ	アンモナイト
④	ビカリア	アンモナイト	サンヨウチュウ

4 昔話には雷《かみなり》の力を使う神様が登場します。日本神話だけでなく、ギリシャ神話など世界中の神話に少なからず登場し、昔の人々は雷《かみなり》を神様が使う力として恐《おそ》れ、また神秘《しんぴ》的なものだと思っていました。

今は、誰もが雷《かみなり》は電気だということを知っていますが、それは1752年にアメリカのベンジャミン・フランクリンの実験によるものです。ベンジャミン・フランクリンは雷雨《らいう》の中、針金《はりがね》の付いた凧《たこ》をあげて、雷の電気をライデン瓶《びん》にたくわえました。ライデン瓶とは、(ア)静電気をためることができる瓶です。当時、(イ)電気を発生させる唯一《ゆいいつ》の方法は摩擦《まさつ》によるものでした。その摩擦で生じた電気と雷が同じ性質を持っているということを証明しました。

この話から電流について興味《きょうみ》を持った駒子さんが行った実験について、あとの問いに答えなさい。

(1) 文中の下線部（ア）について、駒子さんが図１のように、ストロー２本をティッシュペーパーで摩擦し、静電気を発生させたところ、ティッシュペーパーは＋の電気を、ストロー２本は－の電気を帯びました。その後、図２のように摩擦した１本のストローを固定し、摩擦したもう１本のストローを近づけると固定したストローはａの向きに動きました。さらに図３のように、ティッシュペーパーを近づけると、固定したストローはｂの向きに動きました。この実験結果について考察した駒子さんと沢子さんの会話文の空欄《らん》（A）～（D）にあてはまるほうの語句を選びなさい。

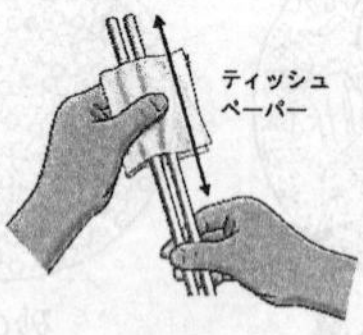

図1

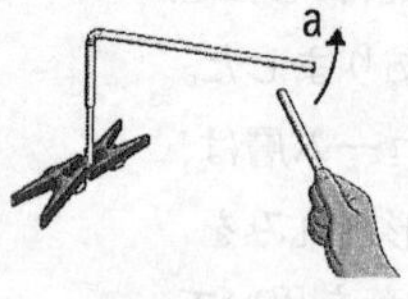

図2

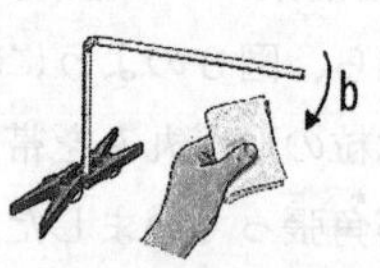

図3

駒子：図２で固定したストローがａの向きに動いたのは、ストローどうしが(A)（同じ／異《こと》なる）種類の電気を帯びていたから、(B)（引き合う／しりぞけ合う）力がはたらいたということね。
沢子：なるほど。図３で固定したストローがｂの向きに動いたのは、ストローとティッシュが(C)（同じ／異なる）種類の電気を帯びていたから、(D)（引き合う／しりぞけ合う）力がはたらいたといえるわね。
駒子：電気どうしの力って、磁石《じしゃく》の力と似ているわね。

(2) 次の①～④のうち、静電気が関係していないものを選び、番号で答えなさい。
① 水道のじゃぐちから出ている細い水流に、ティッシュでこすったストローを近づけると、水流が曲がった
② セーターをぬぐとき、パチパチと音がした
③ プラスチックの下じきで、かみの毛をこするように動かしたら、かみの毛が立ち上がるように下じきに吸《す》い付いた
④ 登山にポテトチップスを持っていくと、山頂ではポテトチップスの袋《ふくろ》がふくらんでいた

(3) 文中の下線部（イ）について、右の図４のような手回し発電機に豆電球をつなぎ、ハンドルを回転させると、豆電球が光りました。次の①～④の回し方で最も豆電球が明るくなるのはどれですか。番号で答えなさい。

① ハンドルを３秒で４回転まわす
② ハンドルを４秒で５回転まわす
③ ハンドルを５秒で８回転まわす
④ ハンドルを６秒で９回転まわす

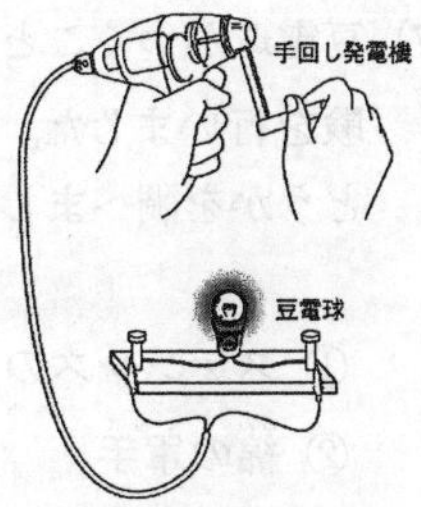

図4

(4) 同じ乾電池《かんでんち》と豆電球を下の①～⑥のようにつなぎました。豆電球がつかないものを①～⑥からすべて選び、番号で答えなさい。

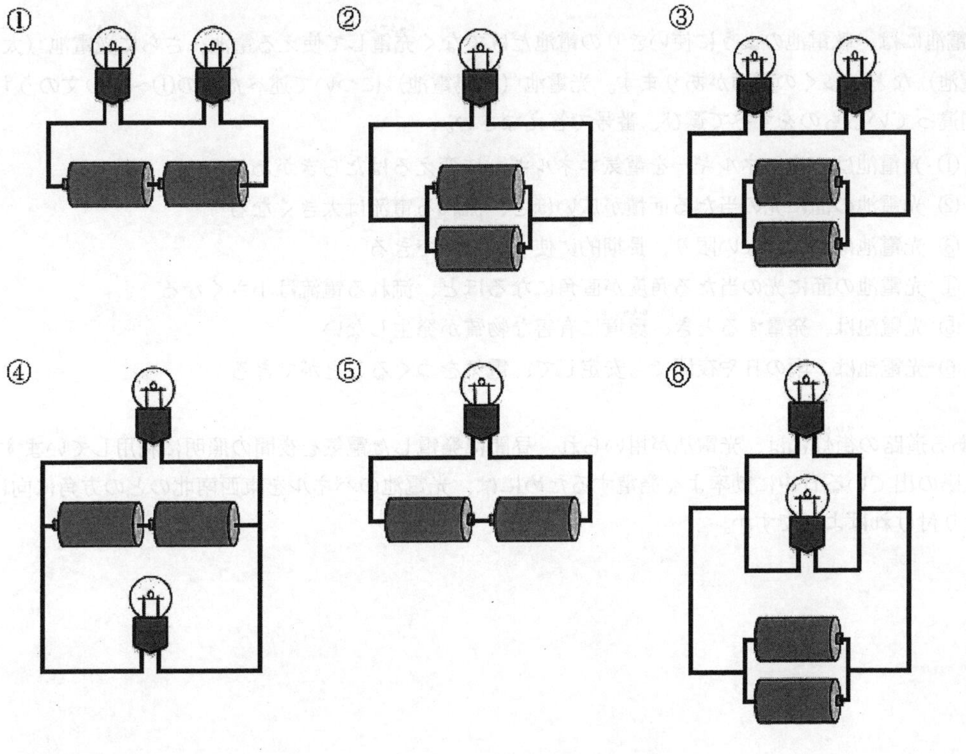

(5) (4) の①～⑥のうち、豆電球の明るさが最も明るくつく回路と、最も暗くつく回路を①～⑥からそれぞれ１つ選び、番号で答えなさい。

(6) この実験で使った乾電池《かんでんち》には「アルカリ乾電池単１形」と書いてありました。この乾電池１個の電圧の大きさは、何ボルトですか。次の①～④から１つ選び、番号で答えなさい。

① １ボルト　② １．５ボルト　③ ３ボルト　④ ３．５ボルト

(7) 豆電球がつくことを確認した下図の回路で、身の回りにある物が電気を通すかどうかを調べる実験を行いました。回路の一部を切断《せつだん》し、その部分に身の回りにある物をはさみ、豆電球がつくかどうかを調べました。豆電球がつくものを①～⑥からすべて選び、番号で答えなさい。

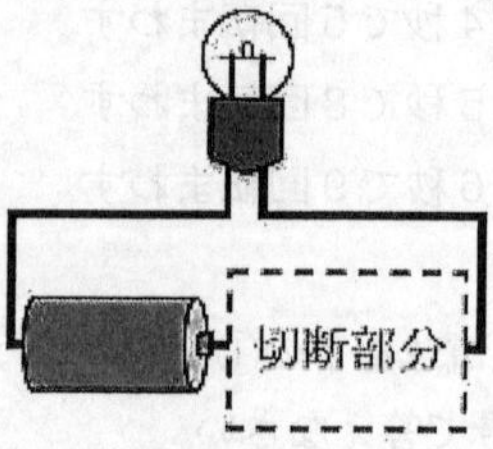

① ステンレスのフォーク
② 綿《めん》の軍手《ぐんて》
③ 新しい10円玉
④ 輪《わ》ゴム
⑤ ガラスのコップ
⑥ アルミホイル

(8) 電池には、乾電池のように使いきりの電池だけでなく充電《じゅうでん》して使える電池、さらに光《こう》電池（太陽電池）など、多くの種類があります。光電池（太陽電池）について述《の》べた次の①～⑥の文のうち、間違っているものをすべて選び、番号で答えなさい。

① 光電池は、光エネルギーを電気エネルギーに変えるはたらきがある
② 光電池の面に光の当たる面積が広いほど、流れる電流は大きくなる
③ 光電池はこわれない限り、長期的に使うことができる
④ 光電池の面に光の当たる角度が直角になるほど、流れる電流は小さくなる
⑤ 光電池は、発電するとき、環境《かんきょう》に有害な物質が発生しない
⑥ 光電池は、雨の日や夜間でも安定して、電気をつくることができる

(9) ある道路の街灯《がいとう》には、光電池が用いられ、昼間に発電した電気を夜間の照明に利用しています。太陽の出ている日中に効率《こうりつ》よく発電するためには、光電池のパネルを東西南北のどの方角に向けてとり付ければよいですか。

問十三　――線⑨「うそつき茉莉香」とありますが、うそつきな茉莉香を咲ちゃんはどのように受け止めていますか。もっとも適当なものを次の**ア～エ**から選び、記号で答えなさい。

ア　みんなは茉莉香がうそをつくことに腹を立てているが、咲ちゃんは、茉莉香のうそが他人を傷つけるものではないのに腹を立てるみんなの心がせまいと感じ、茉莉香をかばっている。

イ　みんなは茉莉香がうそをつくことに腹を立てているが、咲ちゃんは、完璧に見える茉莉香でも自分を良く見せようとうそをつくことについて気持ちがわかると感じ、茉莉香に寄りそっている。

ウ　みんなは茉莉香がうそをつくことに腹を立てているが、実は咲ちゃんも、完璧な茉莉香がうそをついてさらに自分を良く見せようとしていることが気に食わず、茉莉香をつき放している。

エ　みんなは茉莉香がうそをつくことに腹を立てているが、実は咲ちゃんも、なぜ完璧な茉莉香がうそをついてまで自分を良く見せようとするのかわからず、茉莉香に不信感を持っている。

問十四　――線⑩「茉莉香と同じようなこと」とありますが、どんなことですか。本文中から二つ探し、初めの五字をそれぞれ書きぬきなさい。

問十五　次の文章は、「わたし」の心の変化をまとめたものです。文章中の**ア～オ**にあてはまる言葉を本文中からそれぞれ探し、書きぬきなさい。

あまり目立つことが得意ではない「わたし」は、友達の咲ちゃんが朝の当番でどんなに［**ア**（十一字）］をしていたかが分かったので、みんなが笑ったときにとっさに咲ちゃんをかばうような言葉を発した。それは、「わたし」が咲ちゃんのことを今まで［**イ**（二字）］で、ちょっとたよりなくて、［**ウ**（十二字）］子だと思っていたからであった。しかし、放課後に咲ちゃんの気持ちを聞いたことで、咲ちゃんが［**エ**（十一字）］を感じたり考えたりしていたことに気付き、実は咲ちゃんは「わたし」よりもずっと［**オ**（十一字）］のかも知れないと思い始めている。

（２）次の□に体の一部を表す語を漢字一字で入れて、意味に合うように慣用句を完成させなさい。

１　□に余る（あまりにひどくて見過ごせない。）

２　□をくわえる（うらやましいと思う。）

３　□が出る（出費が予算を超える。）

問九　――線⑤「それから咲ちゃんはひと呼吸おいて『あのね、むっちゃん』と、あらたまった感じで言った」とありますが、この時の咲ちゃんの思いとして、もっとも適当なものを次の**ア**～**エ**から選び、記号で答えなさい。

ア　「わたし」が自分を早く帰そうとして話を聞く気がないことに気付き、向き合って真剣《しんけん》に話をしようとしている。

イ　自分の失敗を思い出すのは心が痛《いた》むが、自分をかばってくれた「わたし」にお礼を言うため勇気を出そうとしている。

ウ　塾の時間が近づいていて、いつまでもつまらないおしゃべりをしていられないため早く本題に入ろうとしている。

エ　「わたし」との何気《なにげ》ない会話から、「わたし」へのお礼を言うという、大切な話をする雰囲気《ふんいき》に切り替えようとしている。

問十　――線⑥「わたしはわたしなんだなあ」とありますが、これはどういうことですか。咲ちゃんのなりたかった姿と、元々の性格が分かるように、八十字以上九十字以内で説明しなさい。

問十一　――線⑦「咲ちゃんの声は、どこか遠くから聞こえてくるみたいに感じられた」とありますが、この時の「わたし」の様子として、もっとも適当なものを次の**ア**～**エ**から選び、記号で答えなさい。

ア　「わたし」はいつも一番近くで咲ちゃんのことを笑っており、咲ちゃんも特にいやがっているわけではなかったのに、今さら言われて困っている。

イ　「わたし」はいつも一番近くで咲ちゃんのことを笑っており、その態度が咲ちゃんを傷つけていたなんて思いもしなかったので、ショックを受けている。

ウ　「わたし」はいつも一番近くで咲ちゃんのことを笑っていたが、他の子も同じように笑っていたのに、自分だけが責められることを不満に感じている。

エ　「わたし」はいつも一番近くで咲ちゃんのことを笑っていたが、その態度が咲ちゃんを傷つけているのは知っていたので、改めて言われ気まずく感じている。

問十二　――線⑧「車のワイパーみたいに」とありますが、これは比喩《ひゆ》表現です。これと種類がちがうものを次の**ア**～**エ**から一つ選び、記号で答えなさい。

ア　やさしい春風がわたしの部屋の窓をノックした。

イ　その時お母さんは、まるで鬼《おに》のように怒っていた。

ウ　部屋を散らかし、泣きわめく弟は怪獣《かいじゅう》さながらだ。

エ　音楽が流れると、えさに群がるハトのごとく人が集まった。

問四〈Ａ〉に当てはまる語句としてもっとも適当なものを次の**ア〜エ**から選び、記号で答えなさい。

ア 先生

イ 警官

ウ 俳優《はいゆう》

エ 武士

問五 ――線①「さっきのあれ」とありますが、どんな出来事のことを言っていますか。三十字程度で説明しなさい。

問六 ――線②「とっさに大声で言ってしまった」とありますが、この時の「わたし」の気持ちとして、もっとも適当なものを次の**ア〜エ**から選び、記号で答えなさい。

ア 咲ちゃんが緊張しながらもがんばって放送に取り組んでいたのに、それを笑いものにしたみんなを許せない気持ち。

イ 咲ちゃんが緊張しながらも必死に面白いことを言ったのに、それをばかにして見下しているみんなを許せない気持ち。

ウ 咲ちゃんが緊張しながらもがんばって放送に取り組んでいたのに、それを面白いと思ってしまった自分を許せない気持ち。

エ 咲ちゃんが緊張しながらも必死に面白いことを言ったのに、それを失敗だととらえた芽衣ちゃんを許せない気持ち。

問七 ――線③「わたしまで赤い顔をしてうつむくことになってしまった」とありますが、これについて次の問いに答えなさい。

（1）「わたし」以外に「赤い顔」をしたのはだれですか。本文中から四字で書きぬきなさい。

（2）この時の「わたし」の思いとして、もっとも適当なものを次の**ア〜エ**から選び、記号で答えなさい。

ア ボッチャンがその場に合わない発言をしたので、怒っている。

イ 芽衣ちゃんが咲ちゃんのことを理解してくれず、怒っている。

ウ 思いがけず教室中の注目を浴びてしまったので、はずかしい。

エ すぐに熱くなるやつだと思われたかもしれず、はずかしい。

問八 ――線④「腹が立つ」について次の問いに答えなさい。

（1）「腹が立つ」の意味としてもっとも適当なものを次の**ア〜エ**から選び、記号で答えなさい。

ア 気分が晴れない。

イ しゃくにさわる。

ウ そわそわする。

エ 気がかりである。

「うん、口に出しては言わないけど、⑩茉莉香と同じようなことを考えることはよくあるの。うちもお父さんいないから、小さいときからしょっちゅうケソウゾウしてた。わたしには、実はすごくカッコよくてお金持ちのお父さんがいて、今はしかたなくはなれてコ暮らしているけど、いつもわたしのことを心配してくれてるんだ、とか。ある日とつぜん会いに来てくれるんじゃないか、とか」

咲ちゃんは「ばかみたいでしょ？」と言った。

わたしは今まで、わたしの目にうつる咲ちゃんしか見てこなかった。天然で、ちょっとたよりなくて、ぼんやりしていてやさしい咲ちゃん。

でも本当は、ものすごくいろんなことを感じたり考えたりして、わたしなんかより、ずっと強くてしっかりしているのかもしれない。

まわりのみんなのうわさとか悪口とかに、ふり回されないくらいに。

昇降口《しょうこうぐち》で立ち止まり、わたしは

「教室に荷物を置いてるから、わたしは戻《もど》るね」

と言って、教室に続く廊下のほうを小さく指さした。

咲ちゃんは

「うん、それにしても寒いねえ」

と言いながら靴《くつ》をはき替《か》え、

「じゃあね」

と手をふって、二、三歩進んだところで立ち止まってふり向いた。

そしてわたしと目を合わせると、なぜだか泣き笑いのような顔をして、

「むっちゃん、ごめんね……」

と、とてもやさしい声で言った。

咲ちゃんのその言葉は、冷たい空気に白く浮《う》かんで、消えていった。

問一　〰〰線ア～コについて、カタカナは漢字で、漢字は読みをひらがなで、それぞれ書きなさい。

問二　（　1　）～（　3　）に当てはまる語句としてもっとも適当なものを次のア～カからそれぞれ選び、記号で答えなさい。

ア　ガタン
イ　カチリ
ウ　ふわふわ
エ　さらさら
オ　くるくる
カ　ひらひら

問三　［Ⅰ］、［Ⅱ］に当てはまる語句としてもっとも適当なものを次のア～エからそれぞれ選び、記号で答えなさい。

ア　まさか
イ　そうか
ウ　どうしよう
エ　やったあ

「えっ？」

「わたしだよね、そういうこと言ってたの」

と言うと、咲ちゃんはわたしに向かって両手を開き、⑧車のワイパーみたいに動かした。

「あ、ううん、そうじゃなくて。わたしがそういうキャラなのは本当のことで、だからべつにむっちゃんが悪いわけじゃなくて……。それよりも、茉莉香がむっちゃんに不機嫌《ふきげん》な態度をとったりしたとき、ちゃんとかばってあげられなかったわたしのほうこそ悪いと思ってて。そういう自分、ぜんぶ、丸ごと変わりたかったんだけど……」

「変わらなくていいよ」

「え？」

「咲ちゃんは変わらなくていいよ。わたしは咲ちゃんの、のんびりしてるところが大好きなんだから」

わたしが言うと、咲ちゃんは広げていた掌《てのひら》をぎゅっとクムスんで、

「うん」

とうなずくと、少しのあいだだまってしまった。

わたしは、だれもいなくなった廊下《ろうか》をゆっくりと歩きだした。咲ちゃんも横に並んだ。

十歩くらい進んだところで、思いきって、

「茉莉香のこと……」

と言いかけて、すぐに口をつぐんだ。ずっと気になっていたことだけれど、やっぱり言ってはいけない気がした。

すると咲ちゃんのほうから、

「むっちゃんも知ってるんでしょ？」

と聞いてきた。わたしが言葉につまっていたら、

「⑨うそつき茉莉香って」

と続けた。

「うん、キミちゃんが言ってたから。咲ちゃんは平気？　そういうの」

と言うと、咲ちゃんは「んー」とうなりながら唇《くちびる》をかみ、それからゆっくりと、

「もちろん、はじめはびっくりしたし、今でもときどきいやだなあと思うことはあるけど。でも茉莉香のうそに、わたしはみんなほど腹が立たないんだ。っていうか、あの茉莉香でもうそをつくんだって思ったら、むしろほっとするっていうか」

と言った。

「ほっとする？」

「そう。なんかね、茉莉香にもそういうところがあるんだってわかったら、なあんだ、茉莉香だって完璧《かんぺき》じゃないんだって気がして。それに茉莉香のうそって、ジャアクなうそじゃないから」

「ジャアク……、あ、邪悪《じゃあく》？」

「そう。茉莉香のうそは、邪悪なうそじゃないの。友だちをからかったり、いじめたりするためのうそじゃなくて、ぜんぶ自分のことばかり。こうだったらいいなとか、こうなったらうれしいなって思ったことを、つい本当のことみたいにしゃべっちゃうんだよね。その気持ち、わたしはちょっとわかるから」

「どうして？　咲ちゃんはうそなんかつかないのに」

ご色のマフラーを巻き、オレンジと茶色のチェックのズボンをはいていた。まるでキゼンシンがスイーツみたいだ。

「今日、塾《じゅく》は？」

「今から行くよ。でも、時間はまだだいじょうぶ。茉莉香には、先に行っといてって言ってあるし」

「うん？」

⑤それから咲ちゃんはひと呼吸おいて「あのね、むっちゃん」と、あらたまった感じで言った。

「このあいだは、ありがとう」

「え？」

「アナウンス当番のことで、みんなに笑われたとき。だれだって緊張するよって言ってかばってくれて。すごくうれしかった」

「あ、ううん」

わたしは、あわてて首をふった。あのときは、咲ちゃんをかばうとか、そんなつもりはちっともなかった。

ただ、咲ちゃんがどんなに勇気を出してアナウンスをしていたかがよくわかるから、咲ちゃんを笑うみんなに腹が立って、とっさに言葉が出てきただけだ。お礼を言われるようなことじゃない。

だけど咲ちゃんは、

「ずっと、ありがとうって言おうと思ってた」

と言う。

「そんなのいいよ。だって、本当にわたしだって緊張すると思うから。全校放送なんて無理だよね。無理無理、ぜったい」

わたしが、自分のあごのあたりで右手を（　3　）ふると、咲ちゃんはちょっと笑った。だけど、その笑顔はあまり続かず、

「うん、でも……」

と言いながら、少し下を向いた。

「……あの放送のあと、わたしちょっと落ちこんだんだ。なんかやっぱり、⑥わたしはわたしなんだなあ、って思っちゃって」

「え、そんなに気にしなくてもだいじょうぶだよ。みんな、もうすっかり忘れてるから」

わたしが言うと、咲ちゃんは

「んー、そういうことじゃなくて」

と首をひねった。

「ほらわたし、天然だとかのんびりしてるとかって、よく言われるでしょう？　そういうキャラでいるのが、ずっといやだったんだ。それで、茉莉香やキミちゃんたちみたいに、自分の思ってることをはっきり言えるようになりたくて……。最近は、ちょっとそうなれたような気がしてたんだけど、なんか勘《かん》ちがいだったみたい」

⑦咲ちゃんの声は、どこか遠くから聞こえてくるみたいに感じられた。

「もう、咲ちゃんったらしっかりして」「ほらまたぼうっとしてる」と言って、咲ちゃんのことをよく笑っていたのは、このわたしだ。

他の子も言っていたけれど、近くにいたわたしが、たぶんいちばん言っていた。

それが咲ちゃんを傷つけていたなんて、思いもしなかった。

「……ごめん、咲ちゃん」

それから五分ほどすると、教室に茉莉香が入ってきた。そのうしろに隠《かく》れるようにして、咲ちゃんがくっついている。

席についたふたりに、

「おもしろかったでござる」

と男子が言った。

茉莉香は、それをゥムシして机の中からノートや教科書を取りだしはじめた。咲ちゃんは、顔を赤くしてうつむいた。

わたしのとなりの席の芽衣《めい》ちゃんが、

「①さっきのあれって、うけねらいかな?」

とわたしを見たから、

「そんなわけないよ」

②とっさに大声で言ってしまった。

「だれだって緊張するよ、全校放送なんだから。わたしだってきっとできないと思う。ほんと、全然!」

わたしのその声が教室中に響《ひび》いてしまったのは、ちょうどそのタイミングでボッチャン《「わたし」達の先生》が教室に入ってきたからだ。

あまり状況《じょうきょう》がわかっていないボッチャンが

「村山さん、まあ、朝なんだから落ち着こう」

と言い、③わたしまで赤い顔をしてうつむくことになってしまった。

（中略）

その日はうちのクラスが校内掲示板《けいじばん》の確認をする当番だったのに、加藤《かとう》君は終わりの挨拶《あいさつ》のあとで、さっさと教室を出ていってしまった。当番だということを忘れてしまっているのか、忘れたふりをしているのかはわからないけれど、どちらにしても④腹が立つ。しかたなく、わたしはひとりで学校内の掲示板を見回りはじめた。

職員室前の掲示板を確認し、保健室前ではェキュウショクの献立表《こんだてひょう》がはがれかけているのを直した。

それから玄関《げんかん》ホールまで行って、ォ正面の太い柱のボードに張られている〈歯みがきをしよう〉というポスターがかたむいていることに気がついた。

押《お》しピンをそっとぬき、それを外した。そしてまた張ろうとしたのだけれど、きちんとヵイチが定まらない。少しはなれたところから確認しようとしても、手で押さえておかなければならないから、腕《うで》の長さまでしかはなれられない。

Ⅱ、と思っていたら、ふいにだれかの手がわたしの右うしろからすっとのびてきて、ポスターを押さえてくれた。

「わたし、押さえとくから」

小さな声にふり向くと、ランドセルを背負ったままの咲ちゃんがそこにいた。わたしはポスターからはなれてイチを確認し、きちんと貼《は》り直した。

「ありがとう」

と言うと、咲ちゃんははにかんだように笑って首をふった。

「咲ちゃん、まだ帰らないの?」

「うん、さっき帰ろうとしてたら、むっちゃんがひとりで掲示板を見回っているのが見えたから、追いかけてきた」

咲ちゃんは、（　2　）の白いセーターを着て、ボリュームがあるたま

2023年度
駒沢学園女子中学校

【国　語】〈第一回午前一般試験〉（四五分）〈満点：一〇〇点〉

※字数制限のある問題の場合は、句読点や符号なども一字分として、字数にふくめて答えなさい。

次の文章は中山聖子作『雷《かみなり》のあとに』の一節です。主人公の「わたし」（むっちゃん）はこれまで、同じクラスの咲《さき》ちゃんと仲良くしていました。しかし、転校生の茉莉香《まりか》が咲ちゃんとだけ仲良くなったことにより、「わたし」と咲ちゃんの間には距離《きょり》が生まれてしまいました。これに続く場面を読んで後の問いに答えなさい。

ア シギョウ時間が迫《せま》っているというのに、咲ちゃんと茉莉香の姿は教室になかった。

ふたりそろってお休みなのだろうかと思い、教室のうしろのロッカーをふり返って見たけれど、ふたりの棚《たな》にはちゃんとランドセルが置かれていた。

不思議に感じていたとき、黒板の上に取りつけられたスピーカーから、（　１　）と小さな音がした。そして、やたらと元気な校歌のメロディーにのって聞こえてきたのは、茉莉香の声だ。

『みなさんおはようございます。二月二十八日水曜日、今日の天気は曇《くも》りのち雨、気温は六度です。手洗いとうがいを忘れずに、今日も一日、元気に過ごしましょう』

［Ｉ］、今日はうちのクラスがアナウンス当番で、ふたりは放送室に入っているのか、と思った。当番になると、朝と昼、そして放課後のアナウンスをすることになっている。

茉莉香の言葉のあとで、咲ちゃんの『お……』という声がした。その声が少し震《ふる》えていたし、それからイ不自然な間があいたから、咲ちゃんが緊張《きんちょう》しているのはすぐにわかった。

月に一度のアナウンス当番のたびに咲ちゃんの声は上擦《うわず》るけれど、その日は特にひどい気がした。寒さのせいで、体が固くなっていたのかもしれない。

アナウンス当番の子の緊張がスピーカーから伝わると、みんなの耳はよけいに放送に集中するようになる。

教室が静かになったタイミングで、咲ちゃんは言った。

『お、おはようございまする』

「えっ」とだれかがつぶやいたあと、教室の中にクスクス笑いが広がった。「（　Ａ　）かよ」という男子の声も聞こえた。咲ちゃんはそんなことも知らずに、話しつづける。

『本日のアナウンス当番は、四年……じゃない、えっと、五年二組、西原《にしはら》咲と』

『沢《さわ》茉莉香です』

そのあとは、音楽だけが流れつづけた。「西原、うけるー」と木村君が言い、教室の笑い声は大きくなった。「あれでよくアナウンス委員になったよな」という声に混じって、「笑ったらかわいそう」というユーリの声も聞こえた。

2023年度

駒沢学園女子中学校 ▶解説と解答

算 数 ＜第１回午前一般試験＞（45分）＜満点：100点＞

解 答

1 (1) 100 (2) 27 (3) $5\frac{3}{5}$ (4) 48 (5) $1\frac{1}{10}$ (6) 15 2 (1) 4％ (2) 72ページ (3) 40個 (4) 3524 (5) 39秒 (6) 16年後 3 (1) 7個 (2) 15cm (3) 676個 4 (1) A市 (2) 時速10.5km (3) 時速1.5km 5 (1) (3，8)＝27，(10，50)＝503 (2) 49 (3) 2

解 説

1 四則計算，逆算

(1) 120－6×5＋10＝120－30＋10＝90＋10＝100

(2) 20＋｛25－(21－3)｝＝20＋(25－18)＝20＋7＝27

(3) $6\frac{2}{5}-\frac{1}{3}\times2.4=6\frac{2}{5}-\frac{1}{3}\times\frac{24}{10}=6\frac{2}{5}-\frac{4}{5}=5\frac{7}{5}-\frac{4}{5}=5\frac{3}{5}$

(4) 30÷5＋21×2＝6＋42＝48

(5) $3.5\div\frac{5}{2}-0.3=\frac{35}{10}\times\frac{2}{5}-\frac{3}{10}=\frac{7}{5}-\frac{3}{10}=\frac{14}{10}-\frac{3}{10}=\frac{11}{10}=1\frac{1}{10}$

(6) 50－(□＋10÷2)＝30より，50－(□＋5)＝30，□＋5＝50－30＝20　よって，□＝20－5＝15

2 濃度《のうど》，割合，過不足算，整数の性質，通過算，年れい算

(1) 6％の食塩水100gにふくまれる食塩の重さは，100×0.06＝6(g)である。よって，この食塩水に50gの水を入れると，ふくまれる食塩の重さは6gのまま変わらず，食塩水の重さは，100＋50＝150(g)になる。よって，濃度は，6÷150×100＝4(％)とわかる。

(2) きのうまでに読んだページ数は，$360\times\frac{1}{2}$＝180(ページ)である。すると，残りは，360－180＝180(ページ)となり，きょうはこの$\frac{2}{5}$を読んだから，きょう読んだページ数は，$180\times\frac{2}{5}$＝72(ページ)とわかる。

(3) 1人に4個ずつ分けた後，さらに，7－4＝3(個)ずつ分けると考える。このとき，あまっていた12個を分けても，まだ9個不足するので，子どもたちに3個ずつ分けるのに必要な個数は，12＋9＝21(個)とわかる。よって，子どもの人数は，21÷3＝7(人)である。したがって，7人に4個ずつ分けると12個あまるから，あめの個数は，4×7＋12＝40(個)と求められる。

(4) 千の位が5の場合，百の位には残りの3通り，十の位には残りの2通り，一の位には残りの1通りの数字を使うことができるから，3×2×1＝6(個)の整数を作ることができる。同じように考えると，千の位が4の整数も6個あるので，大きいほうから14番目の整数は，千の位が3の整数の中で，14－6×2＝2(番目)に大きい数とわかる。よって，3542，3524，…より，求める整数は3524である。

⑸　右の図より，電車がトンネルを通りぬけるまでに進むきょりは，トンネルの長さと電車の長さの和になるので，212＋100＝312(m)である。よって，電車は１秒間に８mの速さで進むので，通りぬけるのにかかる時間は，312÷８＝39(秒)とわかる。

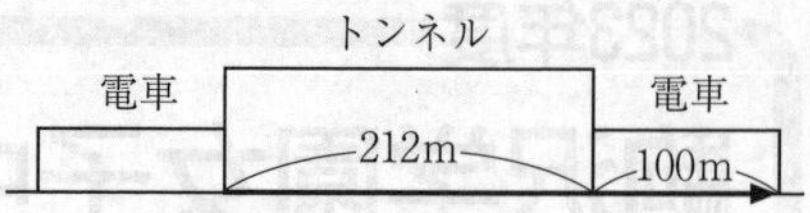

⑹　現在の母と子どもの年れいの差は，40－12＝28(才)で，これは何年たっても変わらない。よって，母の年れいが子どもの２倍になるとき，子どもの年れいの，２－１＝１(倍)が28才となるから，このときの子どもの年れいは28才である。したがって，今から，28－12＝16(年後)とわかる。

3　図形と規則

⑴　右の図より，４段目に必要な１辺１cmの正三角形は７個である。

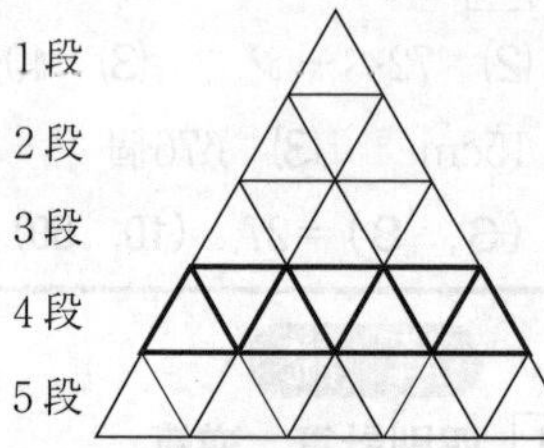

⑵　５段並べたときにできる正三角形は，１辺が５cmの正三角形だから，そのまわりの長さは，５×３＝15(cm)とわかる。

⑶　正三角形のまわりの長さが78cmのとき，その１辺の長さは，78÷３＝26(cm)だから，26段並べたとわかる。また，１辺１cmの正三角形の個数は，１段目に１個，２段目に３個，３段目に５個，…のように２個ずつ増えるから，26段目には，１＋２×(26－１)＝51(個)ある。よって，１辺１cmの正三角形の個数は全部で，１＋３＋５＋…＋51＝(１＋51)×26÷２＝676(個)になる。なお，１から連続する奇数《きすう》の和は，(個数)×(個数)になるので，26×26＝676(個)と求めることもできる。

4　グラフ―流水算

⑴　問題文中のグラフより，Ａ市からＢ市までの18kmを進むのに２時間かかり，Ｂ市からＡ市まで進むのに1.5時間かかっている。すると，Ａ市からＢ市まで進むときの速さは時速，18÷２＝９(km)，Ｂ市からＡ市まで進むときの速さは時速，18÷1.5＝12(km)となる。よって，Ａ市に向かうほうが速いので，下流にあるのはＡ市とわかる。

⑵　⑴より，上りの速さは時速９km，下りの速さは時速12kmである。また，右の図のように，上りの速さと下りの速さの平均が，静水時の速さとなる。したがって，静水時の速さは時速，(９＋12)÷２＝10.5(km)と求められる。

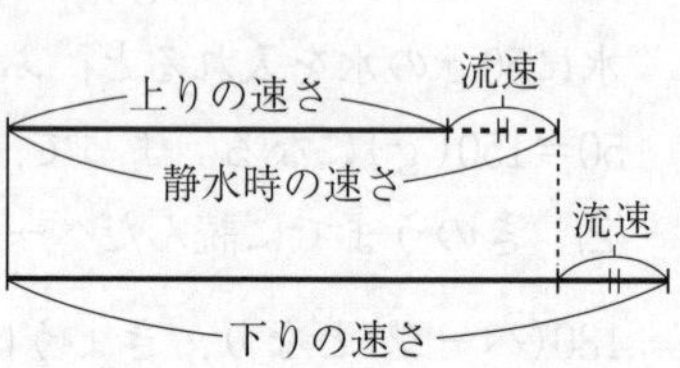

⑶　⑵より，川の流れの速さは時速，10.5－９＝1.5(km)とわかる。

5　約束記号

⑴　規則にしたがって計算すると，(３，８)＝３×８＋３＝27，(10，50)＝10×50＋３＝503となる。

⑵　(４，５)＝４×５＋３＝23だから，(２，(４，５))＝(２，23)と表せる。また，(２，23)＝２×23＋３＝49なので，(２，(４，５))＝49と求められる。

⑶　(□，８)＝19より，□×８＋３＝19と表せる。よって，□×８＝19－３＝16より，□＝16÷８＝２とわかる。

社　会　＜第１回午前一般試験＞（45分）＜満点：100点＞

解　答

1　(1)　(ウ)　(2)　(ア)　(3)　(エ)　(4)　(ウ)　(5)　(イ)　(6)　(エ)　(7)　(3)／那覇市，(5)／神戸市　(8)　(ウ)　2　(1)　岩手県　(2)　エ　(3)　①　松尾芭蕉　②　(ア)　(4)　(エ)　(5)　(ア)　(6)　鎌倉幕府　(7)　征夷大将軍　3　(1)　立法　(2)　(ア)　(3)　(ウ)　(4)　①　(ウ)　②　(ア)　③　(イ)　(5)　18　(6)　(エ)　(7)　①　日本国憲法　②　(ウ)

4　(1)　(イ)　(2)　(ウ)　(3)　エ　(4)　(エ)　(5)　冷戦　(6)　(エ)　(7)　(ウ)

解　説

1　５つの都道府県についての問題

(1)　出島は，もともとポルトガル人を管理する目的でつくられた長崎港内の扇《おうぎ》形の埋立《うめたて》地で，江戸幕府が1641年にオランダ商館をこの地に移したことにより，オランダとの貿易の唯一の窓口となった。「長崎と天草地方の潜伏キリシタン関連遺産」として，2018年にユネスコ（国連教育科学文化機関）の世界文化遺産に登録された資産のうち，天草の﨑津《さきつ》集落以外は長崎県にある。

(2)　鹿児島県には，樹齢数千年の縄文スギがあり，1993年に世界自然遺産として登録された屋久島，アマミノクロウサギなどの希少動物の生息地として知られ，2021年に世界自然遺産に登録された奄《あま》美《み》大島がある。鹿児島県の大部分の地域に広がるシラス台地は，火山灰地で水持ちが悪く水田に不向きなため，サツマイモの栽培《さいばい》がさかんに行われている。

(3)　琉球王国は，1429年に北山・中山・南山に分かれていた王国を尚氏が統一して成立し，明治時代初めに沖縄県となった。琉球王国時代には，中国や日本をはじめ，フィリピンのルソン島，インドネシアのスマトラ島にまで交易範囲を広げ，発展した。王国の首里城跡は2000年に世界文化遺産に，沖縄島北部と西表《いりおもて》島は2021年に世界自然遺産に登録されている。

(4)　和歌山県は，2004年以降みかんの収穫《しゅうかく》量が全国１位で，かきやうめの生産もさかんである。古来より山岳信仰の修行の場であった紀伊山地に，「吉野・大峯《おおみね》」「熊野三山」「高野山」という３つの霊場とそれらを結ぶ「大峯奥駈《おくがけ》道」「熊野古道（熊野参詣道）」「高野山町石道（のち高野参詣道に名称変更）」という３つの参詣道が形成され，2004年に世界文化遺産に登録された。

(5)　兵庫県には，1993年に日本初の世界文化遺産に登録され，2009年から2015年にかけて行われた平成の大修理により，壁の白さがよみがえった姫路城（別名：白鷺《しらさぎ》城）がある。兵庫県庁所在地は神戸市で，日本を代表する港湾都市として発展している。

(6)　説明文(3)の沖縄県は，全国で香川県，大阪府，東京都についで面積が小さく（(1)～(5)で説明された県の中では最も面積が小さく），亜《あ》熱帯気候に属して年間の平均気温が高いことから，エとなる。なお，(ア)は兵庫県，(イ)は和歌山県，(ウ)は鹿児島県，(オ)は長崎県。

(7)　説明文(1)～(5)のうち，県庁所在地名が県名と違う都市は，神戸市（兵庫県／説明文(5)），那覇市（沖縄県／説明文(3)）である。

(8)　この地形図には方位記号がなく，地図の上が北を示しているので，４方位は，右が東，下が南，左が西である。平和公園の西側（左側）には，宝栄町に２つ，城山町に１つ，若草町に２つ学校があるので，(ウ)が誤っている。なお，(ア)・(イ)について，1945年８月９日，アメリカによって長崎市に原爆が落とされ，その跡地に平和公園や原爆資料館がつくられた。㈡について，若草町に老人ホーム(⌂)が，平野町に消防署(Y)がある。

2 平泉を題材とした歴史の問題

⑴，⑵　岩手県は，全国で北海道についで面積の大きい県で，東北地方太平洋側の，青森県の南に位置している。平泉は，岩手県南部にあり，12世紀に奥州藤原氏の本拠地として100年にわたって栄え，世界文化遺産に登録された地として知られる。なお，㈠は青森県，㈡は秋田県，㈢は山形県，㈥は宮城県。

⑶　①，②　松尾芭蕉は，江戸時代前期に俳句の芸術性を高めた人物である。1689年に弟子の曾良《そら》と江戸の深川を出発して東北・北陸地方の名所を旅し，各地の人々と交流しながら，美濃《みの》(岐阜県)の大垣《おおがき》に至るまでの道中で印象深かったできごとと俳句を『奥の細道』につづった。「夏草や…」は平泉の高館《たかだち》，「五月雨の…」は平泉の中尊寺金色堂で詠んだ俳句といわれる。

⑷　源義経は，京都の鞍馬《くらま》寺に預けられたのちに平泉の藤原秀衡《ひでひら》のもとで成長し，兄である頼朝のもと源平合戦に参加すると，一ノ谷(兵庫県)や屋島(香川県)で平氏と戦い，1185年に壇ノ浦の戦い(山口県)で平氏を滅ぼした。その後，頼朝と対立して平泉に逃げるが，1189年に秀衡のあとをついだ泰衡《やすひら》に攻められ，自害した。なお，㈡は源頼朝・義経の父である。

⑸　政治が乱れて災害があいついだことや，仏教がおとろえて釈迦の法が行われなくなるという末法思想が流行したことにより，平安時代半ばごろから，阿弥陀仏を信じ「南無阿弥陀仏」と唱えれば，極楽に往生できるという浄土思想が広まった。

⑹，⑺　1185年に壇ノ浦の戦いで平氏を滅ぼすと，源頼朝は国ごとに守護，荘園や公領に地頭を置くことを朝廷に認めさせ，支配を全国に広げた。1192年に頼朝は朝廷から征夷《せいい》大将軍に任命され，鎌倉に幕府を開いた。

3 三権分立についての問題

⑴　三権分立は，国家権力を，法律を定める力(立法権)・法律を実行する力(行政権)・法律にもとづいて争いを解決する力(司法権)の３つに分け，それぞれを異なる機関に受け持たせるしくみで，１つの機関に権力が集中することを防ぎ，権力の濫用《らんよう》が起きないようにしている。このうちの立法権は，日本では国会のみに与えられている。

⑵　日本国憲法第67条で「内閣総理大臣は，国会議員の中から国会の議決で，これを指名する。この指名は，他のすべての案件に先立つて，これを行ふ。」と定められているとおり，国会は多数決により内閣総理大臣を指名する。

⑶　法律にしたがって個人間での争いを解決したり，罪をおかした人を裁いて刑罰の重さを決めたりする権利のことを司法権という。日本国憲法第76条で，司法権は裁判所に属することが定められている。

⑷　①〜③　日本の国会は２つの議院によって議会が構成される二院制で，衆議院と参議院㈠からなる。衆議院議員に立候補できる権利(被選挙権)を持つのは満25歳㈢以上の国民で，任期は４年㈡である。一方，参議院議員の被選挙権を持つのは満30歳以上の国民で，任期は６年であるが，３年ごとの選挙で半数が改選される。

⑸　少子高齢化が進行している今日，若い人々に政治に関心を持ってもらい，その声を政策に反映させるため，選挙権年齢が「20歳以上」から「18歳以上」に引き下げられ，2016年６月から適用さ

れている。

(6)　国会の役割として，法律の制定，予算の議決，条約の承認，内閣総理大臣の指名，憲法改正の発議，弾劾裁判所の設置，国政の調査などがあげられる。なお，(ア)〜(ウ)はいずれも内閣の役割である。

(7)　①　現在の日本の憲法を日本国憲法という。この憲法は，前文と11章103条からなる，国のあらゆるきまりに優越する最高法規で，国民主権・平和主義・基本的人権の尊重を三大原則とし，1946年11月３日に公布，1947年５月３日に施行された。　②　日本国憲法により，天皇は日本国および日本国民統合の「象徴《しょうちょう》」と位置づけられ，国の政治に関して力を持たず，内閣の助言と承認により，ごく限られた国事に関する行為を行うと決められた。

４　ロシアのウクライナへの軍事侵攻についての問題

(1)　アメリカを中心とする資本主義諸国と，ソ連を中心とする社会主義諸国との，第二次世界大戦後の直接戦火を交えない国際的な対立を冷戦という。1989年12月にアメリカのブッシュ大統領とソ連のゴルバチョフ書記長が地中海のマルタ島で冷戦の終結を宣言したのち，1991年12月までに各共和国が独立したことにともなってソ連が解体され，ロシア・ウクライナ・ベラルーシなど11か国(のちにジョージアが加盟して12か国)からなる独立国家共同体(CIS)が発足したことにより，対立は解消された。

(2)　ロシアのプーチン大統領は，2014年にウクライナで親ロシア派のヤヌコビッチ大統領が解任されると，ウクライナ領のクリミアに軍事介入してクリミアのロシアへの編入を宣言し，2022年２月にはウクライナ東部に住むロシア系住民を守るという口実でウクライナに攻め込み，戦闘を続けている。なお，(ア)はアメリカ大統領，(イ)はフランス大統領，(エ)はウクライナ大統領。

(3)　ウクライナはロシアの南西に位置している。北でベラルーシ，西で(ウ)のポーランドとスロバキア，南西でハンガリー，ルーマニア，モルドバと接し，南で黒海，アゾフ海に面している。なお，(ア)はスペイン，(イ)はフランス。

(4)　戦争の勃発《ぼっぱつ》により家を追われる人が増え，難民数は増加すると考えられるので，(エ)があてはまらない。なお，(ア)について，ウクライナのゼレンスキー大統領は，EU(ヨーロッパ連合)やNATOへ加盟する方針を打ち出し，友好関係を深めていく意向であるため，ウクライナの動向により，EU・アメリカとロシアの対立は激しくなることが予想される。(イ)，(ウ)について，ロシアとウクライナは小麦の産地であるので食糧危機につながること，ロシアは天然ガス・石油・石炭の産出国で輸出量が減るためにエネルギー不足となることが心配される。

(5)　(1)の解説を参照のこと。

(6)　NATOは，正式名称を北大西洋条約機構といい，アメリカを中心に，カナダ・イギリス・フランスなど西ヨーロッパの国々が参加して1949年に成立した軍事同盟である。冷戦後には東ヨーロッパの国々も加盟するようになり，現在は地域紛争の解決などを目的に活動している。なお，(イ)の略称はWTO，(ウ)の略称はNPT。

(7)　第二次世界大戦中の1945年２月，クリミア半島のヤルタで会談が開かれ，アメリカのフランクリン＝ルーズベルト大統領，イギリスのチャーチル首相，ソ連のスターリン書記長が話し合った。これにより，日本と中立条約を結んでいたソ連が日本と戦うことが秘密のうちに決められた。なお，(ア)は第一次世界大戦後にフランスで開かれた会議，(イ)は第一次世界大戦後にアメリカで開かれた軍縮会議，(エ)は第二次世界大戦中にドイツで行われた会談。

理　科　＜第１回午前一般試験＞（45分）＜満点：100点＞

解　答

[1] (1)（例） 手であおぐようにしてかぐ。　(2)（例） 気体が溶けているから。　(3) 二酸化炭素　(4) 酸性　(5) **A** アンモニア水　**B，C** 食塩水，うすい水酸化ナトリウム水溶液　**D** うすい塩酸　**E** 砂糖水　**F** 炭酸水　(6) アルカリ　[2] (1) **A** 右心房　**B** 左心室　(2) ②　(3) 動脈血，B（の部屋）　(4)（例） 血液の逆流をふせぐはたらき。　(5) ４L　(6) **a　名称**…赤血球　**はたらき**…①　**b　名称**…白血球　**はたらき**…③　(7) **ア，イ** 酸素，栄養　(8) 7056L　[3] (1) 砂の層　(2) 泥　(3)（例） 泥は砂よりも粒の大きさが小さく軽いため，河口から遠いところまで運ばれるから。　(4) ①　(5) ①　(6)（例） 砂の層の粒は川の水によって運ばれている間に，ぶつかり合って角が取れ，丸みを帯びているから。　(7) ①　[4] (1) (A) 同じ　(B) しりぞけ合う　(C) 異なる　(D) 引き合う　(2) ④　(3) ③　(4) ②，⑤　(5) **明るい**…④　**暗い**…③　(6) ②　(7) ①，③，⑥　(8) ④，⑥　(9) 南

解　説

[1] 水溶液《すいようえき》の性質についての問題

(1) 物質のにおいをかぐときは，直接鼻を近づけず，手であおいでにおいをかぐようにする。

(2) 気体や液体が溶《と》けている水溶液は，水を蒸発させても何も残らない。そのため，A，D，Fは気体や液体が溶けた水溶液だということがわかる。

(3) 石灰石は，うすい塩酸と反応して二酸化炭素を発生する。よって，Dはうすい塩酸だとわかる。

(4) 青色リトマス紙は，酸性の水溶液をつけると赤くなる。したがって，DとFは酸性の水溶液だとわかる。なお，(3)より，Dは塩酸だから，Fは炭酸水だとわかる。

(5) ６つの水溶液の中でにおいがあるのはアンモニア水とうすい塩酸だから，実験１の結果から，Aはアンモニア水とわかる。また，砂糖水は電流を流さないため，実験５の結果から，Eは砂糖水になる。残りのBとCは食塩水かうすい水酸化ナトリウム水溶液のいずれかになるが，すべての実験の結果が同じため，区別することはできない。

(6) BTB溶液は，酸性のとき黄色，中性のとき緑色，アルカリ性のとき黄色を示す。すると，すべての水溶液を１つにまとめた水溶液にBTB溶液を入れたときに青色になったことから，まとめた水溶液はアルカリ性になっていることがわかる。また，酸性の度合いやアルカリ性の度合いの等しい水溶液を，同じ量混ぜ合わせると中性になるはずだから，A～Fでは，アルカリ性の水溶液の方が濃《こ》かった（アルカリ性の度合いが強かった）と考えられる。

[2] ヒトの心臓についての問題

(1) 心臓の上の部屋は心房《しんぼう》，下の部屋は心室とよばれる。左右の向きは自分から見た方向になるため，自分から見て右にあるAは右心房，左にあるBは左心室となる。

(2) 肺で酸素を取り入れた血液は，肺静脈，左心房，左心室と流れ，左心室から大動脈を通り全身

へと運ばれる。その後，酸素の少なくなった血液は，大静脈，右心房，右心室と流れ，肺動脈を通り肺に運ばれる。なお，全身へ血液を送り出すために大きな力が必要となるので，左心室は最も筋肉の壁《かべ》が厚くなっている。

⑶　酸素を多く含《ふく》む血液を動脈血，含まれる酸素が少ない血液を静脈血という。⑵で述べたように，動脈血は心臓では左心房，左心室（Ｂの部屋）を通る。

⑷　心臓の上の部屋と下の部屋をつなぐところに弁があることで，血液は１つの方向にしか流れないようになるため，血液が逆流しないようになっている。

⑸　50kgの８％は，50×0.08＝４(kg)となり，血液１kgの体積は１Ｌなので血液量は４Ｌとわかる。

⑹　真ん中がくぼんだ円盤《えんばん》状の細胞《さいぼう》ａは赤血球で，酸素を運ぶはたらきをしている。また，大きな細胞ｂは白血球で，体内に入った細菌《さいきん》を殺すはたらきをしている。なお，②は液体成分の血しょう，④は血小板のはたらきを表している。

⑺　激しい運動をしたときに，全身の細胞により多くの酸素と栄養を送り込《こ》むため，心臓の拍動《はくどう》の回数が増える。

⑻　心臓の拍動１回あたりに送り出される血液の量は70mL（0.07Ｌ）だから，１分あたり，0.07×70＝4.9（Ｌ）の血液が送り出される。これは，１日では，4.9×60×24＝7056（Ｌ）になる。

3　地層についての問題

⑴　Ａ地点の深さ16ｍから32ｍの地層と，Ｃ地点の深さ０ｍから14ｍの地層のようすが一致《いっち》していることから，この部分は同じ時期にたい積していると考えられる。ふつう地層は下の層ほど古い時代にできたものなので，Ｃ地点の地層のうち，関東ローム層や泥《どろ》の層よりも下にある砂の層が最も古い地層となる。

⑵，⑶　土砂は，粒《つぶ》が小さく軽いものほどより遠くへ流されるため，砂よりも粒の小さい泥が，河口からより遠いところに積もる。

⑷　Ｂ地点で見られる層がＡ地点とＣ地点で見られる層と同じものだと考える。Ａ地点とＣ地点の地層の特ちょうから，泥の層の厚さは６ｍで，砂の層はその下に４ｍの厚さでたい積している。また，泥の層の上に関東ローム層，砂の層の下にマグマが冷えて固まってできた層がある。よって，Ｂ地点のイは厚さが６ｍあるので泥の層，その下のウは厚さが４ｍあるので砂の層であるとわかり，イの上にあるアは関東ローム層，ウの下にあるエはマグマが冷えて固まってできた層とわかる。

⑸　砂の層のあとに泥の層が積もっていることから，この場所は河口からより遠いところになったことがわかり，浅い海から深い海に変化していったとわかる。

⑹　砂や泥，小石などの土砂は，流水によって運ばれながらたがいにぶつかり，角が取れて丸い粒になる。一方，火山灰の層に見られる粒は，ほとんど角が取れることなく積もるため，角ばっていることが多い。

⑺　その地層ができた地質年代を知る手がかりになる化石を示準化石という。サンヨウチュウは古生代，アンモナイトは中生代，ビカリアは新生代を代表する示準化石である。

4　電気についての問題

⑴　図２で，ストローは両方とも－の電気を帯びていたことから，同じ種類の電気どうしにはしりぞけ合う力がはたらくと考えられる。また，図３で，ストローは－の電気，ティッシュペーパーは

＋の電気を帯びていたことから，異なる種類の電気どうしには引き合う力がはたらくと考えられる。

(2)　④は大気圧による現象である。山頂はふもとに比べると気圧が低いため，ポテトチップスの袋《ふくろ》の中の気体の方の圧力が高くなり，袋がふくらむ。

(3)　ハンドルを速く回すほど，流れる電流が大きくなり，豆電球は明るくつく。１秒当たりの回転数で考えると，①は，４÷３＝1.3…(回)，②は，５÷４＝1.25(回)，③は，８÷５＝1.6(回)，④は，９÷６＝1.5(回)となるから，③が最もハンドルを回す速さが速く，豆電球が最も明るくつく。

(4)　②の回路はショート回路になっており，２つの乾《かん》電池の間だけに電流が流れるため豆電球はつかない。また，⑤の回路は，乾電池の同じ極どうしが向かい合っているため，回路に電流が流れない。

(5)　豆電球の明るさは，直列につながる乾電池の数が増えるほど明るくなり，直列につながる豆電球の数が増えるほど暗くなる。よって，乾電池が２個直列につながっていて，豆電球が２個並列につながっている④の回路の豆電球が最も明るくつき，乾電池が２個並列につながっていて，豆電球が２個直列につながっている③の回路の豆電球が最も暗くつく。

(6)　一般《いっぱん》に，筒《つつ》形をしている単１型から単５型のアルカリ乾電池の電圧は1.5ボルトである。

(7)　金属は電気を流しやすく，①のステンレスのフォークは鉄製，③の新しい10円玉は銅製，⑥のアルミホイルはアルミニウム製で，どれも金属でできているので電気を通す。

(8)　光電池は光が当たっているときだけ発電をし，電気が流れる性質がある。また，当たる光の強さが強いほど発電量は多くなる。すると，光電池に当たる光の角度が直角に近づくほど，同じ面積当たりの光は強くなるので，④は間違《まちが》っている。雨の日は雲が日光をさえぎり，また，夜間は日光が当たらないので，安定して電気をつくることはできない。よって，⑥も誤り。

(9)　太陽が南中するときに，１日のうちで太陽の高さが最も高くなるので，光電池から最も大きな電流が流れる。また，太陽は東からのぼり，南の空を通って，西にしずむので，光電池は南に向けて取り付けると効率がよくなる。

国　語　＜第１回午前一般試験＞（45分）＜満点：100点＞

解　答

問１　ア，ウ，エ，カ～ケ　下記を参照のこと。　**イ**　ふしぜん　**オ**　しょうめん　**コ**　く(らして)　**問２**　**１**　イ　**２**　ウ　**３**　カ　**問３**　**Ⅰ**　イ　**Ⅱ**　ウ　**問４**　エ　**問５**　(例)　咲ちゃんが朝のアナウンス当番で言いまちがいをしてしまったこと。　**問６**　ア　**問７**　(1)　咲ちゃん　(2)　ウ　**問８**　(1)　イ　(2)　**１**　目　**２**　指　**３**　足　**問９**　エ　**問10**　(例)　アナウンス当番になることで，自分の思っていることをはっきり言えるようになってきたと感じていたが，実際は天然でのんびりしている性格から変わることができていなかったということ。　**問11**　イ　**問12**　ア　**問13**　イ　**問14**　わたしには(実はすごく)／ある日とつ　**問15**　**ア**　勇気を出してアナウンス　**イ**　天然　**ウ**　ぼんやりしていてやさしい　**エ**　ものすごくいろんなこと　**オ**　強くてしっかりしている

●漢字の書き取り

問１　ア　始業　ウ　無視　エ　給食　カ　位置　キ　全身　ク　結(んで)　ケ　想像

解説

出典は中山聖子《なかやませいこ》の『雷《かみなり》のあとに』による。アナウンス当番でうまくしゃべれず，からかわれていた咲ちゃんをかばった「わたし」は，自分もまた，咲ちゃんを知らず知らずのうちに傷つけていたことを知る。

問１　ア　授業が始まること。　**イ**　普段《ふだん》通りではないようす。　**ウ**　相手にしないこと。　**エ**　学校で生徒に一律で提供される食事。　**オ**　まっすぐ前。　**カ**　ものが置かれた場所。　**キ**　からだ全体。　**ク**　ここでの“掌《てのひら》を結ぶ”は，こぶしをにぎること。　**ケ**　ものごとを思いえがくこと。　**コ**　生活すること。

問２　1　放送のスイッチを押《お》す小さな音は，「カチリ」である。　**2**　「スイーツみたいだ」とあるので，咲ちゃんの白いセーターは，クリームのように「ふわふわ」していたのだと想像できる。　**3**　「無理だ」という意味で手をふるようすは，「ひらひら」である。

問３　Ⅰ　「わたし」は，咲ちゃんと茉莉香《まりか》が教室にいないことを疑問に思っていたが，放送から茉莉香の声が聞こえて来たことで，「そうか」放送当番だったかと納得《なっとく》したのである。　**Ⅱ**　ポスターをうまく張れずに，「わたし」は「どうしよう」と困っている。

問４　咲ちゃんが，「ございまする」と言い間違《まちが》えたことを，まるで昔の人のような口調だとからかって，「武士かよ」と言っているのである。

問５　「さっきのあれ」は，咲ちゃんが，アナウンス当番に緊張《きんちょう》するあまり，「おはようございまする」と言い間違ってしまったことを指している。

問６　アナウンスで「おはようございまする」と言い間違ったことをからかわれて，「顔を赤くしてうつむいた」咲ちゃんがかわいそうだという気持ちから，許せないと思い，「わたし」は思わず大声を出してしまったのである。

問７　⑴　「咲ちゃんは，顔を赤くしてうつむいた」と書かれている。　⑵　先生であるボッチャンが教室に入ってきたタイミングで大声を出したために，みんなの注目を集めてしまい，「わたし」ははずかしい思いをしたのだと考えられる。よって，ウがよい。

問８　⑴　「しゃくにさわる」は，気に入らず不快に思うことなので，イが選べる。なお，「気分が晴れない」は，なやみがあること。「そわそわする」は，落ち着かないこと。「気がかりである」は心配すること。　⑵　**1**　「目に余る」は，「授業中のふるまいが目に余ると，先生に注意された」のように用いる。　**2**　「指をくわえる」は，“彼《かれ》の成功を，指をくわえて見ていることしかできなかった”のように用いる。　**3**　「足が出る」は，“航空運賃の値上げによって，今回の旅行は足が出た”のように用いる。

問９　咲ちゃんは，「ありがとう」という言葉をしっかり「わたし」に伝えるために，あらたまった感じで言っているのである。

問10　咲ちゃんは，「天然だとかのんびりしてるとか」言われるような，自分のキャラのことが，ずっといやだったと言っている。そして，「自分の思ってることをはっきり言えるようになりたくて」

と言っている。

問11　咲ちゃんの言葉を聞いたわたしは，自分が「咲ちゃんを傷つけていた」ことに気づき，ショックを受けたのである。

問12　「ように」「さながら」「ごとし」などを使った比喩《ひゆ》は「直喩」にあたる。アは「擬人《ぎじん》法」である。

問13　茉莉香の嘘《うそ》に対して，咲ちゃんは，茉莉香だって完璧《かんぺき》じゃないんだと「むしろほっとする」と言っている。また，茉莉香の嘘は「邪悪《じゃあく》なうそじゃない」し，嘘をつく気持ちも「ちょっとわかる」とも言っている。

問14　茉莉香は，「こうだったらいいなとか，こうなったらうれしいな」と思ったことを，つい本当のことみたいにしゃべってしまう。そんな茉莉香と同じく，咲ちゃんがどのようになりたいのかを探す。

問15　**ア～オ**　「わたし」は，「咲ちゃんがどんなに勇気を出してアナウンスをしていたかがよくわかる」ので，とっさに言葉が出てきたと言っている。また，「わたし」は，咲ちゃんのことを「天然」で「ぼんやりしていてやさしい」と思っていたが，実際は「ものすごくいろんなこと」を考えており，自分を変えていこうとしてがんばる「強くてしっかりしている」一面があることを知ったのである。

2023年度 駒沢学園女子中学校

※この試験は算数・国語のいずれかを選択して受験します。

【算　数】〈第１回午後１科試験〉（60分）〈満点：100点〉

【注意】計算の途中式や考えは採点されますので、消さないでください。

1　次の□にあてはまる数を求めなさい。

(1)　$19\times7=\square$

(2)　$15+23\times4-67=\square$

(3)　$\frac{1}{2}\times\frac{2}{3}\div\frac{4}{5}\div\frac{5}{6}\times\frac{7}{8}=\square$

(4)　$9.8-7.6+5.4-3.2+1=\square$

(5)　$\left(\frac{1}{2}+\frac{2}{3}\right)\times\frac{3}{4}-\frac{5}{6}=\square$

(6)　$(\square+2)\times3-4=5$

2　次の問いに答えなさい。

(1)　車が時速 60 kmの速さで 120km 進みました。かかった時間は何分ですか。

(2)　税抜き１個 150 円のなしを５個買ったときの税込みの代金は何円ですか。ただし，消費税率は 8% です。

(3)　今，姉は 62 才，妹は 50 才です。姉の年齢《ねんれい》が妹の７倍だったのは今から何年前ですか。

(4)　５人で 28 日かかる仕事を７人でやると何日かかりますか。

(5) 上底が３cm，下底が５cm，高さ７cmの台形の面積は何cm^{2}ですか。

(6) 底面が半径２cmの円で高さが５cmの円柱の側面積は何cm^{2}ですか。ただし，円周率を3.14とします。

3 次の問いに答えなさい。

(1) ペン５本とパン４個を買うときの代金は1000円で，ペン３本とパン２個を買うときの代金は540円です。ペン１本とパン２個を買うときの代金は何円ですか。ただし，代金はすべて税込みとします。

(2) 7%の食塩水200ｇと4%の食塩水100ｇをまぜると何%の食塩水が何ｇできますか。

(3) 右の図のような正六角形で，６個の頂点のうち３個を選んでできる三角形は全部で何個ありますか。また，正六角形の１つの角の大きさは何度ですか。

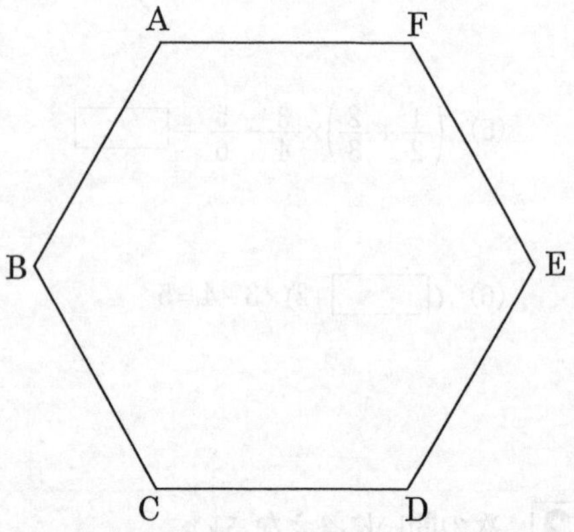

(4) 右の図の色のついた部分の面積は何cm^{2}ですか。ただし，円周率を3.14とします。

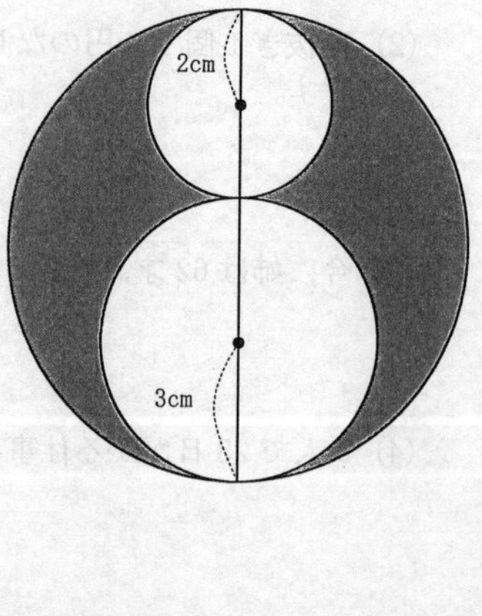

4 図１のような，たて 30ｃｍ，横 30ｃｍ，高さ 50ｃｍの直方体の形をした水そうがあります。この水そうにまず，Ａのじゃ口だけを開いて水を出し，途中からＢのじゃ口も開きました。そして，水を入れ始めてから 10 分後にＡのじゃ口だけを閉めました。水を入れ始めてからの時間と水そうに入った水の量の関係を表したものが図２です。どちらのじゃ口からもそれぞれ一定の割合で水が出るとするとき，次の問いに答えなさい。

図１

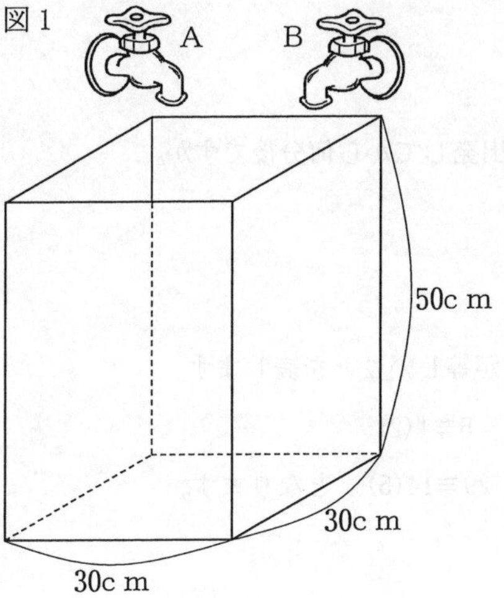

図２

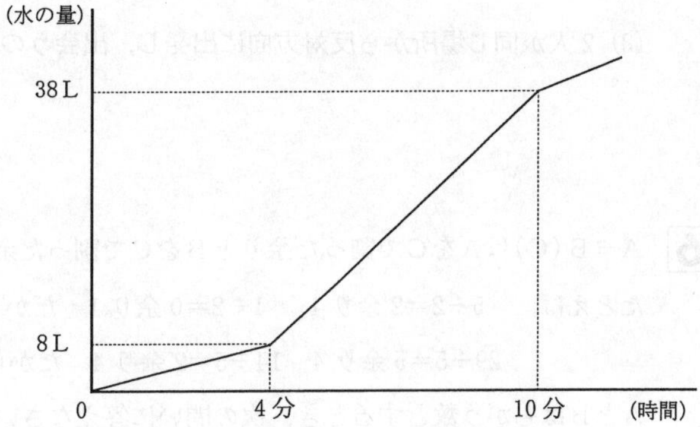

(1) 水そうの容積は何Ｌ(リットル)ですか。

(2) Ａのじゃ口からは毎分何Ｌの水が入りますか。

(3) Ｂのじゃ口からは毎分何Ｌの水が入りますか。

(4) 水そうがいっぱいになるのは，水を入れ始めてから何分何秒後ですか。

5 まわりの長さが1.2ｋｍの池があります。この池を1まわりするのに，キムさんは走って10分，タカシ君は歩いて15分かかります。このとき，次の問いに答えなさい。

(1) キムさんの走る速さは分速何ｍですか。

(2) タカシ君の歩く速さは時速何ｋｍですか。

(3) 2人が同じ場所から反対方向に出発し，出会うのは出発してから何分後ですか。

6 Ａ≡Ｂ(Ｃ)はＡをＣで割った余りとＢをＣで割った余りが等しいことを表します。

たとえば，　5÷2＝2余り1　1÷2＝0余り1　だから　5≡1(2)

29÷5＝5余り4　14÷5＝2余り4　だから　29≡14(5)　となります。

ＡとＢはちがう数とするとき，次の問いに答えなさい。

(1) 10≡Ｄ(3)となる1けたの整数Ｄをすべて求めなさい。

(2) 17≡11(Ｅ)となる1でない1けたの整数Ｅをすべて求めなさい。

問十三　——線⑨「もうやめたほうがいいと思うのに、話すことを止められない」とありますが、このときの咲良の気持ちとして、もっとも適当なものを次の**ア～エ**から選び、記号で答えなさい。

ア　この話をすることは、千波につらいことを思い出させるかもしれないが、正しいと思うことをきちんと言えるようになるために向き合わなければならないと思っている。

イ　この話をすることは、自分が決して優等生ではないことを知らせてしまうことになるかもしれないが、千波にはこのような授業がある現実を知っておいてほしいと思っている。

ウ　この話をすることは、先生を非難することになってしまいそうではあるが、このような授業があったことをフリーライターの千波に知らせることが大切であると思っている。

エ　この話をすることは、自分にとってつらいことを思い出すとわかっているが、決して自分が優等生ではないということを伝えるためには絶対に必要であると思っている。

問十四　——線⑩「優等生の自分にとっては、先生の認める答えが絶対だった。親たちの見ている前で、違う意見を言う勇気がなかった」とありますが、（1）「先生の認める答え」にあたる部分と（2）「違う意見」にあたる部分をどちらも十五字以上二十字以内で探し、書きぬきなさい。

問十五　（　1　）～（　4　）に入るもっとも適当な語句を、次の**ア～カ**からそれぞれ選び、記号で答えなさい。

ア　わっと　　**イ**　そっと　　**ウ**　どっと
エ　ふふっと　　**オ**　ぽろっと　　**カ**　ぎゅっと

問十六　——線⑪「ごめんね、ごめんねと繰り返す」とありますが、このときの咲良はどのようなことを謝りたかったのですか。七十字以上八十字以内で書きなさい。

問十七　——線⑫「人差し指で咲良のほおをちょんとつついた」とありますが、そのときの千波の気持ちとして**あてはまらないもの**を次の**ア～エ**から選び、記号で答えなさい。

ア　咲良をなぐさめ、元気づけたい気持ち。

イ　咲良の気持ちを切り替えさせてあげたいという気持ち。

ウ　咲良に、わたしの話に耳をかたむけてほしいという思い。

エ　咲良にふざけて言ってしまったことを取り消したいという思い。

問十八　——線⑬「千波は、咲良の頭を優しくなでた」とありますが、このときの咲良に対する、千波の思いをひとことで表現した言葉を探し、書きぬきなさい。

問十九　——線⑭「咲良が過去とお別れして、前に進む日！」とありますが、咲良にとって、どのようなことを意味していますか。本文中の言葉を使って五十字以上六十字以内で書きなさい。

問八　[Ｂ]について以下の問いに答えなさい。

（１）[Ｂ]にあてはまる、体の一部を表す語を漢字一字で答えなさい。

（２）次の[　]に、体の一部を表す漢字一字を入れて、慣用句を完成させなさい。

１　[　]を割る（本心を打ち明ける）

２　[　]が高い（得意になっている）

３　後ろ[　]をさされる（かげで他人から非難される）

問九　[Ⅰ][Ⅱ]にあてはまる言葉の組み合わせとして、もっとも適当なものを次の**ア**～**エ**から選び、記号で答えなさい。

ア　[Ⅰ]徹底《てってい》　[Ⅱ]現実

イ　[Ⅰ]絶対　[Ⅱ]全面

ウ　[Ⅰ]現実　[Ⅱ]徹底

エ　[Ⅰ]全面　[Ⅱ]理想

問十　――線⑥「千波がにやっと笑った」とありますが、どのような「笑い」ですか。もっとも適当なものを次の**ア**～**エ**から選び、記号で答えなさい。

ア　ムキになっている自分を苦々しく思い、照れるような笑い。

イ　自信をなくしている咲良を、元気づけるような笑い。

ウ　咲良が何か行動をするように仕向けるような笑い。

エ　子どもっぽい咲良に対して、大人の余裕《ゆう》を見せるような笑い。

問十一　――線⑦「口ごもった」とありますが、同じ意味・使い方のものとしてもっとも適当なものを次の**ア**～**エ**から選び、記号で答えなさい。

ア　おいしいお菓子をつめこみすぎて口ごもった。

イ　思いが通じず口ごもった気持ちになった。

ウ　そうなった理由を問いつめられて口ごもった。

エ　友だちから口ごもった声でののしられた。

問十二　――線⑧「あたしはそんな……優等生なんかじゃない」とありますが、このときの咲良の気持ちについてまとめた次の文章の、[**ア**]～[**オ**]にあてはまる言葉を本文中から探し、指定された文字数で書きぬきなさい。

　大人の言うことは[**ア**（二字）]で、正しいと思っていたころは、大人が[**イ**（五字）]発言をしたり行動したりすることが当たり前になっていたので、[**ウ**（三字）]だと言われてきた。学校でも同様に過ごしていたが、学年が上がるにつれて、そのような優等生として過ごすことを、[**エ**（四字）]感じている自分に気づき、自分の気持ちをおさえてまで、優等生として[**オ**（十二字）]ことに疑問を感じるようになっている。

問一　～～線**ア**～**コ**について、カタカナは漢字で、漢字は読みをひらがなで、それぞれ書きなさい。

問二　――線①「親しみをこめて『千波ちゃん』と呼んでいた」とありますが、その理由として、もっとも適当なものを次の**ア**～**エ**から選び、記号で答えなさい。

ア　千波がとなりの町に住んでいて、咲良がひとりでも遊びに行きやすい駅の近くのマンションにいることから、咲良にとって身近な存在だったから。

イ　咲良がほしいと思っていたセンスのいい文房具を、千波がいつも買ってくれることから、咲良にとって親のような存在だと思っていたから。

ウ　咲良のあこがれの仕事であるフリーライターの仕事をしていて、しかもかっこよくて美人の千波が、咲良にとって目標となるような存在だったから。

エ　千波は親せきのおばさんにあたる人ではあるが、「おばさん」という言葉のイメージとは遠い女性で、咲良にとって特別な存在だったから。

問三　――線②「聞いていた」とありますが、このときの聞いていた内容を十五字以内で書きなさい。

問四　――線③「千波の家」とありますが、咲良があこがれる「千波の家」の様子がよくわかる一文を探し、最初の五字を書きぬきなさい。

問五　［Ａ］にあてはまる言葉として適当なものを次の**ア**～**エ**から選び、記号で答えなさい。

ア　なぐさめられた

イ　ばかにされた

ウ　大人になった

エ　お金持ちになった

問六　――線④「学校と聞いて、どきっとする」とありますが、その理由としてもっとも適当なものを次の**ア**～**エ**から選び、記号で答えなさい。

ア　学校で何かがあったことを千波に気づかれてしまったから。

イ　咲良にとって気になる出来事が学校で起こっていたから。

ウ　大人がいつもするような質問を千波もしてきたから。

エ　学校でのことを千波に話さなければいけないと思ったから。

問七　――線⑤「千波がほかの大人と違うところ」とありますが、千波のどのようなところがほかの大人と違うと、咲良は考えていますか。本文中の言葉を使って、六十字程度でまとめなさい。

あのころ、お母さんと千波が話しているのを偶《ぐう》然聞いてしまった。千波が病院に通っているということを。子どもがほしくてもできにくい人がいるというのも、そのときはじめて知った。

「もちろん、冗《じょう》談のつもりだったけど……少しは本気だったかも。咲良のことがかわいくて、大好きで……自分にも、こんな子がいたらいいだろうなって思ったから」

⑬千波は、咲良の頭を優しくなでた。

「でもいいよ。こうやって遊びに来てくれるだけでも十分うれしい。咲良の成長も楽しみ。だからね……」

首をかしげて、咲良の顔を見つめた。

「こんなふうに悩む咲良も、愛《いと》おしいよ」

ごめんね……。

本当は、言わないほうがよかったかもしれない。いまさら、三年生のときのことなんて。

でも、言わなくちゃ、先に進めないような気がした。

「さあさあ、おいしいケーキ、食べようよ！　今日は、記念日なんだから」

「記念日？」

咲良が首をかしげると、千波はふふっと笑った。

「そうだよ。⑭咲良が過去とお別れして、前に進む日！」

前に、進む日……。

「がんばんなよ。応援してるからさ」

とんっと肩をたたかれて、咲良はフォークを手に持った。無言でケーキにかぶりつく。

おいしい……。

あたしはもう、優等生じゃない。優等生なんてやめてやる。

相手がだれであろうと……自分の意見を言えるようになろうと、咲良は心に決めた。

※1学校で事件……一将《かずまさ》の弟の将人《まさと》（小二）が大縄《なわ》跳《と》びの練習に遅刻《ちこく》をしたとき、みんなの前で先生から「下手なんだから遅刻しないで」としかられ、その後、将人が学校に行けなくなってしまったこと。

※2偽《ぎ》善者……うわべを飾って、正しくよいことをしているように見せかけている人のこと。

咲良は迷っていた。⑨もうやめたほうがいいと思うのに、話すことを止められない。

「先生が言ったの、『命は、過去から未来へずっとつながっていくよね』って。そしたらある子が、『わたしも命を産んでいこうと思います』って言ったんだ」

先生が、「そうですね。わたしたちも未来のために、命を産んでいかなくちゃいけません」と言って、うれしそうに黒板に書き記したことを覚えている。

「でもね、あたしはそのとき思ったの。だったら、命を産めない人はどうするんだろうって。命を産むことだけが正しいわけじゃないって、言いたかった」

涙《なみだ》がぽたぽたと紅茶の上に落ちて、輪っかを作る。

⑩優等生の自分にとっては、先生の認める答えが絶対だった。親たちの見ている前で、違う意見を言う勇気がなかった。

「咲良……」

千波は困ったような目で咲良を見つめた。

「ごめん……ごめんね。あたし、言えなかった。産めなくてもいいじゃないって、言えなかった。そのことが、ずっと、心に引っかかってて」

後から後から、涙が出た。

梨《り》沙《さ》の言ったとおり、あたしは※2偽《ぎ》善者だ。将人のためと言いながら、本当は、ずっと引きずっていた、あのときの思いを晴らしたいだけだったのかもしれない。

千波はゆっくりと立ち上がり、テーブルを回って咲良の横に来た。

（　１　）肩《かた》に手を回し、（　２　）力をこめる。

「もしかして、わたしのために、ずっと苦しんでたの？」

抱《だ》き締《し》められながら、しゃくり上げて声にならなかった。

「わたしが、子どもを産めないから」

（　３　）声を出して泣いた。⑪ごめんね、ごめんねと繰《く》り返す。

「千波ちゃん、産みたくても産めないのに……。そんな人もいるんだって、言いたかったのに」

とんとんと、優しく背中をなでられた。

せめてあのとき、先生が、命を産めない人に対する言葉も足してくれてたら……あたしはク納得できたのに。

「やだ、そんなにケシンコクにならないでよ。会社のおじさんなんて、平気で言うよ。『子どもを産むなら、早いほうがいいよ』って。そういう人には、コソウゾウ力が足りないのよ」

千波は（　４　）笑った。咲良が顔を上げると、「ひどい顔」と言って、ティッシュで涙をふいてくれた。

「世の中って、そんな急には変わらないの。でも、変えようと思えば、少しずつ変わっていく」

そう言って千波は、⑫人差し指で咲良のほおをちょんとつついた。

「変えようって思わなかったら、いつまでも変わらないけどね」

千波は、咲良のとなりのイスに座った。

「わたしのせいだよね。あのころ、ふざけて咲良に『うちの子にならない？』って聞いたから。あのとき咲良、本気で考えこんじゃったもんね」

「だって……。千波ちゃんのこと、大好きだし……」

「え？」

ふいを突《つ》かれて、⑦口ごもった。

学校はどんなところかなんて、今まで考えたこともなかったからだ。

自分にとって、学校って、なんだろう……。

「……いつも、がんばらなくちゃいけないところ」

自然とそんな言葉が出てきて、咲良自身も驚いた。

「咲良は勉強もできるし運動もできるし、優等生だから、そんなにがんばらなくてもいいんじゃないの？」

悪気なんてまったくない、千波の言葉がぐさりと刺《さ》さる。

「⑧あたしはそんな……優等生なんかじゃない」

言いながら、苦いものが喉元《のどもと》を過ぎていった。

小さいころから、いい子だと言われてきた。親の言うことも先生の言うことも絶対で、正しいと思っていた。だから、大人が喜ぶようなことを、言ったりしたりするのが当たり前になって……。

毎日宿題をして、テストでいい点を取って、先生の頼《たの》みはなんでも引き受けて……そうしていれば、学校生活はスムーズに過ぎていく。先生に頼《たよ》りにされていると感じることも誇《ほこ》らしかった。

でも、学年が上がるにつれて、だんだんと息苦しくなってきて……。

あたしは、どうしてこんなにがんばっているんだろう。どうしてがんばらなくちゃいけないんだろう、という思いがふくらんだ。将人の事件は、そんな思いに向き合うきっかけになった。

「ああ、ごめん。優等生なんて言って。ただ、学校って、勉強や運動が苦手な子にとっては、ヵクツウな場所だろうなって思うから」

「やっぱり？　そう思う？」

「うんうん、思う。学校って、点数が出たり順番がついたりするじゃない？　人によって能力なんて違うのに、生まれた年が同じだからっていう理由だけで比べるのも、どうかなって思うし」

ああ、こういうところ、お母さんやお父さんとは違うなと思う。お母さんだったら、「何をバカなこと言ってるの」って、相手にもしてくれないところだ。

千波と話していると、心の中のもやもやがクリアになっていくような気がする。

【中略】

全面的に応援《えん》してくれる千波の目がまぶしくて、咲良は顔を伏《ふ》せる。

「……あたしには、何もできないよ。前も、言えなかった。間違っていると思うのに、間違っているって言えなかったの」

ゆれる紅茶を見つめながら、ある思い出があふれてきた。

「三年生のとき……命のたいせつさが書いてある物語を読んで、それについてクラスで話し合うっていう、道徳の授業があったの」

心臓がどきどきして、そのときの記憶《おく》がリアルによみがえってくる。

「授業ｷサンカンで親も見に来てたから、みんな張り切って手をあげた。おじいちゃん、おばあちゃんのことや、ご先祖様のことや、お墓参りしたことや、生きるたいせつさについて、どんどん意見が出て、先生がそれを黒板に書いていって……」

ェレイゾウ庫から取り出したのは、咲良の大好きなケーキ屋、プランセスのショートケーキだ。

「ありがとう」

紅茶はまだ熱そうだから、ケーキから取りかかった。コクのある生クリームとスポンジケーキの軽やかさが絶妙《みょう》だ。

千波も前の席に座って、咲良の顔をのぞきこんだ。

「元気にしてた？　学校はどう？」

④学校と聞いて、どきっとする。どうして大人は、あいさつみたいに「学校はどう？」なんて軽く聞くんだろう。そんなふうに聞かれたら、「ふつう」とか「べつに」としか答えようがない。

でも、⑤千波がほかの大人と違《ちが》うところは、「あ、その顔は何かあったな」と、するどく気づいてしまうところだ。

「う～ん、まぁ」

咲良は、しぶしぶ答えた。千波はいつも「なんでも聞くよ」という顔で待ってくれるから、つい親にも言えないことを言ってしまう。一将に「おばさんに言うな」と言われたことが頭をよぎったけれど、記事にしなければいいのだろうと思い直した。

「実はね、※1学校で事件があって……」

おおざっぱに説明すると、千波は大げさに驚《おどろ》いた。

「何それ、信じられない！　ひどいよ。将人《まさと》くんがかわいそう！」

期待どおりのォ反応がうれしかった。「先生にも考えがあったんじゃない？」なんて、いかにも大人が言いそうなことを言わないし、感覚が子どもに近いような気がする。だからつい、友だちのように接してしまう。

「でしょう？　だからあたし、なんとかしたいなって、思ったんだけど……」

代表委員会からの展開を思い出し、［B］が重くなっていった。

何ひとつ、うまくいってない。このまま何もできずに、終わってしまいそうな気がする。

「やだ、なに暗くなってんの？　そんな弱腰《こし》でどうするのよ！　こうなったら、［Ⅰ］的に戦わなきゃ！」

戦わなきゃって……。

千波の鼻息が荒《あら》くて、思わずぷっとふきだした。

「咲良ったら、笑いごとじゃないよ。その、ハシケン先生っていう人は味方なんでしょう？」

「味方……かな？」

「味方だよ。『学校は、だれのものか』って言ったんだから。そんなの、子どものものに決まっているじゃない！」

子どものもの……。咲良もそう思いたかった。

「でも、［Ⅱ］的にさ……。あたしたち、何もできないもん」

「ふ～ん、何もしないうちにあきらめるんだ？」

顔を上げると、⑥千波がにやっと笑った。

「咲良らしくないなぁ。いつものガッツはどうしたの？　小さいころから、悪に立ち向かうヒーローが好きだったくせに」

「そんな……」

咲良は顔を赤らめた。

「ねぇ、咲良にとって、学校ってどんなところ？」

2023年度 駒沢学園女子中学校

【国語】〈第一回午後一科試験〉（六〇分）〈満点：一〇〇点〉

※字数制限のある問題の場合は、句読点や符号なども一字分として、字数にふくめて答えなさい。

次の文章は工藤純子作『あした、また学校で』の一節です。次の場面を読んで後の問いに答えなさい。

学校から帰ると、リビングにいるお母さんに呼ばれた。

「ねぇ、りんごをたくさんもらったから、千波《ちなみ》のところに届けてくれない？　今日、家で仕事をしているらしいから」

「あ、うん」

千波はお母さんの妹で、咲良《さくら》にとってはおばさんにあたる。でも、いつもきれいにお化粧《けしょう》をしてスタイル抜《ばっ》群だから、おばさんという感じではない。一将《かずまさ》だって、千波を見たら「変なおばさん」なんて言わないはずだ。

タウン誌やアセンモン誌に記事を書いているフリーライターで、美人でかっこよくて、咲良のあこがれだ。センスのいい文房《ぼう》具を買ってくれるし、外国を旅行したときの話も聞かせてくれる。だから①親しみをこめて「千波ちゃん」と呼んでいた。

「いいよ。すぐに行ってくる」

千波は、となりの町に住んでいる。

紙袋《ぶくろ》に入れたりんごを持って電車に乗り、駅の近くにあるマンションに行った。オートロックで、ホテルみたいなロビーのインターフォンを押《お》すと、あらかじめお母さんから②聞いていたようで、「はい、待ってたよ」と、明るい声が返ってきた。

エレベーターで五階に行くと、ドアを開けて待っていてくれた。

「咲良！　久しぶりじゃない。早く早く！　咲良の好きなケーキがあるよ」

いつもと変わらない、千波の明るい笑顔を見てほっとした。千波は、出版社にイ勤めているかっこいい旦那《だんな》さんと二人で暮らしている。

いい香《かお》りのする玄《げん》関には、外国のお土産が飾《かざ》られていて、モデルルームみたいにかっこよかった。

リビングに行くと、すでに紅茶のポットとカップが用意されている。

「でも、仕事中じゃないの？」

家で仕事をしていると聞いていたから、すぐに帰ろうと思っていた。

「いいの、いいの。休憩《けい》しようと思ってたところだから。ダージリンでいい？　それともアッサム？」

「あ、ダージリンで……」

紅茶なんてめったに飲むことはない。ましてや茶葉のウシュルイを聞かれることなんてないから、③千波の家で紅茶を飲むと、すごく［A］ような気がする。

千波は茶葉を入れたポットにお湯を注ぎ、きっちり一分間蒸らしてから、高そうなティーカップに紅い液体を注いだ。ふわっと、いい香りの湯気が上がる。

2023年度

駒沢学園女子中学校 ▶解説と解答

算 数 ＜第１回午後１科試験＞（60分）＜満点：100点＞

解 答

1 (1) 133　(2) 40　(3) $\frac{7}{16}$　(4) 5.4　(5) $\frac{1}{24}$　(6) 1

2 (1) 120分　(2) 810円　(3) 48年前　(4) 20日　(5) $28cm^2$　(6) $62.8cm^2$

3 (1) 380円　(2) ６％，300ｇ　(3) 20個，120度　(4) $37.68cm^2$

4 (1) 45Ｌ　(2) 毎分２Ｌ　(3) 毎分３Ｌ　(4) 12分20秒後

5 (1) 分速120ｍ　(2) 時速4.8km　(3) ６分後

6 (1) １，４，７　(2) ２，３，６

解 説

1 **四則計算，逆算**

(1) 19×７＝133

(2) 15＋23×４－67＝15＋92－67＝107－67＝40

(3) $\frac{1}{2}\times\frac{2}{3}\div\frac{4}{5}\div\frac{5}{6}\times\frac{7}{8}=\frac{1}{2}\times\frac{2}{3}\times\frac{5}{4}\times\frac{6}{5}\times\frac{7}{8}=\frac{7}{16}$

(4) 9.8－7.6＋5.4－3.2＋１＝2.2＋5.4－3.2＋１＝7.6－3.2＋１＝4.4＋１＝5.4

(5) $\left(\frac{1}{2}+\frac{2}{3}\right)\times\frac{3}{4}-\frac{5}{6}=\left(\frac{3}{6}+\frac{4}{6}\right)\times\frac{3}{4}-\frac{5}{6}=\frac{7}{6}\times\frac{3}{4}-\frac{5}{6}=\frac{7}{8}-\frac{5}{6}=\frac{21}{24}-\frac{20}{24}=\frac{1}{24}$

(6) (□＋２)×３－４＝５より，(□＋２)×３＝５＋４＝９，□＋２＝９÷３＝３　よって，□＝３－２＝１

2 **速さ，割合，年齢《ねんれい》算，仕事算，面積，表面積**

(1) 時速60kmで120km進むと，120÷60＝２(時間)かかる。１時間＝60分より，これは，60×２＝120(分)となる。

(2) １個150円のなしを５個買うと，150×５＝750(円)になる。これに８％の消費税がかかるので，消費税は，750×0.08＝60(円)である。よって，税込《こ》みの代金は，750＋60＝810(円)とわかる。

(3) 姉と妹の年齢の差は，62－50＝12(才)で，これは何年前でも変わらない。そこで，姉の年齢が妹の７倍だったとき，妹の年齢の，７－１＝６(倍)が12才にあたるから，このときの妹の年齢は，12÷６＝２(才)である。したがって，今から，50－２＝48(年前)とわかる。

(4) １人が１日にする仕事の量を１とすると，仕事全体の量は，１×５×28＝140になる。また，７人でやるとき，１日に，１×７＝７の仕事ができる。よって，この仕事を７人でやると，140÷７＝20(日)かかる。

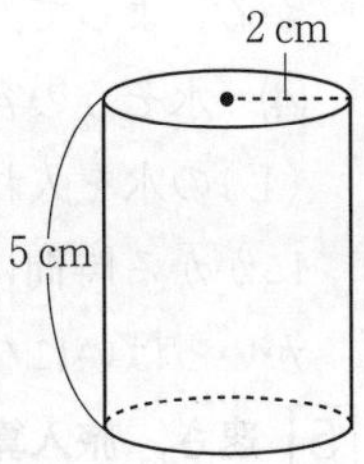

(5) 台形の面積は，{(上底)＋(下底)}×(高さ)÷２で求められるから，この台形の面積は，(３＋５)×７÷２＝28(cm^2)とわかる。

(6) 右の図で，円柱の側面を切り開くと，側面は長方形になる。この長方形のたての長さは，円柱の高さと同じ５cmである。また，長方形の横の長さは，円柱の底面の円周の長さと等しいから，２×２×3.14＝12.56(cm)になる。よって，円柱の側面積は，5×12.56＝62.8(cm^2)と求められる。

3 消去算，濃度《のうど》，場合の数，角度，面積

(1) 2通りの買い方を式に表すと，右の図1のア，イのようになる。イの式を2倍してパンの個数をアとそろえると，ペン6本とパン4個の代金が，540×2＝1080(円)となるので，ウの式のように表せる。すると，アとウの差から，ペン，6－5＝1(本)の値段は，1080－1000＝80(円)とわかる。よって，ペン3本の代金は，80×3＝240(円)だから，イの式より，パン2個の代金は，540－240＝300(円)である。したがって，ペン1本とパン2個の代金は，80＋300＝380(円)と求められる。

図1

(ペン)×5＋(パン)×4＝1000(円)…ア
(ペン)×3＋(パン)×2＝ 540(円)…イ
(ペン)×6＋(パン)×4＝1080(円)…ウ

(2) 7%の食塩水200gにふくまれる食塩の重さは，200×0.07＝14(g)で，4%の食塩水100gにふくまれる食塩の重さは，100×0.04＝4(g)である。よって，混ぜてできる食塩水の重さは，200＋100＝300(g)で，その中にふくまれる食塩の重さは，14＋4＝18(g)だから，その濃度は，18÷300×100＝6(%)となる。

(3) 右の図2で，6個の頂点から3個を選んで直線で結ぶと，1つの三角形ができる。そこで，3個の頂点の選び方は，$\frac{6\times5\times4}{3\times2\times1}$＝20(通り)あるから，三角形は全部で20個できるとわかる。また，図2のように，点Aから対角線を3本引くと，六角形は4つの三角形に分けられる。よって，六角形の6つの角の大きさの和は，180×4＝720(度)になるから，正六角形の1つの角の大きさは，720÷6＝120(度)と求められる。

図2

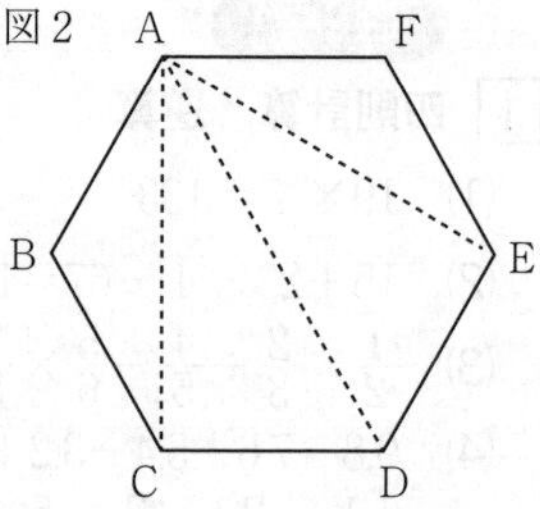

(4) 問題文中の図で，一番大きい円の直径は，2×2＋3×2＝10(cm)だから，一番大きい円の半径は，10÷2＝5(cm)である。すると，色のついた部分の面積は，半径5cmの円の面積から，半径2cmの円と半径3cmの円の面積をひいたものになるので，5×5×3.14－2×2×3.14－3×3×3.14＝25×3.14－4×3.14－9×3.14＝(25－4－9)×3.14＝12×3.14＝37.68(cm^2)と求められる。

4 グラフ―水の深さと体積

(1) 水そうの容積は，30×30×50＝45000(cm^3)である。1L＝1000cm^{3}より，これは，45000÷1000＝45(L)となる。

(2) 問題文中のグラフより，4分後までにAから8Lの水が入ったので，Aからは毎分，8÷4＝2(L)の水が入る。

(3) 4分後から10分後までの，10－4＝6(分間)は，AとBの両方から水が入る。この6分間で水は，38－8＝30(L)入ったので，AとBの両方から合わせて毎分，30÷6＝5(L)の水が入るとわかる。よって，Bからは毎分，5－2＝3(L)の水が入る。

(4) 水そうの容積は45Lなので，10分後から水そうがいっぱいになるまでには，あと，45－38＝7(L)の水を入れる必要がある。また，10分後からはBだけで水を入れるから，7Lの水を入れるのにかかる時間は，7÷3＝$2\frac{1}{3}$(分)である。60×$\frac{1}{3}$＝20(秒)より，これは2分20秒なので，水そうがいっぱいになるのは，水を入れ始めてから，10分＋2分20秒＝12分20秒後と求められる。

5 速さ，旅人算

⑴　池のまわりの長さは，1.2km＝1200ｍだから，キムさんの速さは分速，1200÷10＝120(ｍ)である。

⑵　タカシ君の速さは分速，1200÷15＝80(ｍ)である。すると，タカシ君は１時間に，80×60÷1000＝4.8(km)歩くから，タカシ君の速さは時速4.8kmとわかる。

⑶　２人は１分間に合わせて，120＋80＝200(ｍ)進む。また，反対方向に進むとき，合わせて1200ｍ進むと２人は出会う。よって，２人が出会うのは出発してから，1200÷200＝６(分後)とわかる。

6　約束記号，整数の性質

⑴　10≡D(３)より，10を３で割った余りとDを３で割った余りが等しくなる。10÷３＝３余り１より，10を３で割った余りは１だから，Dを３で割った余りも１である。すると，Dは１からはじまって次々と３をたしていった数になるので，１けたの整数Dは，１，１＋３＝４，４＋３＝７があてはまる。

⑵　17≡11(E)より，17をEで割った余りと11をEで割った余りが等しくなる。右の図で，太線部分はEで割り切れるから，アの部分もEで割り切れて，Eは，17－11＝６の約数とわかる。６の約数は１，２，３，６の４個あるが，Eは１でない１けたの整数なので，２，３，６があてはまる。

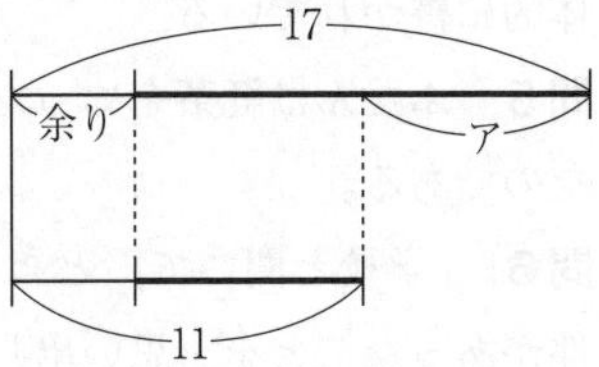

国　語　＜第１回午後１科試験＞（60分）＜満点：100点＞

解　答

問１　**ア**，**ウ**，**エ**，**カ**，**キ**，**ケ**，**コ**　下記を参照のこと。　**イ**　つと　**オ**　はんのう　**ク**　なっとく　**問２**　エ　**問３**　(例)　咲良がりんごを届けること。　**問４**　いい香りの　**問５**　ウ　**問６**　イ　**問７**　(例)　顔のようすから，するどく気づいてしまうところや，いかにも大人が言いそうなことを言わないところや，感覚が子どもに近いようなところ。　**問８**　⑴　口　⑵　**１**　腹　**２**　鼻　**３**　指　**問９**　ア　**問10**　ウ　**問11**　ウ　**問12**　**ア**　絶対　**イ**　喜ぶような　**ウ**　いい子　**エ**　息苦しく　**オ**　がんばらなくちゃいけない　**問13**　ア　**問14**　⑴　命を産んでいかなくちゃいけません(わたしも命を産んでいこうと思います)　⑵　命を産むことだけが正しいわけじゃない　**問15**　⑴　イ　⑵　カ　⑶　ア　⑷　エ　**問16**　(例)　千波のためにも「産みたくても産めない人もいるんだ」と伝えたかったのに言えなかったことと，「子どもを産めないから」とあらためて千波に言わせてしまったこと。　**問17**　エ　**問18**　愛おしいよ　**問19**　(例)　自分の意見も言えないような優等生はやめて，相手がだれであろうと自分の意見を言えるようになろうと心に決めたこと。

●漢字の書き取り

問１　ア　専門　ウ　種類　エ　冷蔵　カ　苦痛　キ　参観　ケ　深刻　コ　想像

解　説

出典は工藤《くどう》純《じゅん》子《こ》の『あした，また学校で』による。学校での事件について，あこがれの千波《ちなみ》おばさんに話していた咲良《さくら》は，大人に気に入られる優等生でいることをやめて，自分の意見を言おうと決意する。

問１　**ア**　一つの分野だけに特化していること。　**イ**　その会社で仕事をすること。　**ウ**　似たもののまとまり。　**エ**　食べ物を冷やして保管すること。　**オ**　相手に言葉や行動などを返すこと。　**カ**　苦しみや痛み。　**キ**　学校の授業を保護者が見学すること。　**ク**　なるほどと思うこと。　**ケ**　事態が大変であること。　**コ**　物事を思いうかべること。

問２　千波は，咲良にとっておばさんにあたるが，「おばさんという感じではない」し，「咲良のあこがれ」でもあるので，「親しみをこめて『千波ちゃん』と呼んで」いるのである。

問３　千波が「待ってたよ」と言ったのは，あらかじめお母さんから，「りんご」を咲良が届けに行くという連絡《れんらく》があったからである。

問４　千波の「家」については，「いい香《かお》りのする玄関《げんかん》」，「モデルルームみたい」などの表現で，具体的に書かれている。

問５　ふだんは紅茶をめったに飲まないので，茶葉の種類を選ぶという体験が，大人っぽく感じられたのである。

問６　「学校と聞いて，どきっと」したのは，将人《まさと》が先生にしかられて学校に行けなくなるという事件があったことを，思い出したからである。

問７　続く部分に注目する。ふつうの大人は，子どものちょっとした表情の変化に気づかないのに，千波は「あ，その顔は何かあったな」と，するどく気づいて，「なんでも聞くよ」という顔で待ってくれるほか，大人が言いそうなことを言わないし，感覚も子どもに近いものを持っている，と書かれている。

問８　(1)「口が重い」は，あまり話したくない気持ちになっていること。　(2)　**1**「腹を割る」は，本心を打ち明けること。　**2**「鼻が高い」は，得意な気持ちになること。　**3**「後ろ指をさされる」は，かげ口をたたかれること。

問９　Ⅰ　弱腰《よわごし》にならず，どこまでも戦うべきだということなので，「徹底《てってい》的」とするのがよい。
Ⅱ　咲良は，あきらめたくはないが，「現実的」には，何もできないという無力さを口にしている。

問10　「何もしないうちにあきらめるんだ？」と問いかけることで，咲良をたきつけて，やる気を出させようとしているのである。

問11　「口ごもる」は，思うように言葉が出てこないこと。

問12　**ア～オ**　咲良は，大人の言葉を「絶対で，正しい」と思って，「大人が喜ぶような」ことを言ったりしたりしていたが，「いい子」でいることがだんだん「息苦しく」なってきて，「どうしてがんばらなくちゃいけないんだろう」という疑問が，大きくなっていったのである。

問13　これ以上話しても，千波を困らせるだけなので，話すべきではないと思ったが，千波が自分の思いを伝えることを後押《あとお》ししてくれたことで，これまでおさえていた思いが，あふれ出てきたのである。

問14　(1)，(2)　授業参観で，「わたしたちも未来のために，命を産んでいかなくちゃいけません」という先生の言葉を，咲良は正しいとは思えなかったが，「命を産むことだけが正しいわけじゃない」と反論できなかったことを，後悔《こうかい》しているのである。

問15　(1)　相手のつらい気持ちに寄りそう意味で，肩《かた》に手を回すようすは「そっと」である。(2)

力をこめるようすは，「ぎゅっと」である。　(3)　声を出して泣くようすは，「わっと」である。

(4)　笑うようすは，「ふふっと」である。

問16　咲良が，「産めなくてもいいじゃない」と先生に言えなかったことが，ずっと心にひっかかっていたのは，子どもを産めない千波のことを裏切った気がしたからである。

問17　強い後悔をかかえる咲良をなぐさめ，前向きになってほしいという気持ちからの行動なので，エの「取り消したい」が誤りである。

問18　千波は，「こんなふうに悩《なや》む咲良も，愛《いと》おしいよ」と言っている。

問19　ここでの「過去」は，「優等生」としてふるまっていた咲良のことであり，「前に進む」とは，誰《だれ》に対しても自分の意見を言えるようになることである。

Dr.福井の

入試に勝つ！脳とからだのウルトラ科学

記憶に残る“ウロ覚え勉強法”とは？

人間の脳には，ミスしたところが記憶に残りやすい性質がある。順調にいっているときの記憶はあまり残らないが，まちがえて「しまった！」と思うと，その部分がよく記憶されるんだ（これは，脳のヘントウタイという部分の働きによる）。その証拠に，おそらくキミたちも「あの問題を解けたから点数がよかった」ことよりも，「あの問題をまちがえたから点数が悪かった」ことのほうをよく覚えているんじゃないかな？

この脳のしくみを利用したのが“ウロ覚え勉強法”だ。もっと細かく紹介すると，テキストの内容を一生懸命覚え，知識を万全にしてから問題に取り組むのではなく，テキストにざっと目を通した程度（つまりウロ覚えの状態）で問題に取りかかる。もちろんかなりまちがえると思うが，それを気にすることはない。まちがえた部分はよく記憶に残るのだから……。言いかえると，まちがえながら知識量を増やしていくのが“ウロ覚え勉強法”なのである。

ここで，ポイントが2つある。1つは，ヘントウタイを働かせて記憶力を上げるために，まちがえたときは「あ～っ！」とわざとらしく驚くこと。オーバーすぎるかな……と思うぐらいでちょうどよい。

もう1つのポイントは，まちがえたところをそのままにせず，ここできちんと見直すこと（残念ながら，驚くだけでは覚えられない）。問題の解説を読んで理解するのはもちろんだが，必ずテキストから見直すようにする。そうすれば，記憶力が上がったところで足りない知識をしっかり身につけられるし，さらにその部分がどのように出題されるかもわかってくる。頭の中の知識を実戦で役立てられるようにするわけだ。

Dr.福井（福井《ふくい》一成《かずしげ》）…医学博士。開成中・高から東大・文Ⅱに入学後，再受験して翌年東大・理Ⅲに合格。同大医学部卒。さまざまな勉強法や脳科学に関する著書多数。

Memo

Memo

2022年度　駒沢学園女子中学校

〔電　話〕　(042) 350－7123
〔所在地〕　〒206－8511　東京都稲城市坂浜238
〔交　通〕　稲城駅，新百合ヶ丘駅，あざみ野駅，稲城長沼駅よりバス

【算　数】〈第１回午前一般試験〉（45分）〈満点：100点〉

【注意】１ 計算の途中式や考えは採点されますので、消さないでください。
　　　　２ 円周率は3.14とします。

1 次の□にあてはまる数を求めなさい。

(1)　$50-3\times4+6=$□

(2)　$9+\{10-(6-2)\}=$□

(3)　$4\frac{3}{4}-\frac{1}{2}\times0.5=$□

(4)　$30\div5+21\times2=$□

(5)　$3.5\div\frac{5}{2}-0.3=$□

(6)　$50-($□$+10\div2)=30$

2 次の問いに答えなさい。

(1)　5％の食塩水 100ｇと 8％の食塩水 200ｇを混ぜると何％の食塩水ができますか。

(2)　20の約数をすべて書きなさい。

(3)　ノート３冊と 50円の消しゴムを１個買うと，代金は 410円です。このとき，ノート１冊の値段は何円ですか。

(4)　右の図で①～④の角の和は何度ですか。

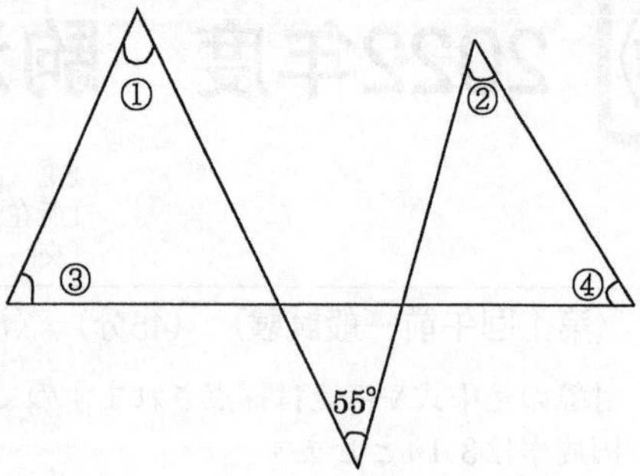

(5)　秒速 18m，長さ 120m の電車と，秒速 12m，長さ 150m の電車がすれ違うのにかかる時間は何秒ですか。

(6) 現在，母の年令は 34 才，子どもの年令は 9 才です。母の年令が子どもの年令の 6 倍であったのは，今から何年前ですか。

3　ある仕事を 1 人ですると，1 日 8 時間働いて 50 日かかります。何人かで毎日 6 時間ずつ 10 日間働きましたが，全体の 45％しかできませんでした。すべての人は同じ量の仕事をします。このとき，次の問いに答えなさい。

(1)　ここまで何人で仕事をしましたか。

(2)　このあと同じ人数で毎日 8 時間ずつ何日間か働いたら全体の 75％までできました。何日間働きましたか。

(3)　(2) のあと 2 日間，毎日 8 時間働いて仕事を完成するには，人数を少なくとも何人増やせばよいですか。

4 右のグラフは，底面積が 200 cm^2 の四角柱の容器に水を入れながら，途中で底のせんを開いて水を出したときの時間と水の深さを表したものです。このとき，次の問いに答えなさい。

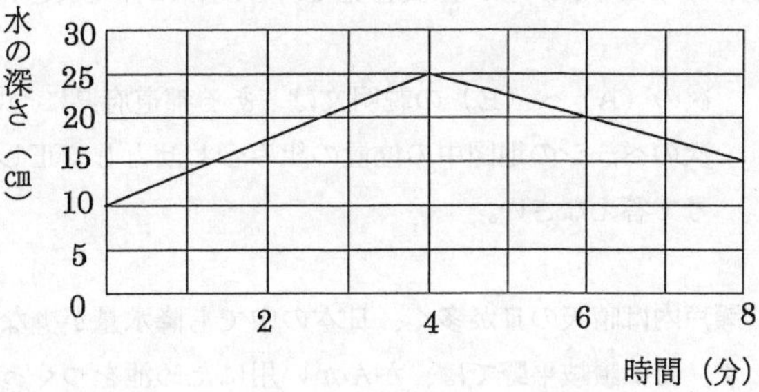

(1) 最初に入っている水の体積は何cm^{3}ですか。

(2) 水は毎分何cm^{3}の割合で容器に入っていますか。

(3) 底のせんから毎分何cm^{3}の割合で水は流れ出ていますか。

(4) もし，底のせんを2分はやく開けると，水の深さが 10 cmになるのは，水を入れはじめて何分後ですか。

5 2つの数字の大きい数から小さい数を引いた差を〈a, b〉と表します。例えば，〈2, 5〉＝5－2＝3となります。このとき次の問いに答えなさい。

(1) 〈10, 25〉を計算しなさい。

(2) 〈2,〈10, 5〉〉を計算しなさい。

(3) 次の計算の □ にあてはまる数をすべて求めなさい。

〈 □ , 8〉＝0.1

【社　会】〈第１回午前一般試験〉（理科と合わせて60分）〈満点：100点〉

〈編集部注：実物の試験問題では，**1**のグラフはカラー印刷です。〉

1　次に示す文章、グラフ、表を見て、各問いに答えなさい。

（１）　次の（Ａ）～（Ｅ）の説明文は、ある都道府県について説明したものです。それぞれの都道府県名と次のページの地図中の位置の組み合わせとして正しいものを、それぞれ（ア）～（エ）より選び、記号で答えなさい。

（Ａ）瀬戸内は晴天の日が多く、日本の中でも降水量が少ない地域です。特に讃岐《さぬき》平野では、かんがい用にため池をつくって農業用水に利用してきました。瀬戸大橋を利用して本州へ通勤・通学する人もいます。

	都道府県名	位置
（ア）	香川県	㊲
（イ）	広島県	㉞
（ウ）	福岡県	㊵
（エ）	福島県	⑦

（Ｂ）サンゴ礁《しょう》や熱帯魚が見られる海や、ハイビスカスやパイナップル畑など南国特有の雰囲気《ふんいき》が魅力《みりょく》となり、例年多くの観光客が訪れています。2019年に火災が起こった首里城では復元作業が行われています。

	都道府県名	位置
（ア）	東京都	⑬
（イ）	大阪府	㉗
（ウ）	沖縄県	㊼
（エ）	愛知県	㉓

（Ｃ）日本アルプスをはじめとする高い山々に囲まれた盆地《ぼんち》は、夏と冬、昼と夜の気温差が大きいです。夏の冷涼《れいりょう》な気候を生かしたレタス栽培《さいばい》がさかんで、首都圏《けん》へ向けて高速道路を使って出荷されています。また、県北に位置する野尻湖《のじりこ》では、ナウマンゾウの化石が発掘《はっくつ》されています。

	都道府県名	位置
（ア）	北海道	①
（イ）	大分県	㊹
（ウ）	山形県	⑥
（エ）	長野県	⑳

（Ｄ）日本一の砂丘が広がり、砂地のため農業に不向きでしたが、近年、かんがい施設《しせつ》を取り入れるなどの工夫により、らっきょうなどの栽培《さいばい》がさかんです。日本海側の気候のため、冬には降水量が多くなります。

	都道府県名	位置
（ア）	富山県	⑯
（イ）	三重県	㉔
（ウ）	石川県	⑰
（エ）	鳥取県	㉛

（Ｅ）有名な伝統行事として、豊作への願いをこめて夏に行われる竿灯《かんとう》まつりや、無病息災をもたらす神が年末に家を訪れるなまはげなどがあります。原生林が広がる白神山地が隣《となり》の県にまたがっており、世界自然遺産《いさん》に登録されています。

	都道府県名	位置
（ア）	新潟県	⑮
（イ）	秋田県	⑤
（ウ）	栃木県	⑨
（エ）	熊本県	㊸

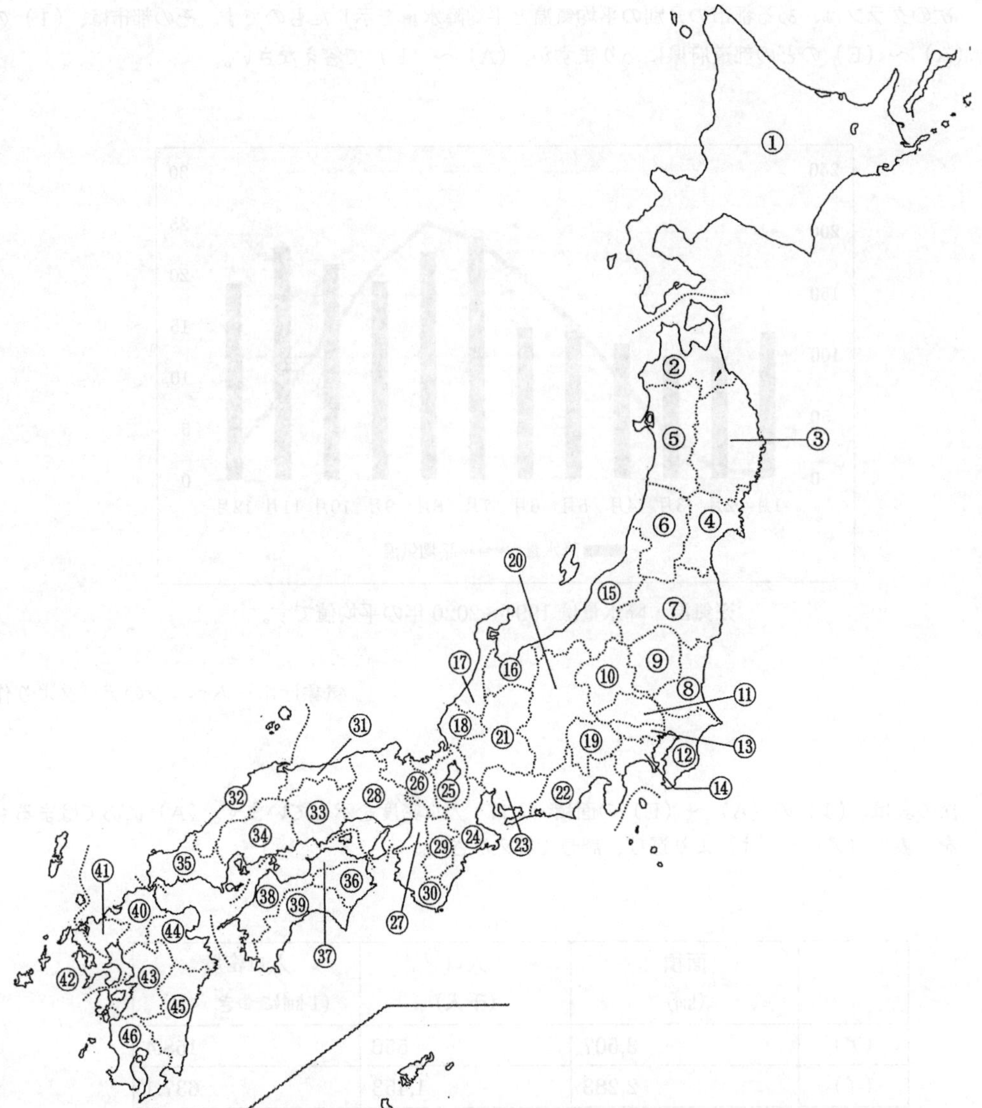
①
②
③
④
⑤
⑥
⑦
⑧
⑨
⑩
⑪
⑫
⑬
⑭
⑮
⑯
⑰
⑱
⑲
⑳
㉑
㉒
㉓
㉔
㉕
㉖
㉗
㉘
㉙
㉚
㉛
㉜
㉝
㉞
㉟
㊱
㊲
㊳
㊴
㊵
㊶
㊷
㊸
㊹
㊺
㊻
㊼

（２）　次のグラフは、ある都市の月別の平均気温と平均降水量を示したものです。その都市は、（１）の（A）～（E）のどの都道府県にありますか。（A）～（E）で答えなさい。

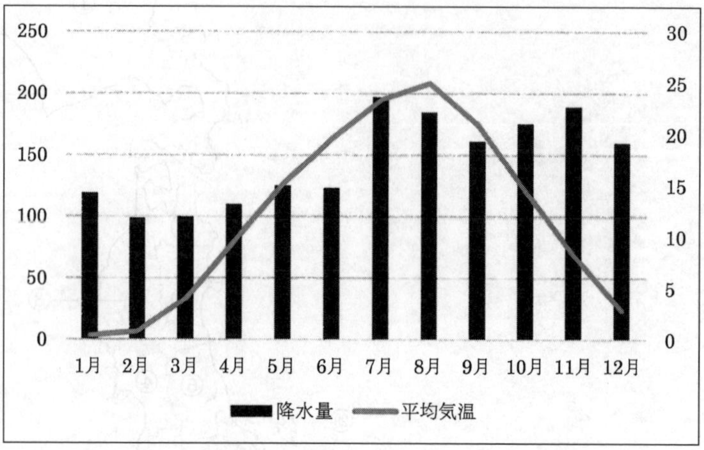

※気温・降水量は1991～2020年の平均値です。

気象庁ホームページのデータより作成

（３）　次の表は、（１）の（A）～（E）の面積・人口・人口密度《みつど》を示しています。（A）にあてはまるものを、表の（ア）～（オ）より選び、記号で答えなさい。

	面積（㎢）	人口（千人）	人口密度（1㎢につき　人）
（ア）	3,507	556	158.4
（イ）	2,283	1,453	637.1
（ウ）	13,562	2,049	151.1
（エ）	11,638	966	83.0
（オ）	1,877	956	509.6

※面積は2020年10月1日現在、人口と人口密度は2019年10月1日現在

『日本国勢図会 2021/22』をもとに作成

（４）　次の表は、ある農作物における収穫《しゅうかく》量の多い都道府県を順にまとめたものです。表中の（D）は（１）の（D）に対応しています。表にあてはまる農作物として正しいものを、下の（ア）～（エ）より１つ選び、記号で答えなさい。

順位	都道府県	収穫量（トン）
1	熊　本　県	52,100
2	千　葉　県	38,800
3	山　形　県	31,100
4	（D）	17,900
5	新　潟　県	17,300

出典　『日本国勢図会 2021/22』

（ア）ねぎ　（イ）すいか　（ウ）スイートコーン　（エ）だいこん

2　次の表を読み、各問いに答えなさい。

記号	内　容
A	30 あまりの国をしたがえた邪馬台国の女王で、神に仕える巫女《みこ》であったと伝えられています。また、中国に使者を送り、金印・銅鏡などを授けられました。
B	正式な使者として中国に派遣《はけん》され、「日いづるところの天子、書を日ぼっするところの天子にいたす……」で始まる日本の国書を、皇帝煬帝《こうていようだい》にわたしました。
C	下総《しもうさ》国を中心に一族の争いから国司とも対立し、関東地方で反乱を起こし、新皇と名のりました。この反乱は、平貞盛《たいらのさだもり》・藤原秀郷《ふじわらのひでさと》らによってしずめられました。
D	平治の乱の後、伊豆《いず》に流されていましたが、北条氏の力を借りて兵をあげ平氏を滅《ほろ》ぼしました。全国に守護・地頭をおき、朝廷《ちょうてい》から征夷大将軍に任じられ、鎌倉に幕府を開きました。
E	南北朝を統一し、京都に花の御所を建て政治を行いました。また、鹿苑寺《ろくおんじ》金閣を建て、中国と勘合貿易を開始しました。
F	中国に渡って水墨画《すいぼくが》を学んだ禅僧《ぜんそう》で、帰国後日本的な水墨画の様式を完成させ「秋冬山水図」などの素晴らしい作品を多く残しました。
G	大阪城を築いて拠点《きょてん》とし、関白・太政大臣にもなりました。太閤検地や刀狩りを行い、天下統一後には、２回にわたって朝鮮に兵を送りました。
H	下総国佐原《さはら》の商人で、のちに江戸で天文学を学び、幕府の命令により全国の沿岸を測量し、正確な「大日本輿地全図《だいにっぽんよちぜんず》」という地図をつくりました。
I	土佐藩出身で明治政府に加わりましたが、政府内で朝鮮に対する自分の意見が入れられなかったため、政府を去りました。その後、仲間と議会を開いて国民を政治に参加させるよう政府に訴《うった》える運動を起こし、自由党を結成しました。

J	米騒動《こめそうどう》による政治の混乱を治めるために、華族でも藩閥《はんばつ》でもない衆議院に議席を持つ総理大臣として就任しました。「平民宰相《さいしょう》」と呼ばれ、国民に歓迎《かんげい》されましたが、のちに東京駅で暗殺されました。
K	総理大臣でしたが、海軍将校らが首相官邸《かんてい》などを襲《おそ》った五・一五事件で射殺されました。
L	「所得倍増」をスローガンに総理大臣に就任し、高度経済成長を推し進めるための経済政策を展開しました。「政経分離《ぶんり》」の方針のもと、中華人民共和国との貿易拡大も目指しました。

（１）表のＡ～Ｌの説明文にあてはまる人物名を、下の語群よりそれぞれ１つ選び、記号で答えなさい。ただし、Ａ～Ｌの説明文は時代順にならんでいます。

語群

ア、平清盛	イ、雪舟	ウ、聖徳太子	エ、豊臣秀吉	オ、足利義満
カ、平将門	キ、伊能忠敬	ク、卑弥呼	ケ、板垣退助	コ、源頼朝
サ、小野妹子	シ、足利尊氏	ス、犬養毅	セ、池田勇人	ソ、原敬

（２）次の（あ）・（い）の人物が活躍《かつやく》したのは、Ａ～Ｌの説明文のどれとどれの間の時期ですか。記号で答えなさい。解答は例にしたがって、連続する記号で答えなさい。

（例）　ＡとＢ、ＭとＬ

（あ）藤原道長　　　　（い）徳川家康

（３）表のＡ～Ｌの説明文から、室町時代に活躍した人物を２人選ぶとしたらどの説明文の人物ですか。記号で答えなさい。解答は（２）の例にしたがって、連続する記号で答えなさい。

（４）次の（あ）～（う）の出来事は、表のＡ～Ｌの説明文のどれとどれの間の時期に起こったことですか。記号で答えなさい。解答は（２）の例にしたがって、連続する記号で答えなさい。

（あ）太平洋戦争　　　　（い）日露戦争　　　　（う）承久の乱

3 次の文を読んで、下の問いに答えなさい。

日本では、第二次世界大戦後、国民が生活していくうえで必要な決まりを作っていきました。その中で、アメリカを中心としたGHQが草案を作り、1947年５月３日に（　①　）を施行《しこう》しました。この（①）は、(A)以前までの（　②　）とは内容や考え方が違いました。

（①）は国の政治のしくみについても定めていて、その中で、権力を３つに分ける（　③　）という考え方を採用し、権力の集中を避《さ》けています。

（①）の基本原理は３つあります。１つ目が、国の政治の決定権は国民がもち、(B)政治は国民の意志にもとづいて行われるべき、という「国民主権」です。２つ目は、戦争を放棄《ほうき》して世界の平和のために努力するという「（　④　）」です。３つ目は、私たちが自由に人間らしく生きていくことができるようにする、という「（　⑤　）」です。

以上、３つの基本原理にもとづいて、私たちの社会が成り立っているのです。

（１）文中の（　①　）～（　⑤　）にあてはまる語句を、次の語群より１つ選び、それぞれ記号で答えなさい。ただし、同じ番号には同じ語句がはいります。

語群

ア、大日本帝国憲法	イ、自由民権運動	ウ、平和主義	エ、日本国憲法
オ、規則	カ、立憲主義	キ、三権分立	ク、基本的人権の尊重
ケ、帝国議会			

（２）文中の下線部(A)の内容や考え方の違いとして、文中の（　②　）ではだれに主権があると定められていましたか。次の（ア）～（エ）よりあてはまるものを１つ選び、記号で答えなさい。

（ア）王　　（イ）国家　　（ウ）天皇　　（エ）警察

（３）文中の下線部(B)に関して、2021年10月31日に行われた選挙は何の選挙でしたか。次の（ア）～（エ）よりあてはまるものを１つ選び、記号で答えなさい。

（ア）参議院議員　　（イ）貴族院議員　　（ウ）東京都知事　　（エ）衆議院議員

（４）（３）の選挙で勝利した政党はどこですか。次の（ア）～（エ）よりあてはまるものを１つ選び、記号で答えなさい。

（ア）自民党　　（イ）共和党　　（ウ）労働党　　（エ）緑の党

【理　科】〈第１回午前一般試験〉（社会と合わせて60分）〈満点：100点〉

1　夏の晴れた日の6年生の駒子さんと1年生の妹・沢子さんの会話を読み、あとの問いに答えなさい。

沢子「お姉ちゃん、私が学校から持って帰ってきた(ア) アサガオの水やり手伝って。」
駒子「いいわよ。」
沢子「春にね、学校でアサガオの(イ) 種《たね》をまいたら、こんなにも大きくなったんだよ。」
駒子「すごいね。(ウ) アサガオの花がたくさん咲《さ》いているね。」
沢子「アサガオってすごいね。水を飲むだけで、大きくなるんだから。」
駒子「あはは…（笑）水やりが終わったら(エ) 光合成のしくみを教えてあげるね。」
沢子「うん。」
駒子「私のときは1年生でアサガオ、2年生で(オ) ミニトマトを育てたよ。」
沢子「ミニトマト？楽しみだな。」

(1) 文中の下線部（ア）について、図1はアサガオの種をまき、発芽《はつが》した後のようすを観察したときのスケッチです。発芽して最初に出た2枚の葉の名前を答えなさい。

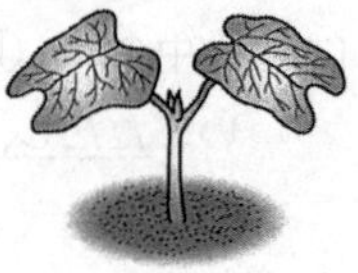

図１

(2) アサガオの本葉を次の①～④から選び、番号で答えなさい。

①　②　③　④

(3) アサガオと同じ時期に咲く花を次の①～④から2つ選び、番号で答えなさい。
　①　チューリップ　②　パンジー　③　ヘチマ　④　ホウセンカ

(4) アサガオと根の形が同じ植物を次の①～④から１つ選び、番号で答えなさい。
　①　トウモロコシ　②　イネ　③　タンポポ　④　スイセン

(5) 文中の下線部（イ）について、植物の種が発芽するために必要な３条件を全て答えなさい。

(6) 文中の下線部（ウ）について、アサガオの花のつくりを外側から順にならべたとき、正しいものを①～④から選び、番号で答えなさい。
　①　（外側）　がく・花びら・めしべ・おしべ　（内側）
　②　（外側）　がく・花びら・おしべ・めしべ　（内側）
　③　（外側）　花びら・がく・めしべ・おしべ　（内側）
　④　（外側）　花びら・がく・おしべ・めしべ　（内側）

(7) 右の図2はアサガオのめしべの先端《せんたん》をスケッチしたものである。この部分を何といいますか。また、めしべの先端をさわるとねばねばしていた。アサガオのめしべの先端がねばねばしている理由を答えなさい。

図２

(8) 文中の下線部（エ）について、駒子さんが説明した次の文章中の空らんAにあてはまる気体名と空らんBにあてはまることば、空らんCにあてはまる薬品名を答えなさい。

光合成とは、植物の緑色の葉が光を受けて、根から吸収した水と、葉の気孔《きこう》から取り入れた（　A　）から、（　B　）などの養分をつくるはたらきのこと。（　B　）が作られたかどうかは、（　C　）を葉にたらし、青むらさき色に変化するかどうかで確認できる。

(9) 文中の下線部（オ）について、ミニトマトの花の写真を次の①～④から1つ選び、番号で答えなさい。

①

②

③

④

2 FCV（燃料電池自動車）は、(ア)二酸化炭素や(イ)窒素《ちっそ》酸化物などの排気《はいき》ガスを出さない自動車として注目を集めています。(ウ)ガソリンの代わりに(エ)水素ガスを利用し、(オ)空気中の酸素と反応させて発生する電気エネルギーで動きます。このとき、発生する物質は水蒸気《すいじょうき》だけです。あとの問いに答えなさい。

(1) 下線部（ア）について、図のように石灰水入りの試験管に二酸化炭素を入れ、振《ふ》り混ぜると石灰水にどのような変化が見られますか。

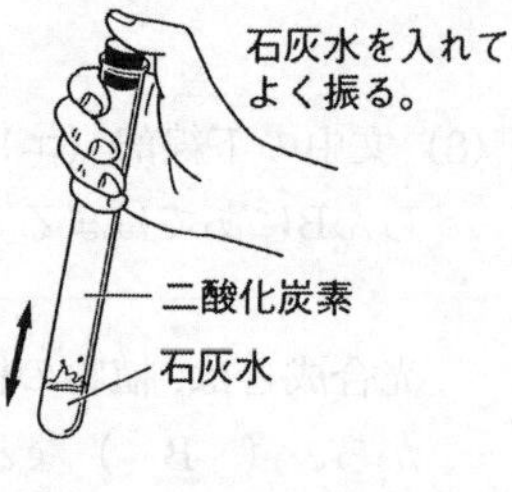

(2) 下線部（ア）について、大気中の二酸化炭素濃度《のうど》が高くなると、地球全体の平均気温が上昇《じょうしょう》する効果が現れるといわれています。このような効果をもつガスのことを、何といいますか。

(3) 下線部（イ）について、窒素酸化物は、「ある環境《かんきょう》問題」の原因物質の1つだと考えられています。「ある環境問題」とは何ですか。次の①～④から選び、番号で答えなさい。

① 地球温暖化　② オゾン層の破壊《はかい》　③ ごみ問題　④ 酸性雨

(4) 下線部（ウ）について、ガソリンのように炭素が主成分であるものを有機物といい、燃やすと二酸化炭素と水が発生します。次の①～⑤のうち、有機物であるものを全て選び、番号で答えなさい。

① 鉄　② 木　③ ガラス　④ プラスチック　⑤ アルミニウム

(5) 下線部（エ）について、水素が発生する実験を次の①～④から選び、番号で答えなさい。

① 鉄くぎに、うすい塩酸を加える
② 塩化アンモニウムと水酸化カルシウムをまぜて、加熱する
③ 二酸化マンガンに、オキシドールを加える
④ 石灰石に、うすい塩酸を加える

(6) 下線部（エ）について、実験で発生した気体を集めるには下の①～③の方法があります。水素を集めることができるのはどれですか。2つ選び、①～③の番号で答えなさい。また、その方法で集めることができるのは、水素にどのような性質があるからですか。説明しなさい。

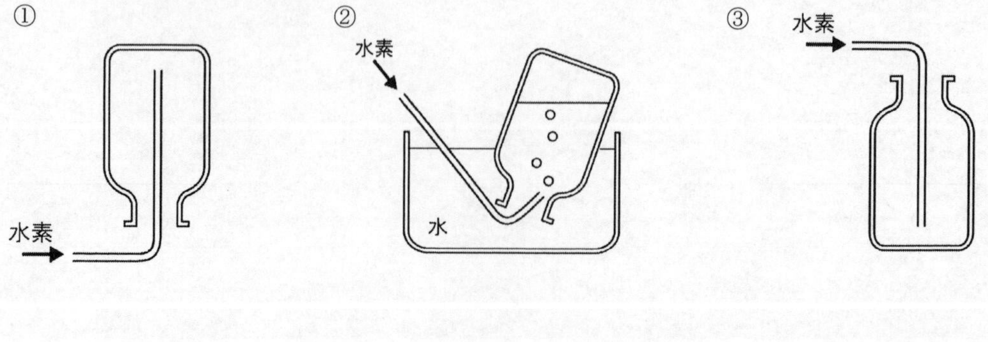

(7) 下線部（オ）について、右のグラフ１は空気中に存在する気体の割合を体積比で示したものです。①～③のうち、酸素はどれですか。番号で答えなさい。

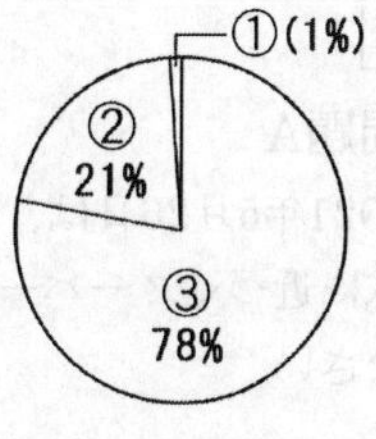

グラフ1

(8) 下線部（オ）について、酸素の性質を説明している文章を次の①～⑤から選び、番号で答えなさい。

① 気体に線香の火を近づけると、炎をあげて燃える
② 気体にマッチの火を近づけると、ポンっと音を出して燃える
③ 気体にマッチの火を近づけると、火が消える
④ 水に溶かした場合、その水溶液は酸性を示す
⑤ 水に溶かした場合、その水溶液はアルカリ性を示す

(9) 下のグラフ２は、FCVとそれ以外の自動車の二酸化炭素の排出《はいしゅつ》量（走行 1km あたり）を表しています。FCVとガソリン車がともに 30km 走行したとき、FCVの方が何 g の二酸化炭素を減らすことができますか。ただし、FCV も二酸化炭素を排出しているのは、走行時に出ているのではなく、燃料の水素をつくるのに発生する二酸化炭素の量をあらわしている。

二酸化炭素の排出量（走行1kmあたりの質量〔g〕）

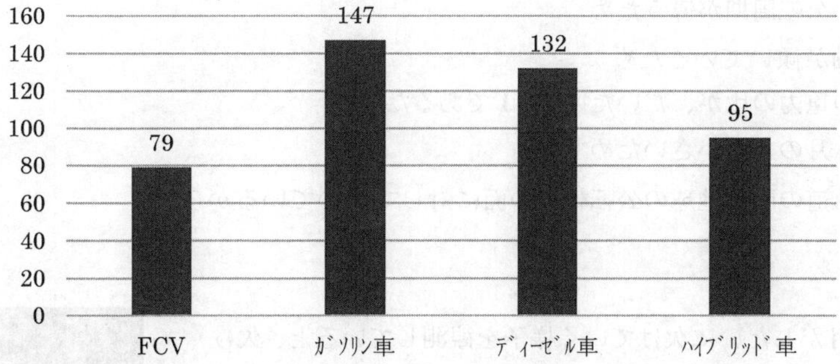

グラフ2

3

問題A

2021年5月26日は、日本の多くの場所で皆既《かいき》月食を観測することができました。また、普段《ふだん》よりも月が地球に近づくスーパームーンの時期とも重なり、注目を集めました。このことについて、あとの問いに答えなさい。

(1) 2021年5月26日に観測された月の形は、次のうちどれだったと考えられますか。次の①～⑤のうちから1つ選び、番号で答えなさい。

① 新月　② 三日月　③ 上弦《じょうげん》の月　④ 下弦《かげん》の月　⑤ 満月

(2) (1)の日から約1週間後の月の形は、次のうちどれになると考えられますか。次の①～⑤のうちから1つ選び、番号で答えなさい。

① 新月　② 三日月　③ 上弦《じょうげん》の月　④ 下弦《かげん》の月　⑤ 満月

(3) 月食が観測できる日の、月、地球、太陽の並びとして、最も適当なものを①～③のうちから1つ選び、番号で答えなさい。

① 月－地球－太陽　② 地球－月－太陽　③ 月－太陽－地球

(4) 月は、地球のまわりを約27.3日で公転しています。そのため、1ヶ月に1回程度の割合で月食を観測できそうです。しかし、月食は1ヶ月に1回も観測できません。その理由として最も適当なものを①～⑤のうちから1つ選び、番号で答えなさい。

① 地球と月の公転周期が違《ちが》うため
② 地球の地軸《ちじく》が傾《かたむ》いているため
③ 地球と月の重力の比が、だいたい6：1であるため
④ 地球よりも月の方が小さいため
⑤ 月の公転軌道《きどう》の面が地球の公転軌道の面に対して傾《かたむ》いているから

(5) 右図のように、月がしだいに欠けていく様子を観測していると、欠け際《きわ》がぼやけているように見えます。一方、日食を観察しているときには、欠け際がぼやけて見えることはありません。その理由について説明した次の文章中の空らん [ア] ～ [ウ] にあてはまる言葉を答えなさい。

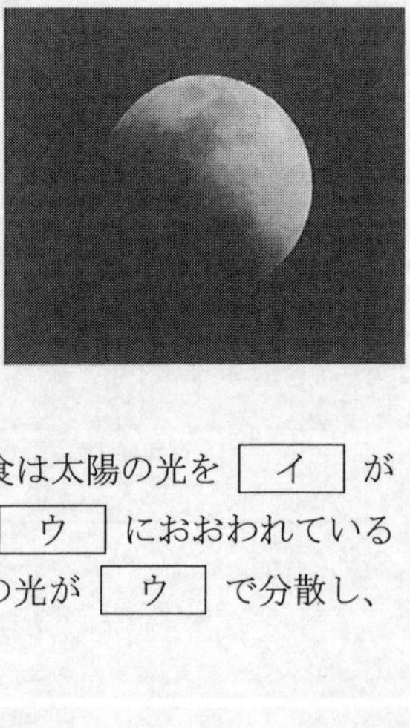

日食は、太陽の光を [ア] がさえぎるため起こる現象である。一方、月食は太陽の光を [イ] がさえぎるため起こる現象である。[ア] と [イ] の違いの一つとして、[ウ] におおわれているかどうかの違いがある。[イ] には [ウ] があるため、月食では太陽の光が [ウ] で分散し、欠け際《きわ》がぼやけてしまうため。

問題 B

月は、約 27.3 日で地球のまわりを公転しています。しかし、月の満ち欠けは、新月から次の新月まで約 29.5 日かかります。その理由について説明した次の文章を読み、あとの問いに答えなさい。ただし、図の  、 、 は月、地球、太陽のいずれかを模式《もしき》的にあらわしたものである。

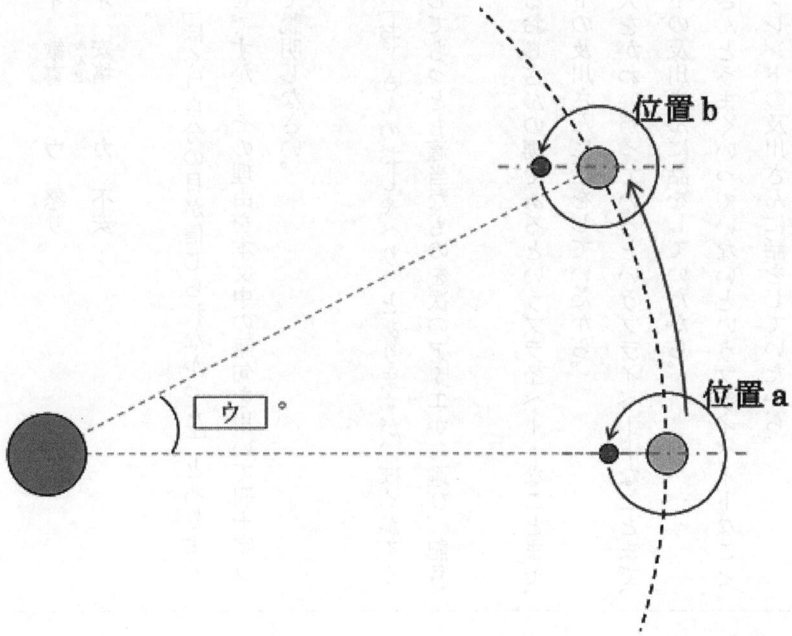

新月が観測できる日の月、地球、太陽の並びは図の位置 a のように、太陽 － [ア] － [イ] の順に一直線上に並んでいます。月の公転周期は約 27.3 日なので、約 27.3 日経過すると月は地球の周りを 1 周します。しかし、その間に地球も太陽の周りを約 [ウ] ° 公転します。そのため、太陽、地球、月の位置関係は、図の位置 b の位置のようになります。その結果、太陽、地球、月の位置関係は、一直線に並んでいないので、新月は観測できません。次の新月を観測するためには、[エ] が地球の周りを、さらに [オ] ° 公転しなければなりません。よって、新月から次の新月までは約 27.3 日ではなく、約 29.5 日かかることになります。

(6) 文章中の空らん [ア] 、[イ] にあてはまることばを答えなさい。

(7) 1年を365日、月の公転周期を27日として、[ウ] にあてはまる角度を求めなさい。ただし、割り切れなかった場合は、小数第2位を四捨五入して、小数第1位まで求めなさい。

(8) 文章中の空らん [エ] にあてはまることばを答えなさい。

(9) 1年を365日、月の公転周期を27日として、[オ] にあてはまる角度を求めなさい。ただし、割り切れなかった場合は、小数第2位を四捨五入して、小数第1位まで求めなさい。

問十二　――線⑧「胸がはち切れそう」・⑨「胸をふさいでいた大きなつかえが、スルスルとおりていく」とありますが、ここからわかるこの時のぼくの気持ちとしてもっとも適当なものを、次の**ア**～**カ**からそれぞれ選び、記号で答えなさい。

ア　愉快《ゆかい》　**イ**　歓喜《かんき》　**ウ**　怒《いか》り
エ　緊張　**オ**　安堵《あんど》　**カ**　不安

問十三　――線⑩「ぼくは自分の目が信じられなかった」とありますが、それはなぜですか。その理由を本文中の語句を用いて四十字以上五十字以内で説明しなさい。

問十四　――線⑪「おじさんのおしゃべり」とありますが、ぼくがそう思った理由としてもっとも適当なものを次の**ア**～**エ**から選び、記号で答えなさい。

ア　ぼくがすぐるおじさんの甥であるというプライベートなことまで、ガールフレンドの及川さんに話をしていたから。
イ　ぼくが最近犬をかわいがっているというプライベートなことまで、ガールフレンドの及川さんに話をしていたから。
ウ　ぼくがお父さんとうまくいっていないというプライベートなことまで、ガールフレンドの及川さんに話をしていたから。
エ　ぼくのお腹が弱いというプライベートなことまで、ガールフレンドの及川さんに話をしていたから。

問十五　――線⑫「ぼくの胸の底でわだかまっていた思いも、みるみる解けていく。代わりに、あたたかいものが満ちてきた」とありますが、この時のぼくの気持ちとしてもっとも適当なものを次の**ア**～**エ**から選び、記号で答えなさい。

ア　お母さんがお父さんにぼくの気持ちを伝えてくれないという不満を持っていたが、及川さんとすぐるおじさんのことがきっかけでマックも見つかり、さらにお父さんの本当の気持ちを知ることができてうれしくなっている。
イ　ぼくのかくしておきたい秘密を初対面の及川さんに知られてしまったことに不満を持っていたが、結婚の話題がきっかけで、ひさしぶりに笑ったお父さんの姿から家族の明るい未来を感じてほっと安心している。
ウ　お父さんがぼくの気持ちを理解してくれないという悲しみをずっとかかえてきたが、マックがきっかけとなってお父さんが自分のことを認めてくれたことがわかり、家族の絆《きずな》がさらに深まったことに喜びを感じている。
エ　迎《むか》えに行った時、マックがぼくよりリクを歓迎《かんげい》していることが気に入らず楽しめなかったが、元気よく吠えるマックのおかげでみんなに笑顔がもどり、さらに及川さんがすぐるおじさんの恋人だという不思議な縁《えん》に驚いている。

これまでの自分は家族より［ア（五字）］させて、息子の思いに向き合おうとしてこなかったが、その息子は父親である自分の［イ（五字）］に気づき、思いやり、いたわりさえ見せてくれた。しかし、自分は息子の［ウ（五字）］に気づけないばかりか、鳴き声がうるさいという理由だけで息子が大事にしている犬をはげしい雨の中に放り出してしまったことを身勝手だと言っている。

問八　――線④「いつのまにか、わたしよりずっと先を歩いていた」とありますが、この時のお父さんの気もちとしてもっとも適当なものを次の**ア～エ**から選び、記号で答えなさい。

ア　自分ができることを一生懸命《けんめい》に行っている息子の姿と比較《ひかく》して、仕事のことで頭がいっぱいのあまり、現実の家族を守ろうとしなかった自分をなさけなく恥ずかしいと思っている。

イ　仕事の不調の原因を家族のせいにしていた自分とは異なり、動物と触《ふ》れ合うことで体力的にも精神的にも安定した息子をうらやましく感じている。

ウ　これまでの息子の姿に、気が小さくておく病だった昔の自分を重ねて複雑な思いを感じていたが、実は優しさと行動力は親ゆずりのものであったと感心している。

エ　息子が犬を飼うことをきびしい現実の世界から逃げているだけだとしか考えられなかった自分とは違《ちが》い、色々なことから逃げずに立ち向かっている息子の姿に成長を感じている。

問九　――線⑤「目を細めて」とありますが、次の問いにそれぞれ答えなさい。

Ⅰ　「目を細める」とはどのような意味ですか。もっとも適当なものを次の**ア～エ**から選び、記号で答えなさい。

ア　周囲やすこし遠くへ視線を向けること。

イ　じっと見つめること。

ウ　いかりできつい目でにらむこと。

エ　喜びやいとしさでほほえんだ顔をすること。

Ⅱ　次の［　］に体の一部を表す語を漢字一字で入れて、意味に合うように慣用句を完成させなさい。

①［　］を組む　（同じ目的のために力を合わせること）
②［　］をのばす　（さらに遠くまで行くこと）
③［　］をかかえる（とてもおかしくて大笑いすること）
④［　］を開く　（だまっていた人が話し出すこと）

問十　――線⑥「わたしも努力しようと思ってるよ」とありますが、お父さんはどのようなことを努力しようとしているのですか。解答用紙の「努力しようとしている。」に続くように本文中の言葉を用いて二十字以内で答えなさい。

問十一　――線⑦「笑いをこらえた顔で、リクがぼくにこぶしをかまえてみせた。ぼくも口元がほころびるのを止められない」とありますが、このときの「ぼく」と「リク」の気持ちを三十字以上四十字以内で書きなさい。

それからは、及川さんとすぐるおじさんの話になり、二人が登山のサークルで知り合い、つい最近、結婚《けっこん》のコヤクソクをしたこともわかった。おじさん、とうとう及川さんのハートを射止めたんだ。ヤッタね。

「すぐるさんたら、そのうち彼女《かのじょ》を連れてくるって言ってたけど、こっちからきちゃったわけね」

お母さんが、はしゃいだように言うと、ころあいよく、マックがワンと吠《ほ》えた。

みんなが笑った。お父さんが笑うのを見たのは、何年ぶりだろう。

目を細めて笑うお父さんの横顔を見ていると、かたくなった心が、やわらかくほぐれていくのが見えるようだった。

⑫ぼくの胸の底でわだかまっていた思いも、みるみる解けていく。代わりに、あたたかいものが満ちてきた。

問一　～～線ア～コについて、カタカナは漢字で、漢字は読みをひらがなで、それぞれ書きなさい。

問二　（　１　）～（　３　）に当てはまる語句としてもっとも適当なものを次のア～カからそれぞれ選び、記号で答えなさい。

ア　びちょびちょ　**イ**　くんくん　**ウ**　ぎゅうぎゅう

エ　ゾロゾロ　**オ**　キョロキョロ　**カ**　スースー

問三　［Ⅰ］に当てはまる言葉としてもっとも適当なものを次のア～エから選び、記号で答えなさい。

ア　春風のように　**イ**　マグマのように

ウ　弾丸《だんがん》のように　**エ**　振り子時計のように

問四　――線①「これじゃ、あなたたちが飼い主にまちがいなさそうね」とありますが、及川さんがそう思った理由がもっともわかりやすく書かれているひと続きの三文を本文中からさがし、最初と最後の五字を書きぬきなさい。（句読点を含む）

問五　――線②「とがめる」とありますが、同じ意味・使い方のものとしてもっとも適当なものを次のア～エから選び、記号で答えなさい。

ア　弟のいたずらをとがめる。

イ　自分の良心がとがめる。

ウ　自分の発言に気がとがめる。

エ　指の傷がとがめる。

問六　［Ⅱ］に入る適切な語句を自分で考えて、十字以上二十字以内で答えなさい。

問七　――線③「わたし自身の身勝手さ」とありますが、ここでのお父さんの「身勝手さ」を説明した次の文章の、［ア］～［ウ］にあてはまる言葉を本文中からさがし、指定された文字数で書きぬきなさい。

及川さんは、お母さんと二人暮らしだそうで、部屋にはやさしい雰囲《ふんい》気《き》が漂《ただよ》っていた。

今日は、趣味《しゅみ》のコーラスの練習の日だそうで、お母さんはヵルスだった。

出窓のよこに、ゆったりとした籐《とう》のいすとテーブルが置かれていて、ぼくたちはそのいすにすわった。お父さんも、ほっとしたようすでいすにもたれた。

キコウフンが収まったマックが、お父さんのそばに行って、（３　）とにおいを嗅《か》いでいる。

おそるおそる、マックの頭をなでたお父さんの手を、マックがペロッとなめた。

ビクッと手を引っこめたお父さんを見て、ぼくたちは声を上げて笑った。

テーブルの真ん中には、むらさき色のアジサイが、花びんからはみ出しそうに生けられて、はなやかな雰囲気を作りだしていた。

何気なく出窓に目をやって、⑩ぼくは自分の目が信じられなかった。

小さなク写真立てがそこにあった。

紅葉した山をケハイケイに、及川さんが笑っている。そのよこに、寄り添《そ》うように立っているのは、なんとすぐるおじさんじゃないか。

「あ、あれ」

あわててぼくは写真立てを指さした。

「え？」

みんなが写真に目を向けた。

「あ！」

「ええっ！」

あっけにとられているところへ、及川さんがお茶を運んできた。

「あ、あの、この写真は？」

お母さんが、動転したようすで聞いた。

「それは、去年の秋に、立山《たてやま》に登ったときの写真ですけど」

「いえ、そうじゃなくて、よこの男性は？」

「永野さんですか？　それが何か？」

「それ、わたしの弟なんですよ」

お父さんが言った。

「え！　あ……そういえば、同じ名まえだとは思ったんですが、でもまさか……」

及川さんが絶句した。

「どうしたんだよ」

わけがわからないリクが、ぼくをつついた。

「うん、及川さんは、お父さんの弟、つまりぼくのおじさんのガールフレンドってことが、たった今わかったんだ」

「へえ、そういうこともあるんだ」

リクも驚《おどろ》いている。

「じゃあ、きみが修一くんね」

及川さんがぼくを見て言った。

「えっ、どうしてぼくのことを？」

「おなかの弱い甥《おい》がいるって、すぐるさんが話してたのよ」

ちぇっ、⑪おじさんのおしゃべり。

ていたが……」

お父さんは顔を上げて、まっすぐぼくを見た。

「④いつのまにか、わたしよりずっと先を歩いていた」

ちょっとまぶしそうに⑤目を細めて言った。

ドギマギした。どう受けとめたらいいのか、わからなかった。

「いや、失礼。よけいなことまでしゃべってしまいました。今、わたしにできることは、息子の手にこの犬を返してやることです。それをわたしからもお願いしたくて、ここへうかがいました。ご迷惑《めいわく》をおかけして、申しわけありません」

そう言うと、お父さんは腰《こし》を深く折って頭をさげた。

思いがけない展開に、ぼくは面くらった。

「ええっと、つまりこういうことでしょうか」

及川さんが、口ごもりながら言った。

「マックは、ゥセキニンを持ってご自宅で飼うと」

お父さんが、大きく首をたてにふった。

「ヤッタ！　あ、スミマセン。けど、あの、えっと、マックってすげえ可愛《かわい》いんです。おじさんも、絶対好きになりますよ。おれ、ェ保証しますから」

リクがつっかえながらも、熱っぽく言った。

「そうなるといいね。⑥わたしも努力しようと思ってるよ」

そう言って、お父さんがリクのほうを向きかけたとき、からだがぐらりとかたむいた。あわてて、ぼくとお母さんが支えた。

「だいぶお疲れのようですね。ちょっとあがって、休んでいかれませんか？」

「いや、そんなご迷惑は」

「いいえ、マックが結んでくれたご縁《えん》だと思って、ご遠慮《えんりょ》なさらずに……」

「お父さん、そうさせていただきましょう」

お母さんが、背中を支えながら言った。

「じゃあ、ォシンセツに甘《あま》えさせてもらうかな」

お父さんとお母さん、ぼくとリク、それにマックが（　２　）と家の中に入っていく。

⑦笑いをこらえた顔で、リクがぼくにこぶしをかまえてみせた。

ぼくも口元がほころびるのを止められない。

ぼくたちは、コツンとこぶしをつき合わせて、とびっきりの笑顔をかわした。

明日《あした》から、マックはうちの飼い犬になる。

好きなだけいっしょにいられる。

関さんの気もちも、うらぎらないですんだ。

それに、お父さんが、ぼくと向き合おうとしている。

歩きながら、お母さんがささやいた。

「修ちゃんの気もちが、お父さんに届いたのね」

⑧胸がはち切れそうだった。

同時に、⑨胸をふさいでいた大きなつかえが、スルスルとおりていくのを感じた。

案内されたのは、台所と居間《いま》を兼《か》ねた、こぢんまりとした部屋だった。

「どうしてこの子は、あんな雨の中を逃《に》げ出したりしたのかしら。ひと晩中、雨の中をウロついてたみたいよ。とても疲《つか》れたようすだったって、クリーニング屋さんも言ってたわ。そのへんをちゃんと説明してもらわないと、ああそうですかって、引きわたすわけにはいかないわ」

ぼくたちを②とがめるような口ぶりだった。

「あ、それは……」

ぼくが言いよどんでいたら、

「わたしのせいなんです」

うしろから、いきなりお父さんが声を上げた。ぼくたちはびっくりして、お父さんのほうをふり返った。

「どういうことでしょう？」

及川さんが首をかしげた。

お父さんは、大きく息を吸い込《こ》んでから、ゆっくりと吐《は》き出した。

「少し、説明させてもらってもいいでしょうか？」

「ええ、じゃあ、入り口ではなんですから、中にどうぞ」

言われて中に入った。ぼくたち四人が入ると、玄関先《げんかんさき》はそれだけで（　１　）になった。みんなが、それぞれ緊張《きんちょう》していた。

「初めてお会いする方に、こんな話をするのは恥《は》ずかしいのですが……」

お父さんは、首のうしろに手をやって、何度もまばたきをした。

「息子《むすこ》が、犬を飼いたいと言い出したとき、わたしはそくざにはねつけました。わたし自身、犬が苦手でしたが、気の弱い息子が、ペットに逃げ場を求めているようで、気に入らなかったんです。次の飼い主が見つかるまでと、条件をつけたものの、あの雨の晩、こいつの鳴き声がどうにもうるさくて、無理やり、はげしい雨の中に放り出しました。正直に言うと、この犬がどうなろうと、かまわないと思っていたんです」

お父さんの言葉が胸に刺《さ》さった。

やっぱりそうか。

マックのことなど、［　Ⅱ　］。

ここまでついてきたのは、ぼくがマックを連れて帰るのを、止めるためだったんだ。

マックがじゃまだと、はっきり言うためだったんだ。

及川さんは、まあひどい、というように、まゆをひそめて、両手を口元に当てた。

「ですが、この子たちは……」

お父さんは、ぼくとリクのほうを見た。

「毎日、いなくなった犬の行方《ゆくえ》をさがして、かけまわっていました。本気でこの犬のことを心配していました。だがわたしは、自分の仕事の悩《なや》みしか頭になくて、息子の気もちに向き合おうともしなかった。家族より仕事を優先させていたのです」

奥歯《おくば》をかみしめたように、お父さんのあごがぎゅっと盛り上がった。

「ところが、わたしが心身の不調に苦しんでいることに気づくと、思いがけないことに、息子はわたしを思いやり、いたわりさえ見せました。息子の犬への思い、わたしに対していだいていた気もちを知るにつれ、③わたし自身の身勝手さを、痛いほどに感じました」

お父さんは、恥じ入るように目を伏《ふ》せた。

「気が小さくて、おく病で、小さいころのわたしに、そっくりだと思っ

二〇二二年度 駒沢学園女子中学校

【国語】〈第一回午前一般試験〉（四五分）〈満点：一〇〇点〉

※字数制限のある問題の場合は、句読点や符号なども一字分として、字数にふくめて答えなさい。

次の文章は朝比奈蓉子《あさひなようこ》作『もう逃げない！』の一節です。

ぼく（永野修一《ながのしゅういち》）は、毎朝食事をするとすぐお腹が痛くなり、何度もトイレに行きたくなります。それをお父さんから理解してもらえず、つらい思いをしていました。そんな時に、同級生のリクから、リクの知り合いの関《せき》さんの犬、マックの散歩を頼まれました。マックとの散歩が楽しみになっていた矢先、関さんが急に娘の家に引っ越すことになりました。ぼくはお父さんと飼い主が見つかるまでというヤクソクをして、マックを自分の家にあずかることになりましたが、ある雨の夜、お父さんが小屋につないでいたリードをはずして、マックを外に追い出してしまいました。いなくなったマックを必死でさがすぼくとリクの元に、マックが見つかったという情報が入ってきました。

これに続く場面を読んで後の問いに答えなさい。

その家には「及川《おいかわ》」とア表札が出ていた。

インターホンのまえで、ぼくとリクが肩《かた》をつつき合っていたら、うしろからお母さんがさっとボタンを押《お》した。

「はい」

若い女性の声がした。

「さっきお電話さし上げた、永野でございます」

お母さんが、かしこまって名乗った。

お待ちください、という声のあと、扉《とびら》が開いて女性がイ姿を見せた瞬間《しゅんかん》、何かが[I]とび出してきた。

「マック！」

マックはぼくらを見ると、ダッシュで体当たりしてきた。所かまわずとびはね、まえ脚《あし》でぼくの胸にとびつき、ちぎれるくらいしっぽをふった。リクのほっぺたをなめ、鼻をなめ、口をなめ、それでも足りずにかん高い声を上げて、よろこびを爆発《ばくはつ》させた。

「まあまあ」

及川さんは、ぼくたちとマックのようすを見て、あきれたように笑った。

栗色《くりいろ》の長い髪《かみ》を一つに束ねて、耳にはピアスが光っている。黒いT《ティー》シャツとジーンズが、とても若々しかった。

「①これじゃ、あなたたちが飼い主にまちがいなさそうね」

そうです。まちがいありません。でも……。

ぼくとリクは顔を見合わせた。

「あの」

ぼくが話をしようと思ったとき、

「ひとつ聞いてもいいかしら？」

及川さんが、ぼくとリクを見ながら言った。

2022年度
駒沢学園女子中学校 ▶解説と解答

算　数　＜第１回午前一般試験＞（45分）＜満点：100点＞

解　答

1 (1)　44　(2)　15　(3)　$4\frac{1}{2}$　(4)　48　(5)　$1\frac{1}{10}$　(6)　15　2 (1)　７％　(2)　１，２，４，５，10，20　(3)　120円　(4)　235度　(5)　９秒　(6)　４年前　3 (1)　３人　(2)　５日間　(3)　４人　4 (1)　$2000cm^3$　(2)　毎分$750cm^3$　(3)　毎分$1250cm^3$　(4)　５分後　5 (1)　15　(2)　3　(3)　8.1，7.9

解　説

1　四則計算，逆算

(1)　$50-3\times4+6=50-12+6=38+6=44$

(2)　$9+\{10-(6-2)\}=9+(10-4)=9+6=15$

(3)　$4\frac{3}{4}-\frac{1}{2}\times0.5=4\frac{3}{4}-\frac{1}{2}\times\frac{1}{2}=4\frac{3}{4}-\frac{1}{4}=4\frac{2}{4}=4\frac{1}{2}$

(4)　$30\div5+21\times2=6+42=48$

(5)　$3.5\div\frac{5}{2}-0.3=\frac{35}{10}\times\frac{2}{5}-\frac{3}{10}=\frac{7}{5}-\frac{3}{10}=\frac{14}{10}-\frac{3}{10}=\frac{11}{10}=1\frac{1}{10}$

(6)　$50-(\square+10\div2)=30$より，$50-(\square+5)=30$，$\square+5=50-30=20$　よって，$\square=20-5=15$

2　濃度《のうど》，約数，還元算，角度，通過算，年令算

(1)　５％の食塩水100ｇには食塩が，$100\times0.05=5$（ｇ）ふくまれ，８％の食塩水200ｇには食塩が，$200\times0.08=16$（ｇ）ふくまれる。よって，２つの食塩水を混ぜると，食塩は，$5+16=21$（ｇ），食塩水は，$100+200=300$（ｇ）になるので，濃度は，$21\div300\times100=7$より，７％になる。

(2)　$20\div1=20$より，20は１でわり切れるから，１は20の約数である。また，商の20も，20をわり切ることができるので，20の約数である。同様に考えると，$20\div2=10$，$20\div4=5$より，２，10，４，５も20の約数だから，20の約数は１，２，４，５，10，20となる。

(3)　ノート３冊と50円の消しゴム１個で410円だから，ノート３冊の金額は，$410-50=360$（円）となる。よって，ノート１冊の値段は，$360\div3=120$（円）と求められる。

(4)　右の図１で，三角形ACEに注目すると，ア＋イ＝180－55＝125（度）となる。また，四角形ABDEに注目すると，①＋②＋③＋④＋ア＋イ＝360（度）である。よって，①＋②＋③＋④＝360－（ア＋イ）＝360－125＝235（度）とわかる。

図１
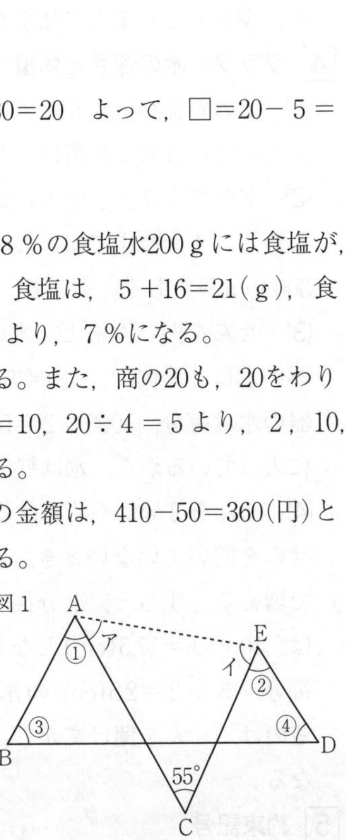

(5)　２つの電車がすれ違《ちが》いはじめたとき，２つの電車の最後尾《さいこうび》は，$120+150=270$（ｍ）はなれている。また，２つの電車がすれ違い終わるのは，２つの電車の最後尾どうしが出会うときなので，２つの電車は合わせて270ｍ進むことになる。２つの電車は１秒間に合わせて，$18+12=30$（ｍ）進むので，すれ違うのにかかる

時間は，270÷30＝9（秒）と求められる。

(6)　今から□年前に，母の年令が子どもの年令の6倍であったとすると，右の図2のように表せる。□年前の年令の差は今と同じで，34－9＝25（才）だから，□年前の子どもの年令の，6－1＝5（倍）が25才となる。

図2

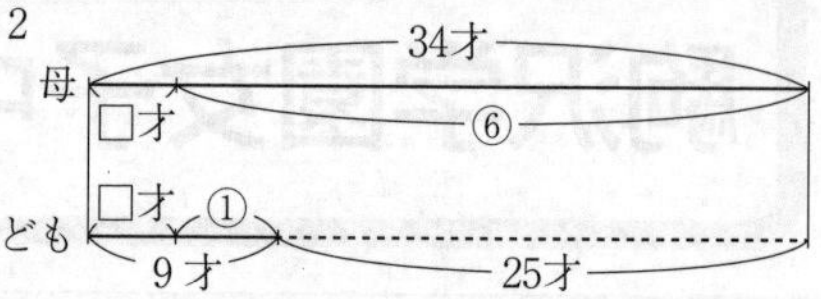

よって，□年前の子どもの年令は，25÷5＝5（才）なので，□＝9－5＝4（年前）とわかる。

3　仕事算

(1)　1人が1時間にする仕事の量を1とする。1人が1日8時間働いて50日かかるから，この仕事全体の量は，1×8×50＝400と表せる。よって，全体の45％にあたる量は，400×0.45＝180だから，何人かで毎日6時間ずつ10日間働いて180の仕事をしたことになる。このとき，1日にした仕事の量は，180÷10＝18だから，1時間にした仕事の量は，18÷6＝3となる。したがって，人数は3人とわかる。

(2)　3人で毎日8時間ずつ働くと，1日に，1×3×8＝24の仕事ができる。また，全体の75％にあたる量は，400×0.75＝300なので，(1)のあと，300－180＝120の仕事をしたことになる。よって，(1)のあと，120÷24＝5（日間）働いたとわかる。

(3)　(2)のあと，仕事を完成するまでにする仕事の量は，400－300＝100である。2日間，毎日8時間働いて100の仕事をするためには，1時間でする仕事の量を，100÷2÷8＝6.25にすればよいから，少なくとも7人で仕事をすればよい。よって，7－3＝4（人）増やせばよい。

4　グラフ―水の深さと体積

(1)　この容器の底面積は200cm^{2}で，問題文中のグラフより，最初の水の深さは10cmだから，最初に入っている水の体積は，200×10＝2000（cm^3）とわかる。

(2)　グラフより，水を入れ始めて4分後から水の深さが減っているので，4分後にせんを開いたとわかる。4分後までに水の深さは，25－10＝15（cm）増えたから，4分間で入った水は，200×15＝3000（cm^3）である。よって，水は毎分，3000÷4＝750（cm^3）の割合で入っている。

(3)　せんを開いたあと，水の深さは，6－4＝2（分間）で，25－20＝5（cm）減っているから，容器の水は2分間で，200×5＝1000（cm^3）減ったことになる。よって，せんを開いているとき，容器の水は毎分，1000÷2＝500（cm^3）の割合で減っている。この間，水は毎分750cm^{3}の割合で容器に入っているから，水は毎分，750＋500＝1250（cm^3）の割合で流れ出ている。

(4)　せんを2分はやく開けると，水を入れはじめて，4－2＝2（分後）にせんを開けることになる。せんを開いていないとき，水の深さは4分間で15cm増えるので，毎分，15÷4＝3.75（cm）の割合で増える。すると，2分後までに水の深さは，3.75×2＝7.5（cm）増えるから，2分後の水の深さは，10＋7.5＝17.5（cm）となる。また，せんを開いているとき，水の深さは2分間で5cm減るので，毎分，5÷2＝2.5（cm）の割合で減る。よって，水の深さが，17.5－10＝7.5（cm）減って10cmになるのは，せんを開けてから，7.5÷2.5＝3（分後）なので，水を入れはじめて，2＋3＝5（分後）となる。

5　約束記号

(1)　10と25では25の方が大きいので，〈10，25〉＝25－10＝15である。

(2)　〈10，5〉＝10－5＝5なので，〈2，〈10，5〉〉＝〈2，5〉＝5－2＝3となる。

(3) □が８より大きいとき，□－８＝0.1だから，□＝0.1＋８＝8.1となる。また，８が□より大きいとき，８－□＝0.1だから，□＝８－0.1＝7.9となる。

社 会　＜第１回午前一般試験＞（理科と合わせて60分）＜満点：100点＞

解 答

1 (1) (A) (ア)　(B) (ウ)　(C) (エ)　(D) (エ)　(E) (イ)　(2) (E)　(3) (オ)　(4) (イ)

2 (1) A ク　B サ　C カ　D コ　E オ　F イ　G エ　H キ　I ケ　J ソ　K ス　L セ　(2) (あ) CとD　(い) GとH　(3) EとF　(4) (あ) KとL　(い) IとJ　(う) DとE

3 (1) ① エ　② ア　③ キ　④ ウ　⑤ ク　(2) (ウ)　(3) (エ)　(4) (ア)

解 説

1 **都道府県の特徴《とくちょう》や日本の農業などについての問題**

(1) (A) 「讃岐《さぬき》」は香川県の旧国名で，その名がついた讃岐平野は香川県北部に広がっている。また，香川県は瀬戸大橋で岡山県と結ばれている。　(B) 沖縄県は亜《あ》熱帯の気候に属しており，南国特有の生き物や産業が見られる。また，首里城はかつて沖縄県にあった琉球《りゅうきゅう》王国の王城で，ユネスコ（国連教育科学文化機関）の世界文化遺産にも登録されているが，正殿などが2019年の火災で焼失し，復元作業が進められている。　(C) 長野県の野辺山原《のべやまはら》などでは，夏でも涼《すず》しい高原の気候を生かし，レタスなどを栽培する高冷地農業が行われている。ほかの地域と時期をずらして栽培・出荷された野菜は，トラックで大都市などに出荷される。また，長野県北部にある野尻《のじり》湖では，海底の遺跡からナウマンゾウの化石が発掘《はっくつ》された。なお，日本アルプスとは飛騨《ひだ》山脈（北アルプス）・木曽山脈（中央アルプス）・赤石山脈（南アルプス）という３つの山脈のこと。　(D) 鳥取県は中国地方の日本海側に位置し，東部の沿岸には日本最大級の砂丘《さきゅう》である鳥取砂丘がある。鳥取砂丘ではかんがい施設が整備され，らっきょうなどが栽培されている。　(E) 竿灯《かんとう》まつりは秋田市，なまはげは秋田県北西部の男鹿《おが》半島に伝わる伝統行事である。また，秋田県と青森県の間には，ブナの原生林が広がる白神山地があり，白神山地はユネスコの世界自然遺産に登録されている。

(2) 冬の降水量が比較《ひかく》的多いことから，日本海側の気候に属する(D)の鳥取県か，(E)の秋田県だと判断でき，１月の気温が０度近く，冬の寒さが厳しいことから，東北地方に位置する(E)の秋田県だとわかる。

(3) (A)の香川県は日本の都道府県の中で最も面積が小さいので，(オ)があてはまる。なお，人口が最も少ない(ア)は(D)の鳥取県（全国の都道府県の中で最も人口が少ない），面積が最も大きい(ウ)は(C)の長野県（全国の都道府県の中で４番目に大きい），人口密度が最も大きい(イ)は(B)の沖縄県，(エ)は(E)の秋田県。

(4) すいかの収穫《しゅうかく》量は熊本県が全国第１位で，以下，千葉県，山形県，鳥取県，新潟県が続く。なお，(ア)のねぎは千葉県が収穫量全国第１位，(ウ)のスイートコーンと(エ)のだいこんは北海道が収穫量全国第１位。統計資料は『日本国勢図会』2021／22年版による。

2 **各時代の歴史的なことがらについての問題**

(1)　A　中国の歴史書『魏志《ぎし》』倭人《わじん》伝には，３世紀の日本に邪馬台国《やまたいこく》という強い国があり，女王の卑弥呼《ひみこ》が30あまりの小国をしたがえていたことや，239年に魏(中国)に使いを送って，皇帝から「親魏倭王」の称号や金印，銅鏡などを授けられたことなどが記されている。　B　小野妹子は607年に遣隋使《けんずいし》として隋(中国)に渡り，国書を皇帝の煬帝《ようだい》にわたした。国書には，中国の皇帝をさす「天子」という言葉が日本の王をさすのにも用いられていたため，煬帝は腹を立てたと伝えられる。　C　下総《しもうさ》国猿島《さしま》(茨城県)の豪族であった平将門は，父の遺領をめぐる争いから935年におじにあたる平国香らと戦ってこれを破り，939年には関東一帯を支配して自ら「新皇」と名のった。しかし，940年に国香の子の貞盛《さだもり》や藤原秀郷《ひでさと》らによって討《う》たれた。　D　源頼朝は1180年に打倒平氏の兵をあげると，この年から本拠《ほんきょ》地とした鎌倉に侍所《さむらいどころ》や公文《くもん》所(のちの政所《まんどころ》)，問注所などを設置し，武家政権の基盤《きばん》を築いていった。1185年の壇ノ浦《だんのうら》の戦いで源氏が平氏を滅《ほろ》ぼすと，国ごとに守護，荘園や公領ごとに地頭をおくことを朝廷に認めさせ，武家の支配体制を確立した。1192年には朝廷から征夷《せいい》大将軍に任命され，名実ともに鎌倉幕府が成立した。　E　室町幕府の第３代将軍足利義満は京都室町に「花の御所」を造営して政治を行い，1392年には南北朝を統一するなどして幕府の全盛期を築いた。また，京都北山に金閣(鹿苑寺《ろくおんじ》)を建て，将軍の地位をしりぞいたあとも政治の実権をにぎって明(中国)との間で勘合《かんごう》貿易を開始した。　F　雪舟《せっしゅう》は京都相国寺《しょうこくじ》の画僧で，明に渡って水墨画《すいぼくが》の技術をみがき，帰国後は山口などで活動して日本風の水墨画を大成した。代表作に「秋冬山水図」「天橋立《あまのはしだて》図」などがある。　G　豊臣秀吉は1582年から領地で太閤検地を始め，1588年には刀狩《かたながり》令を出すなど，農民統制を行った。1590年に小田原(神奈川県)を拠点としていた北条氏を滅ぼして天下統一をなしとげると，その後，２度にわたって朝鮮出兵を行った。　H　伊能忠敬《ただたか》は下総国佐原(千葉県)で酒造業を営んでいたが，50歳で家業をゆずり，江戸に出て測量術や天文学を学んだ。その後，測量の正確さなどが認められ，江戸幕府の命令により1800年から1816年まで全国の沿岸を測量してまわり，正確な日本地図を作製した。この業績は忠敬の死後，弟子たちが「大日本沿海輿地《よち》全図」として完成させた。　I　板垣退助は土佐藩(高知県)出身の政治家で，征韓論《せいかんろん》(朝鮮を武力で開国させようという考え方)が受け入れられず政府を去ると，1874年に民撰《みんせん》議院設立建白書を政府に提出して自由民権運動を指導した。1881年には自由党を結成し，その後は政界で活躍《かつやく》した。　J　原敬《はらたかし》は岩手県出身の政治家で，米騒動《そうどう》(1918年)の責任をとって総辞職した寺内正毅《まさたけ》内閣のあとを受け，初の本格的政党内閣を組織した。華族の爵《しゃく》位《い》を持たず衆議院に議席を持つ最初の首相として「平民宰相《さいしょう》」とよばれ，国民の期待を集めたが，1921年に東京駅で暗殺された。　K　犬養毅《いぬかいつよし》は大正時代に高まった護憲運動の中心的政党政治家として活躍し，1931年に内閣を組織した。しかし，満州国建国に反対したため，翌32年，五・一五事件で海軍青年将校らに暗殺された。　L　池田勇人《はやと》は1960年に内閣総理大臣になると，国民所得を10年で２倍にするという「国民所得倍増計画」を打ち出して高度経済成長を推し進め，1964年には東京オリンピックを成功させた。

(2)　(あ)　藤原道長は平安時代の中ごろにあたる10世紀後半から11世紀前半に活躍したので，10世紀なかばの人物である平将門を説明したＣと，12世紀後半の人物である源頼朝を説明したＤの間になる。　(い)　徳川家康は，1600年の関ヶ原の戦いに勝利して政治の実権をにぎると，1603年に征夷大将軍に任じられ，江戸幕府を開いた。よって，安土桃山時代に活躍した豊臣秀吉の説明であるＧと，江戸時代後半に活躍した伊能忠敬の説明であるＨの間になる。

(3)　Ｅで説明されている足利義満は室町幕府の第３代将軍で，室町時代前半に活躍した。Ｆで説明されている雪舟は，室町時代に栄えた東山文化を代表する芸術家である。

(4)　(あ)　太平洋戦争は1941年に始まったので，1932年に起こった五・一五事件を説明したＫと，1960年に発表された所得倍増計画について説明したＬの間になる。　(い)　日露戦争は1904年に始まり，1905年に終わった。したがって，Ｉの板垣退助が自由党を結成した1881年と，Ｊの原敬が内閣総理大臣になったきっかけである1918年の米騒動の間になる。　(う)　承久《じょうきゅう》の乱は1221年に後《ご》鳥羽《とば》上皇が鎌倉幕府を倒《たお》そうとして兵をあげたが，幕府側に敗れたできごとなので，鎌倉幕府を開いた源頼朝について説明したＤと，室町幕府の第３代将軍足利義満について説明したＥの間になる。

3　憲法と政治のしくみについての問題

(1)　①　日本国憲法は，GHQ(連合国軍最高司令官総司令部)の作成した草案をもとにしてつくられ，1946年11月３日に公布，翌47年５月３日に施行された。　②　日本国憲法は，それまでの大日本帝国憲法を改正する形で制定されたが，内容や考え方は異なっていた。　③　三権分立は国の政治権力を，法律をつくる立法権，法律にしたがって実際に政治を行う行政権，裁判を担当する司法権に分け，たがいに監視し合うことで行き過ぎをおさえようというもので，これによって国民の権利を守っている。　④，⑤　日本国憲法は，国民主権，平和主義，基本的人権の尊重を３つの基本原理としている。

(2)　大日本帝国憲法では，天皇に主権があると定められていた。

(3)，(4)　2021年10月，衆議院が解散されたことを受けて，同月31日に第49回衆議院議員総選挙が行われた。この選挙では，自民党(自由民主党)が過半数を超《こ》える261議席を獲得《かくとく》して第１党となった。

理　科　＜第１回午前一般試験＞（社会と合わせて60分）＜満点：100点＞

解　答

1　(1)　子葉　(2)　③　(3)　③，④　(4)　③　(5)　水，適した温度，空気(酸素)　(6)　②　(7)　**名前**…柱頭　**理由**…(例)　花粉がつきやすいようにするため。　(8)　**Ａ**　二酸化炭素　**Ｂ**　でんぷん　**Ｃ**　ヨウ素液　(9)　④　**2**　(1)　(例)　白くにごる。　(2)　温室効果ガス　(3)　④　(4)　②，④　(5)　①　(6)　**番号**…①と②　**性質**…(例)　空気より軽く，水に溶けにくい性質があるから。　(7)　②　(8)　①　(9)　2040ｇ　**3**　**問題Ａ**　(1)　⑤　(2)　④　(3)　①　(4)　⑤　(5)　**ア**　月　**イ**　地球　**ウ**　大気　**問題Ｂ**　(6)　**ア**　月　**イ**　地球　(7)　26.6　(8)　月　(9)　26.6

解　説

1　植物のつくりについての問題

(1)　種子が発芽して最初に出す葉を子葉という。この子葉が１枚のものを単子葉類，２枚のものを双《そう》子葉類とよぶ。

(2)　アサガオの本葉は③のような形をしている。アサガオは双子葉類なので，葉脈がもう状脈になっている。

(3)　チューリップとパンジーはおもに春に，ヘチマとホウセンカは夏に花を咲《さ》かせる。

⑷　アサガオと同じ双子葉類のタンポポは，主根と側根を持つ。一方，トウモロコシ，イネ，スイセンはいずれも単子葉類で，根はひげ根である。

⑸　植物の種子は，水，適した温度，空気(酸素)の３条件がすべて満たされるときに発芽する。

⑹　開花前の花のつぼみは，外側をがくにつつまれ内部を守っている。開花した花びらの内側には５本のおしべがあり，その中心にめしべがある。

⑺　めしべの先たんの部分を柱頭とよぶ。多くの植物は，花粉がつきやすくなるように，柱頭がねばねばしている。花粉が柱頭につくことを受粉という。

⑻　光合成によって，光のエネルギーを利用して二酸化炭素と水から，でんぷんなどの養分と酸素がつくり出される。でんぷんの存在は，ヨウ素液の反応で確かめることができる。ヨウ素液はでんぷんがあると青むらさき色になる。

⑼　ミニトマトは，ジャガイモやピーマンなどと同じくナス科の植物で，花びらの先たんがとがっていて，④のような花をしている。

2　酸化についての問題

⑴　石灰水に二酸化炭素を通すと，炭酸カルシウムという水に溶《と》けにくい白い物質ができて，液が白くにごる。

⑵　二酸化炭素やメタンなどは地表から出ていく熱を大気中に保つ温室のようなはたらきをすることから，温室効果ガスとよばれている。

⑶　自動車や工場などから出された窒素《ちっそ》酸化物やいおう酸化物を起源とする酸性の物質が大気中の水分に溶けると，強い酸性の雨がふるようになる。これを酸性雨という。

⑷　木は炭素をふくみ，燃焼させると二酸化炭素と水が発生する。プラスチックは，原油を精製してつくられる。原油は古代の生物が地下で変化した化石燃料で，炭素をふくんでいるので有機物といえる。

⑸　鉄くぎにうすい塩酸を加えると，水素が発生する。なお，塩化アンモニウムに水酸化カルシウムをまぜて加熱すると，アンモニアが発生する。二酸化マンガンにオキシドール(過酸化水素水)を加えると，過酸化水素が分解されて酸素が発生する。石灰石(炭酸カルシウム)にうすい塩酸を加えると，二酸化炭素が発生する。

⑹　水素は，最も軽い気体で水に溶けにくく，可燃性がある。水に溶けにくい気体を集めるときは，空気と混ざり合わず，発生量がわかりやすい水上置換《ちかん》法が適している。また，空気より軽い性質を利用して，逆さまにした集気びんの上方に集める上方置換法でも集めることができる。

⑺　空気中には体積の割合で，およそ78％の窒素，およそ21％の酸素がふくまれている。

⑻　酸素には，燃焼を助ける性質(助燃性)があり，①のように線香《せんこう》の火を酸素の多いところで燃焼させると炎《ほのお》をあげる。

⑼　ガソリン車が１km走行するときに147ｇ，FCVが１km走行するときに79ｇ二酸化炭素を排出《はいしゅつ》するので，30km走行するとき，FCVはガソリン車よりも，(147－79)×30＝2040(ｇ)の二酸化炭素の排出量を減らすことができる。

3　月についての問題

問題Ａ　⑴，⑶　月食は，月―地球―太陽の順に一直線にならび，満月が地球のかげに入って欠ける現象である。満月が完全に地球のかげに入ると，皆既《かいき》月食となる。

⑵　満月から約１週間後の月は，半分が欠けた下弦の月となる。

⑷　月―地球―太陽の順に一直線にならんだとしても，月の公転面は地球の公転面よりわずかにずれているため，満月が見えるときに毎回月食になるとは限らない。

⑸　日食は，地球から太陽を観察するときに月がそれをさえぎることによって起こる現象で，欠けたところの境界がはっきりしている。一方，月食は太陽の光を反射して明るく見える満月が地球のかげに入ることによって起こる現象で，このとき地球の大気によってくっ折した光がわずかにかげの中に入るため，欠け際がその弱いくっ折した光で照らされてぼやけて見える。

問題Ｂ　⑹　太陽―月―地球の順に一直線にならぶと新月になる。

⑺　地球は365日で太陽の周りを360度公転しているので，27日間で公転する角度は，$360\times\frac{27}{365}=26.6\cdots$より，約26.6度になる。

⑻，⑼　位置ｂのとき，地球が26.6度公転して位置がずれた分だけ月がさらに公転して，再び太陽―月―地球の順に一直線にならばないと，次の新月は見られない。

国　語　＜第１回午前一般試験＞（45分）＜満点：100点＞

解　答

問１　**ア**　ひょうさつ　**イ**　すがた　**ウ，オ，カ，キ，ケ，コ**　下記を参照のこと。　**エ**　ほしょう　**ク**　しゃしん　**問２**　**１**　ウ　**２**　エ　**３**　イ　**問３**　ウ　**問４**　マックはぼ～発させた。　**問５**　ア　**問６**　（例）　大事にしようと思っていなかったんだ　**問７**　**ア**　仕事を優先　**イ**　心身の不調　**ウ**　犬への思い　**問８**　エ　**問９**　**Ⅰ**　エ　**Ⅱ**　①　手　②　足　③　腹　④　口　**問10**　（例）　自分もマックを好きになれるように（努力しようとしている。）　**問11**　（例）　「ぼく」の家でマックが飼えることがわかり，「ぼく」もリクもうれしいと思う気もち。　**問12**　⑧　イ　⑨　オ　**問13**　（例）　写真立ての中の写真に，及川さんとすぐるおじさんが寄り添うように立って写っているのにおどろいたから。　**問14**　エ　**問15**　ウ

●漢字の書き取り

問１　ウ　責任　オ　親切　カ　留守　キ　興奮　ケ　背景　コ　約束

解　説

出典は朝比奈《あさひな》蓉子《ようこ》の『もう逃《に》げない！』による。いなくなった犬のマックが見つかったという知らせを受けて，「ぼく」とお父さんは，マックを保護しているという及川《おいかわ》さんのところへ向かい，マックを自分の家で飼うことができるようになったほか，及川さんの婚約者《こんやくしゃ》が，お父さんの弟だと知ることにもなり，「ぼく」の家族の絆《きずな》が深まっていった場面である。

問１　**ア**　家の門に置かれる住人の名前を書いた札。　**イ**　人や物の形。「姿を見せる」は，その場所に現れること。　**ウ**　引き受けた任務。　**エ**　たしかなことだと責任を持つこと。　**オ**　相手のことを思って，やさしくすること。　**カ**　不在であること。　**キ**　気持ちがたかぶること。　**ク**　カメラで撮影《さつえい》した静止画。　**ケ**　絵や写真の中心となるものの背後にある景色。　**コ**　相手といっしょに行った取り決め。

問２　**１**　せまい玄関《げんかん》が人でいっぱいになるようすは，「ぎゅうぎゅう」である。　**２**　家の中に，人が次々に入っていくようすは，「ゾロゾロ」である。　**３**　犬がにおいをかぐようすは，「くんくん」である。

問３　マックが，「ぼく」たちをめがけてまっしぐらに走ってくる勢いのよさを，「弾丸《だんがん》」にたとえている。

問４　及川さんが，「ぼく」たちをマックの飼い主だと判断したのは，「ぼく」たちを見たマックが「よろこびを爆発《ばくはつ》させ」ていたからである。

問５　ここでの「とがめる」は，「ぼく」たちを非難するという意味なので，同じように，非難するという意味で使われている，「いたずらをとがめる」が選べる。

問６　お父さんの，「この犬がどうなろうと，かまわないと思っていたんです」という言葉を聞いて，「ぼく」は，お父さんが，マックのことを大事に思っていなかったことをあらためて知ったのである。

問７　**ア〜ウ**　お父さんは，自分が「心身の不調に苦しんでいる」ことを息子《むすこ》が思いやってくれたことや，「息子の犬への思い」を知ったことで，それまでの自分が家族より「仕事を優先」させてばかりで，息子の気もちと向き合ってこなかったことを反省しているのである。

問８　「気が小さくて，おく病」だった息子が，いつの間にか，父を思いやるやさしさと，犬を助けようとして行動する力を身につけていたことを知り，その成長に感動しているのである。

問９　**Ⅰ**　「目を細める」は，うれしそうにほほえむようすである。父は，立派になった息子をやさしい思いで見守っているのである。　**Ⅱ**　①「手を組む」は，協力し合うこと。　②「足をのばす」は，さらに遠くまで足を運ぶこと。　③「腹をかかえる」は，大笑いすることである。　④「口を開く」は，話し始めること。

問10　お父さんは犬が苦手だが，「おじさんも，絶対好きになりますよ」というリクの言葉を受けて，自分も「そうなる」ように努力しようと思っていると，答えているのである。

問11　「明日から，マックはうちの飼い犬になる」ということがうれしかったので，こぶしをつき合わせながら，「ぼく」はリクと二人でよろこび合っているのである。

問12　⑧「修ちゃんの気もちが，お父さんに届いたのね」と，お母さんに言われた「ぼく」は，胸がはち切れそうなほどのよろこびで，いっぱいになっている。　⑨　マックを飼えるかどうかという心配がなくなって，「ぼく」は安心しているのである。

問13　出窓にあった写真を見た「ぼく」は，及川さんといっしょにうつっていたのが，すぐるおじさんだと気づいて，おどろいたのである。

問14　すぐるおじさんが，「ぼく」のことを「おなかの弱い甥《おい》」として，及川さんに紹介《しょうかい》していたことを知り，「ぼく」は，ちょっと気まずかったのである。

問15「わだかまっていた思い」とは，家族のことをかえりみず，マックを大事にしなかったお父さんに対する不信感のことである。今回，父さんが，自分のまちがいを認めただけでなく，「ぼく」の成長をよろこんでくれたり，マックを飼うことを許してくれたりしたことで，「ぼく」のわだかまりは消えたのである。また，お父さんが，ひさしぶりに笑顔《えがお》を見せてくれたことも，家族がうまくやっていけるように思えた理由である。

2022年度　駒沢学園女子中学校

〔電　話〕　(042) 350－7123
〔所在地〕　〒206－8511　東京都稲城市坂浜238
〔交　通〕　稲城駅，新百合ヶ丘駅，あざみ野駅，稲城長沼駅よりバス

※この試験は算数・国語のいずれかを選択して受験します。

【算　数】〈第１回午後１科試験〉（60分）〈満点：100点〉

【注意】１ 計算の途中式や考えは採点されますので、消さないでください。
２ 円周率は3.14とします。

1

次の$\square$に当てはまる数を求めなさい。

(1) $15-7=\square$

(2) $12+3\times4-56\div7-8+9=\square$

(3) $7\frac{5}{6}-4\frac{2}{3}+1=\square$

(4) $1.23\times45+12.3\times5.5=\square$

(5) $\left(\frac{1}{2}+\frac{3}{4}\times\frac{5}{6}\right)\div\frac{7}{8}\div\frac{9}{10}=\square$

(6) $5\times(7+\square)-2=48$

2

次の問いに答えなさい。

(1) 時速 60ｋｍで走る車が 20 分で走る道のりは何ｋｍですか。

(2) 7 個で 350 円のみかんがあります。このみかん 15 個の値段は何円ですか。

(3) 2 時 25 分の 111 分後は何時何分ですか。

(4) 2mのりぼんがあります。このりぼんを７人で切り分けると１人何ｃｍずつであまりは何ｃｍになりますか。ただし，りぼんは１ｃｍ単位で切るとします。

(5) 底辺が４ｃｍ，高さが３ｃｍの三角形の面積は何ｃｍ^{2}ですか。

(6) 底面の半径が２ｃｍ，高さが５ｃｍの円柱の体積は何ｃｍ^{3}ですか。

3 次の問いに答えなさい。

(1) 原価150円の商品を3000個仕入れ，原価の４割の利益をのせた定価で販売しました。80%は定価で売れましたが，その後まったく売れなくなったので，定価の半額にしたところ，すべて売り切ることができました。全部で何円の利益が得られましたか。

(2) タヌ子さんは４人家族で，現在，父は36才，母は32才，弟は７才で，両親の年れいの合計は姉弟の年れいの合計の４倍です。タヌ子さんは現在何才ですか。また，両親の年れいの合計が姉弟の年れいの２倍になるのは，現在の何年後ですか。

(3) 正八角形の１つの頂点からひくことのできる対角線は何本ありますか。また，すべての角の大きさの和が900°となるのは何角形ですか。

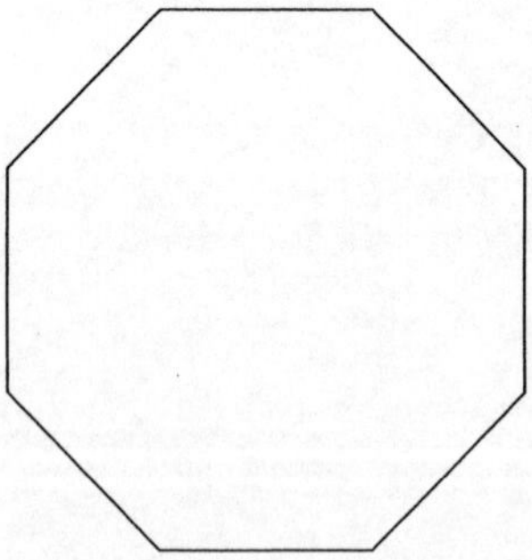

(4) 右の図は１辺12ｃｍの正方形と同じ大きさの４つの円を組み合わせた図形です。しゃ線部分の面積を求めなさい。

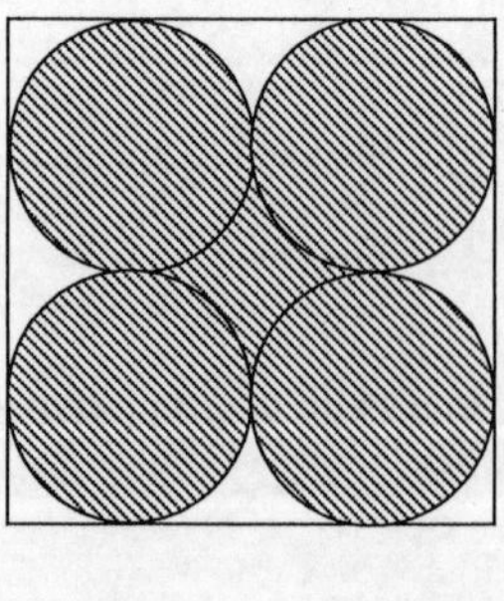

4 富江さんは８時に家を出発し，図書館に行きました。出発してはじめの 30 分間は分速 80ｍで歩きましたが，疲れたので公園で 20 分間休けいし，元気になったので，分速 120ｍで走り，10 分後に図書館に着きました。このとき，次の問いに答えなさい。

(1) 図書館に着いた時間は何時何分ですか。

(2) 家から図書館までの道のりは何ｍですか。

(3) 富江さんの家から図書館まで行ったときの時間と道のりの関係を右のグラフに表しなさい。

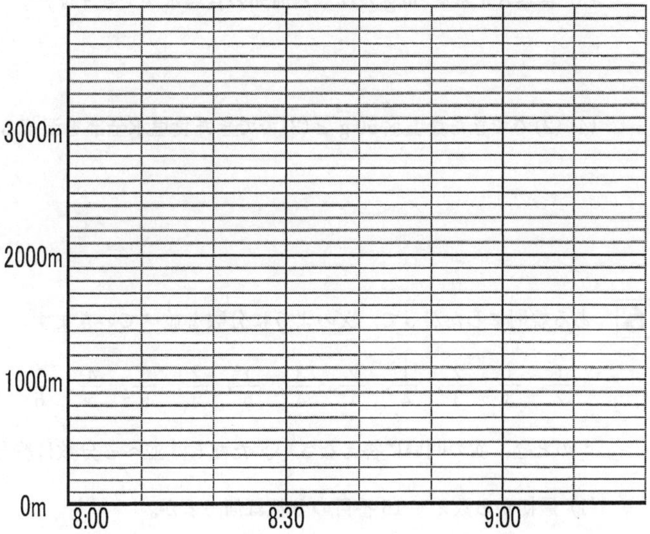

(4) 妹の智江さんは富江さんが家を出発してから 20 分後に家を出発し，一定の速さで休まず歩き，富江さんとちょうど同じ時間に図書館に着きました。智江さんの歩く速さは分速何ｍですか。また，智江さんは途中の公園で富江さんに会いました。富江さんは智江さんに会った何分何秒後に公園を出発しましたか。必要があれば右の図を利用して考えなさい。

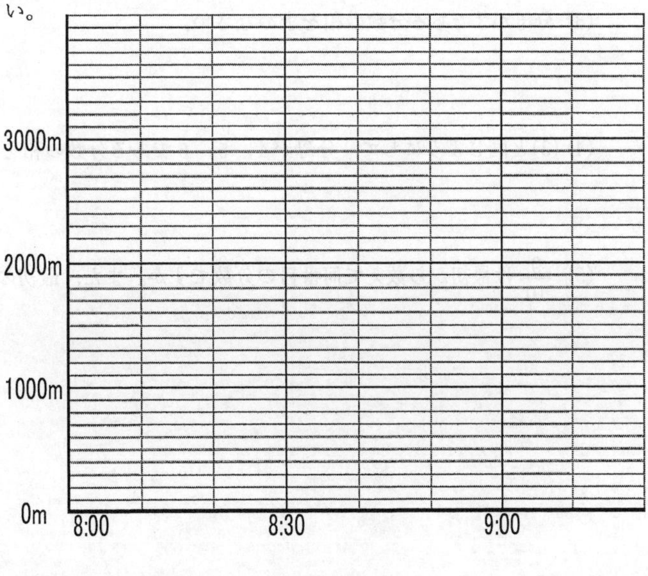

5 ２つの容器Ａ，Ｂがあります。容器Ａには６%の食塩水が100ｇ入っており，容器Ｂには900ｇの水が入っています。このとき，次の問いに答えなさい。

(1) 容器Ａの食塩水には食塩が何ｇ溶け込んでいますか。

(2) 容器Ｂに100ｇの食塩を入れると何%の食塩水ができますか。

(3) 容器Ａに水を50ｇ入れると何%の食塩水ができますか。

(4) (2)でできた食塩水50ｇと(3)でできた食塩水全部を混ぜると何%の食塩水が何ｇできますか。

6 ある規則にしたがって，次のように分数を並べていきます。

$\frac{1}{2}$，$\frac{1}{3}$，$\frac{2}{3}$，$\frac{1}{4}$，$\frac{2}{4}$，$\frac{3}{4}$，$\frac{1}{5}$，$\frac{2}{5}$，$\frac{3}{5}$，$\frac{4}{5}$，$\frac{1}{6}$，…

このとき，次の問いに答えなさい。ただし，並べる分数は約分しないものとします。

(1) 最初から数えて15番目の分数は何ですか。

(2) はじめて分母が２けたになる分数は何ですか。また，その分数は最初から数えて何番目の分数ですか。

(3) 分母が３である分数の和を求めなさい。

(4) (3)と同じようにして，分母が４，５，６である分数の和をそれぞれ求めなさい。

(5) $\frac{9}{10}$は最初から数えて何番目の分数ですか。また，最初の分数から$\frac{9}{10}$までを加えた和を求めなさい。

問十四　［　Ⅰ　］［　Ⅱ　］に当てはまる言葉の組み合わせとして、もっとも適当なものを次の**ア**～**エ**から選び、記号で答えなさい。

ア　［Ⅰ］うれしい　［Ⅱ］むずがゆい

イ　［Ⅰ］おもしろい　［Ⅱ］かなしい

ウ　［Ⅰ］がっかりする　［Ⅱ］てれくさい

エ　［Ⅰ］ほっとする　［Ⅱ］さみしい

問十五　――線⑩「おじいちゃんの言葉が、午後の光の中にとけていく」とありますが、この表現からどのようなことがわかりますか、もっとも適当なものを次の**ア**～**エ**から選び、記号で答えなさい。

ア　おじいちゃんの思いがぼくの大切な物になっていく様子。

イ　おじいちゃんの思いがぼくの目指すものを照らしている様子。

ウ　お父さんの思いがぼくにとってまぶしすぎる様子。

エ　お父さんの思いがぼくの心の中にしみわたっていく様子。

問十六　［Ｃ］に入る言葉を文章中から漢字二字でさがし、書きぬきなさい。

問十七　――線⑪「ぼくは拍子ぬけしてお母さんの顔を見つめた」とありますが、「拍子ぬけ」した理由が書かれている部分をさがし、最初と最後の五字を、書きぬきなさい。

問十八　――線⑫「でも、香帆に伝えるんだ。きっと、ぼくたちは大丈夫だって」とありますが、このときの「ぼく」がこのように思った理由として、もっとも適当なものを次の**ア**～**エ**から選び、記号で答えなさい。

ア　死んでしまったお父さんには、もう会うことはできないとわかってしまったが、二人ではげましあっていけばなぐさめあえると思ったから。

イ　ぼくたちは日々成長しているので、死んでしまったお父さんに会いたいという気持ちは、いつしか消えてしまうにちがいないと思ったから。

ウ　死んでしまったお父さんに会いたい気持ちは変わらないが、たとえ会えなかったとしても、ぼくたちはきちんと自分たちで乗り越えられると思ったから。

エ　今は無理でも、お父さんに会いたいという気持ちを持ち続けていれば、いつかは死んでしまったお父さんと会うことができるはずだと思えたから。

問十九　――線⑬「ぼくの胸はいっぱいになった」とありますが、このときのお母さんに対する「ぼく」の思いを、理由もふくめて、八十字以上九十字以内で、書きなさい。

問八　――線⑤「自分の気持ち」とありますが、このときの「ぼく」の気持ちを本文中の言葉を使って、四十字以上五十字以内で説明しなさい。

問九　――線⑥「今のぼくには、なんか違うっていうか」とありますが、このときの「ぼく」の心の状態を表している言葉を六字でさがし、書きぬきなさい。

問十　[B] にあてはまる言葉として適当なものを次のア～エから選び、記号で答えなさい。

ア　大事な時間
イ　唯一《ゆいいつ》の時間
ウ　旅立ちの時間
エ　限られた時間

問十一　――線⑦「薄紅色のつぼみは、春をとじこめたまま開く日をじっと待っている」とありますが、この中に使われている表現技法と同じものを次のア～エから選び、記号で答えなさい。

ア　ふと思い出した、あの詩人の言葉を。
イ　月は東に、日は西に。
ウ　つんとさすような冬の風だった。
エ　ぼくの耳元で冬の風がささやいて行った。

問十二　――線⑧「おじいちゃんの視線の先を追うと、その目は桜の枝のずっと向こう」とありますが、この様子からわかる、おじいちゃんの気持ちとして、もっとも適当なものを次のア～エから選び、記号で答えなさい。

ア　自分のアドバイスが的確でなかったことを感じている。
イ　もうそこまでやってきている春に気持ちを向けている。
ウ　遠くを見ながらはるか昔のことに思いをめぐらせている。
エ　いつのまにか成長しているぼくに心を寄せている。

問十三　――線⑨「お父さんの思い出話」とありますが、この内容について、それを聞いて「ぼく」が思ったことをまとめた次の文章の、[ア]～[オ]にあてはまる言葉を本文中からさがし、指定された文字数で書きぬきなさい。

お父さんが小学生の頃、学期ごとに手のこんだものをつくっていたおばあちゃんに、当時のお父さんが[ア（四字）]しなくていいと伝え、自分の[イ（五字）]で買ってきてしまったという[ウ（四字）]にまつわる話。それを聞いたぼくは、お父さんにもなにか[エ（五字）]があったのだろうから、お父さんなら、今の[オ（六字）]もわかってくれるような気がしている。

問二　【　１　】～【　４　】に入るもっとも適当な語句を、次の**ア**～**カ**からそれぞれ選び、記号で答えなさい。

ア　ぐずぐず　**イ**　はっきり　**ウ**　ゆっくり
エ　おそるおそる　**オ**　もっともらしく　**カ**　遠まわしに

問三　――線①「最近はなんだか気持ちがすっきりしない」とありますが、その理由として、もっとも適当なものを次の**ア**～**エ**から選び、記号で答えなさい。

ア　香帆が「おかしいなんて思わない」と言ってくれた時にはそう思えたのに、香帆がいなくなってみると、やっぱりおかしいと思っているから。
イ　香帆の言葉で、お母さんが見送ってくれることはおかしいことではないと理解できたし、いやだとも思っていないのに、もうやめたいと思っているから。
ウ　お母さんが見送ってくれることをおかしくないと香帆は言ってくれたが、本当はやめたいのか、続けてほしいのか、自分でもよくわからないから。
エ　お母さんを傷つけずに自分の気持ちを伝えるにはどうしたらよいのかわからず、香帆に相談したいと思っているのに、相談することができないから。

問四　――線②「相談したいこと」とありますが、このときの「ぼく」の相談したい内容を二つ、本文中からさがし、書きぬきなさい。

問五　――線③「ほころぶ」とありますが、同じ意味・使い方のものとしてもっとも適当なものを次の**ア**～**エ**から選び、記号で答えなさい。

ア　いつの間にか制服の袖《そで》口がほころぶ。
イ　おもしろい話で会場がほころぶ。
ウ　緊張《きんちょう》していた彼の表情が突然ほころぶ。
エ　二月になり少しずつ梅の花がほころぶ。

問六　――線④「ぼくはあいまいにうなずいた」とありますが、「ぼく」のこの様子からどのようなことがわかりますか、もっとも適当なものを次の**ア**～**エ**から選び、記号で答えなさい。

ア　おじいちゃんに相談したことをすこしだけ後かいしている。
イ　おじいちゃんのアドバイスをうけて納得しようとしている。
ウ　おじいちゃんが香帆と同じようなこと言うのでおどろいている。
エ　おじいちゃんの話は分かるが、ふにおちないと感じている。

問七　[A]について以下の問いに答えなさい。

(1)　[A]にあてはまる、体の一部を表す語を漢字一字で入れて、慣用句を完成させなさい。

(2)　次の［　］①②に、それぞれ共通する体の一部を表す漢字一字を入れて、慣用句を完成させなさい。

［　①　］にかける　［　②　］を打つ
［　①　］で笑う　［　②　］を広げる
［　①　］もちならない　［　②　］ぐすねを引く

そう言ってぼくをせかす。

⑪ぼくは拍子《ひょうし》ぬけしてお母さんの顔を見つめた。

てっきり、なんで？　とか聞かれると思って、いくつも言葉を用意していたのに。

お母さんが傷ついたらどうしようって心配していたけど、お母さんの顔はなんていうか、とても晴れ晴れとしている。

今日でおしまい。

自分で言った言葉を心の中でくり返してみる。

さみしく思っているのは、どうやらぼくのほうみたいだ。

「ほら、いったいった」

お母さんに手で追いはらわれる。

「いってらっしゃい」

「うん……、いってきます」

ドアを開けると、鼻先に風がふれた。つんとさすような冬の風ではなく、やさしく鼻の上をすべっていく春の風だ。

ケカイダンをかけおりて外に飛び出す。

団地のわきに立ちならんでいる桜の木は、ぽつぽつと花が開きはじめている。

見あげると、枝と枝のあいだから、水色の空がのぞいている。

ぼくはふと思った。空から見る桜の花は、どんなふうに見えるだろう。

春休みのあいだに、ぼくはゆっくり時間をかけて手紙を書こうと思っている。

香帆へ、送る手紙だ。

いつかの、香帆との会話を思い出す。お父さんに、また会えるだろうかと話したときのことだ。

お父さんに会えるかどうかは、正直なところ今でもわからない。

⑫でも、香帆に伝えるんだ。きっと、ぼくたちは大丈夫だって。

それから、手紙には楽しいことをいっぱい書こう。学校のこと、あいかわらずのクラスメイトのこと。

香帆も、ぼくに楽しいことをいっぱい書いてくれるだろう。

いつものように、団地を見あげた。

ベランダに、お母さんが立っている。

「おーい、いってらっしゃーい」

身をのり出して、大きく手をふってくる。しかも、かなり大きな声だ。

まるで一年生のときに戻《もど》ったみたいだ。

はずかしいのとなつかしさで、⑬ぼくの胸はいっぱいになった。

お母さんはさらに身をのり出して、手をふっている。

そのコスガタを目に焼きつけて、

「いってきまーす」

大きく手をふり返した。

問一　〜〜線ア〜コについて、カタカナは漢字で、漢字は読みをひらがなで、それぞれ書きなさい。

でも、お父さんはお父さんで、なにか思うところがあったんだろう。

ぼくみたいに、クラスメイトにからかわれたのかもしれない。

それとも、アップリケのついた袋になにか違和感があったのだろうか。

ただ反抗《はんこう》したかっただけ、ということも考えられる。

お父さんに聞いてみたい。

心の底からそう思った。

お父さんなら、今のぼくの気持ちもわかってくれるんじゃないだろうか。

「あのときの渉は、輝と同じ気持ちだったのかもしれないな」

おじいちゃんはやさしく笑い、その目にしっかりォウツしこむようにぼくを見た。

なつかしい人を見つけたみたいに、目を細める。

おじいちゃんは、ぼくを見ながらぼくの中にお父さんを見ている。それがわかって、［　Ⅰ　］ような、［　Ⅱ　］ような気持ちになった。

「それに、渉はこんなことも言ってたんだ」

「なんて言ったの？」

胸がふるえる。

「『お母さんには悪いけど、大人になるんだ』ってな」

⑩おじいちゃんの言葉が、午後の光の中にとけていく。

「どうだ、生意気なこと言うだろう？」

おじいちゃんはうれしそうに笑った。

うん、ほんとにヵ生意気だと思った。

だって、ぼくたちはまだ小学生で、大人がいなくてなにができるだろう。

それでも、［　C　］になる。

ぼくは［　C　］になるんだ。

終業式の日がやってきた。

明日からはじまる春休みに、ぼくの心はすでに浮《う》き立っている。

お父さん、いってきます。

お鈴を鳴らして、手を合わせる。

写真のお父さんへそっとキ目配せをして、「よしっ」と気合を入れて立ちあがった。

台所のお母さんのほうへ向かう。

「お母さん」

「なに？」

流しで手を洗いながら、お母さんが顔をあげる。

「あのさ。いつもベランダで見送ってくれるじゃん。今日で最後にしようと思うんだ」

ぼくは昨日から決めていた言葉を言う。

「ぼくさ、四月からは六年生だし、お母さんだって朝はいそがしいだろ。毎朝見送ってもらえてうれしかったけど、今日でおしまいにする」

お母さんはきゅっと、蛇口《じゃぐち》の水をとめた。

「そっ、わかったわ。今日でおしまいね」

あっさりとしたㇰクチョウだ。

「ほら、もう出る時間だよ」

サイズの合わない服を着ていて、気持ちよく体を動かせないような違《い》和感。

なんだろう、この気持ち。自分でもよくわからなくて、もやもやするんだ。

「でもさ、お母さんを傷つけたらどうしようって、心配なんだよね」

だって朝の見送りは、ぼくたちの［Ｂ］だから。

「でも、やめる」

ぼくが言いきると、おじいちゃんはおもむろに立ちあがった。腕《うで》を組みながら、塀《へい》の向こうの桜の木を見あげる。長くのびた枝が敷地《しきち》にかかり、毎年桜の花をながめることができるのだ。

枝のところどころには、ぷくっとふくらんだつぼみがならんでいる。⑦薄紅《うすべに》色のつぼみは、春をとじこめたまま開く日をじっと待っている。

「なつかしいなぁ」

おじいちゃんがしみじみとつぶやいた。

⑧おじいちゃんの視線の先を追うと、その目は桜の枝のずっと向こう。うすい雲がとけた空を見ている。

「おじいちゃん、なにがなつかしいの？」

「ん、あぁ、すまん」

おじいちゃんはてれたように笑った。

「渉《わたる》のことを、思い出したんだよ」

渉。お父さんの名前だ。

「えっ、なんでなんで？　どうしてお父さんのこと思い出すの？」

ぼくは興奮《こうふん》して、おじいちゃんのそでを引いた。お父さんの話を聞くとき、ぼくはいつも気持ちが高ぶってしまうんだ。

「あのときの渉も、今の輝と同じくらいの年だったな」

おじいちゃんは再びベンチに腰をおろすと、⑨お父さんの思い出話をしてくれた。

それは、体操着袋《ぶくろ》にまつわる話だった。

お父さんが小学生のころ、体操着袋はお母さん、つまりぼくのおばあちゃんが手づくりでつくっていた。

お裁縫《さいほう》がゥトクイなおばあちゃんは、学期がかわるたびに、お父さんの体操着袋をつくるのを、楽しみにしていたのだという。

「ＷＡＴＡＲＵ」と、アップリケをつけたりパッチワークにしたり、ずいぶん手のこんだものをつくっていた。

だけどある日、お父さんはおばあちゃんに宣言した。

「もう手づくりしないでいいよ。自分で選んだのを買ってくるから」

そう言って、お父さんは紺《こん》色の無地の袋を、自分のおこづかいで買ってきてしまった。

「おばあちゃん、ショック受けてた？」

「あぁ、さみしそうにしてた」

そうだよな。

息子のためにやっていたことを、突然、もういいって言われたんだもんな。

ぼくのお母さんは仕事でいそがしいし、ェ不器用だから、手づくりでなにかをつくってくれたことはない。ぼくは手づくりの体操着袋をうらやましく思った。

地面をぐりぐりと掘《ほ》ったりする。
「ぜったいに内緒《ないしょ》にしてくれる？」
「おっ」と、おじいちゃんの口元が③ほころぶ。
「なんだ、もう新しい好きな子ができたのか」
ぼくはあわてておじいちゃんを見あげた。
なんてことを言い出すんだ。
「そんなんじゃないよ、もうっ」
ぼくが香帆を好きなことは、やっぱりバレバレなのか。
それにしたって、好きな女の子の話をおじいちゃんにするわけないじゃないか。
二人でベンチに腰《こし》かけて、おじいちゃんに話しはじめた。
学校でからかわれたこと。お母さんにやめたいと言えずに悩んでいることを打ち明けた。おじいちゃんはあごに手をあてて考えこんだ。おじいちゃんの手は土でよごれていて、指先は茶色くそまっている。
「輝はあまえん坊《ぼう》だったからなぁ。千明《ちあき》さんも、大変だっただろうなぁ」
ぼくは顔を赤くした。
自分でも、それはわかってる。
千明さんというのは、お母さんのことだ。お母さんのことを下の名前で呼ばれるのは、とたんに変な感じがする。
「おれは、やめなくてもいいと思うな」
おじいちゃんが言った。
「いいじゃないか。ぜんぜん、おかしくなんかないぞ。まわりの言葉や目を気にして、好きなことをやめるァヒツヨウはないんだ。輝とお母さんの、大事な時間だろう」
「うん」
④ぼくはあいまいにうなずいた。
香帆も、同じように言ってくれたんだ。
「他人のいじわるな言葉になんか、［A］をかたむけなくてもいいんだ。なっ、輝」
「うん」
うつむいたぼくの顔を、おじいちゃんはそっとのぞきこむ。
ぼくは、⑤自分の気持ちをどう言い表したらいいのかわからなくて、頭の中で必死に言葉をィサガした。
他人の言葉は気にしなくていいと、おじいちゃんは言う。そのとおりだとぼくも思う。
だけど、違《ちが》うんだ。たしかに、きっかけはみんなにからかわれたことだったかもしれない。みんなに笑われて、はずかしい思いをした。だけど。
「そうじゃないんだ。まわりに言われたからじゃないんだ。ぼくは自分の意志で、やめたいんだ」
そうだ。これはぼくの意志なんだ。ほかのだれでもない、ぼく自身の。
「みんなに笑われたのはショックだったよ。でもなんていうか、ぼく自身がこういうのはおかしいんじゃないかって、思うようになったんだ。おかしいっていうのとは、違うかもしれない。その、なんていうか。いやだとか、はずかしいとかじゃなくて、⑥今のぼくには、なんか違うっていうか」

二〇二二年度 駒沢学園女子中学校

【国　語】〈第一回午後一科試験〉（六〇分）〈満点：一〇〇点〉

※字数制限のある問題の場合は、句読点や符号なども一字分として、字数にふくめて答えなさい。

次の文章は葉山エミ作『ベランダに手をふって』の一節です。五年生の輝《ひかる》はおさないころに父親を病気で亡くしました。だれかと突然《とつぜん》会えなくなる恐怖《きょうふ》におびえた輝は小学校にいくのがいやになってしまいます。そんな輝をはげますために、母親は、一年生から毎朝、輝のすがたが見えなくなるまで見送り、輝が元気に通える今になっても、見送り続けています。そんな二人の様子を見た同級生たちは、輝をからかいました。しかし、同じく父親を事故で亡くした香帆《かほ》は、「おかしくなんかない」と告げます。ふたりは仲良くなっていきますが、香帆は母親の実家の九州へ転校してしまいました。

これに続く場面を読んで後の問いに答えなさい。

ぼくは、香帆の言葉を思い返していた。

（あたしは、おかしいなんて思わない）

あのとき、香帆がそう言ってくれたから、ぼくもおかしくなんかないって思えたんだ。

でも、①最近はなんだか気持ちがすっきりしない。どうしてだろう。

お母さんは、傷つくだろうか。

もし、ぼくが見送るのはもうやめてって言ったら。

お父さん。ぼく、どうしたらいい？

お鈴《りん》を鳴らして、お父さんに問いかけてみる。

写真のお父さんは笑顔のまま、なにもこたえてくれない。

「輝、遅刻《ちこく》するよー、早くしなー」

「はーい」

結局、お母さんにはなにも言えずに、今日も家を出てきてしまった。

ぼくは、お母さんに言う言葉をいくつも考えていた。

（もう、見送りはしなくていいよ）

【　１　】言いすぎるのは、よくないだろうか。

（ぼくって、四月からは六年生だよね）

【　２　】言っても、伝わらないかもしれない。クラスのみんなにからかわれたことを、正直に話してみようか。

（ぼく、マザコンて言われたんだよ。それに、ぼくとお母さんはロミオとジュリエットみたいだって）

はぁーと、ため息をつく。

【　３　】悩《なや》んでいるあいだに、三学期はもうすぐおわろうとしていた。

「おじいちゃん。②相談したいことがあるんだけど」

日曜日、ぼくはおじいちゃんといっしょに畑で過ごしたあと、

【　４　】相談事を持ちかけた。落ちつかなくて、意味もなくかかとで

2022年度

駒沢学園女子中学校 ▶解説と解答

算　数　＜第１回午後１科試験＞（60分）＜満点：100点＞

解　答

1 (1)　8　(2)　17　(3)　$4\frac{1}{6}$　(4)　123　(5)　$1\frac{3}{7}$　(6)　3　2 (1)　20km　(2)　750円　(3)　４時16分　(4)　１人28cm，あまり４cm　(5)　６cm^2　(6)　62.8cm^3　3 (1)　117000円　(2)　10才，17年後　(3)　５本，七角形　(4)　120.78cm^2　4 (1)　９時00分　(2)　3600m　(3)　解説の図１を参照のこと。　(4)　分速90m，３分20秒後　5 (1)　６g　(2)　10％　(3)　４％　(4)　5.5％，200g　6 (1)　$\frac{5}{6}$　(2)　$\frac{1}{10}$／37番目　(3)　1　(4)　**分母が４…**$1\frac{1}{2}$**，分母が５…**２**，分母が６…**$2\frac{1}{2}$　(5)　**最初から数えて…**45番目，**和…**$22\frac{1}{2}$

解　説

1　四則計算，計算のくふう，逆算

(1)　15－７＝８

(2)　12＋３×４－56÷７－８＋９＝12＋12－８－８＋９＝24－16＋９＝８＋９＝17

(3)　$7\frac{5}{6}-4\frac{2}{3}+1=7\frac{5}{6}-4\frac{4}{6}+1=3\frac{1}{6}+1=4\frac{1}{6}$

(4)　1.23×45＋12.3×5.5＝1.23×45＋1.23×10×5.5＝1.23×45＋1.23×55＝1.23×(45＋55)＝1.23×100＝123

(5)　$\left(\frac{1}{2}+\frac{3}{4}\times\frac{5}{6}\right)\div\frac{7}{8}\div\frac{9}{10}=\left(\frac{1}{2}+\frac{5}{8}\right)\times\frac{8}{7}\times\frac{10}{9}=\left(\frac{4}{8}+\frac{5}{8}\right)\times\frac{8}{7}\times\frac{10}{9}=\frac{9}{8}\times\frac{8}{7}\times\frac{10}{9}=\frac{10}{7}=1\frac{3}{7}$

(6)　５×(７＋□)－２＝48より，５×(７＋□)＝48＋２＝50，７＋□＝50÷５＝10　よって，□＝10－７＝３

2　速さ，正比例，単位の計算，四則計算，面積，体積

(1)　時速60kmは１時間(60分)で60km走る速さだから，分速(１分間に進む道のり)は，60÷60＝１(km)である。よって，20分で走る道のりは，１×20＝20(km)とわかる。

(2)　みかん１個の値段は，350÷７＝50(円)だから，15個の値段は，50×15＝750(円)となる。

(3)　111分＝１時間51分だから，２時25分＋１時間51分＝３時76分＝４時16分となる。

(4)　１m＝100cmより，２m＝200cmである。よって，１cm単位で切るとき，７人で分けると，200÷７＝28あまり４より，１人28cmずつで，あまりは４cmになる。

(5)　(三角形の面積)＝(底辺)×(高さ)÷２より，この三角形の面積は，４×３÷２＝６(cm^2)である。

(6)　(円柱の体積)＝(底面積)×(高さ)である。この円柱は，底面の円の面積が，２×２×3.14＝４×3.14(cm^2)で，高さが５cmだから，体積は，４×3.14×５＝20×3.14＝62.8(cm^3)と求められる。

3　売買損益，年れい算，平面図形の構成，角度，面積

⑴　全部の利益は，(売り上げ金額の合計)－(仕入れ値の合計)で求められる。まず，原価150円の商品を3000個仕入れたので，仕入れ値の合計は，150×3000＝450000(円)となる。また，原価の４割の利益をのせた定価は，150×(１＋0.4)＝150×1.4＝210(円)であり，定価では，仕入れた個数の80％の，3000×0.8＝2400(個)売れたから，この分の売り上げ金額は，210×2400＝504000(円)となる。さらに，定価の半額は，210÷２＝105(円)であり，定価の半額では，3000－2400＝600(個)売れたから，この分の売り上げ金額は，105×600＝63000(円)となる。したがって，売り上げ金額の合計は，504000＋63000＝567000(円)なので，全部の利益は，567000－450000＝117000(円)と求められる。

⑵　現在の両親の年れいの合計は，36＋32＝68(才)で，これは姉弟，つまり，タヌ子さんと弟の年れいの合計の４倍だから，タヌ子さんと弟の年れいの合計は，68÷４＝17(才)である。よって，現在のタヌ子さんの年れいは，17－７＝10(才)とわかる。次に，現在の1⃞年後に，両親の年れいの合計が姉弟の年れいの合計の２倍になるとすると，1⃞年後までに，両親の年れいの合計は2⃞才増え，姉弟の年れいの合計も2⃞才増えるので，下の図１のように表せる。1⃞年後の両親，姉弟の年れいの合計の差は，現在の差と同じで，68－17＝51(才)だから，1⃞年後の姉弟の年れいの合計の，２－１＝１(倍)が51才となる。よって，1⃞年後の姉弟の年れいの合計は51才なので，2⃞＝51－17＝34(才)より，1⃞＝34÷２＝17(年後)と求められる。

図１

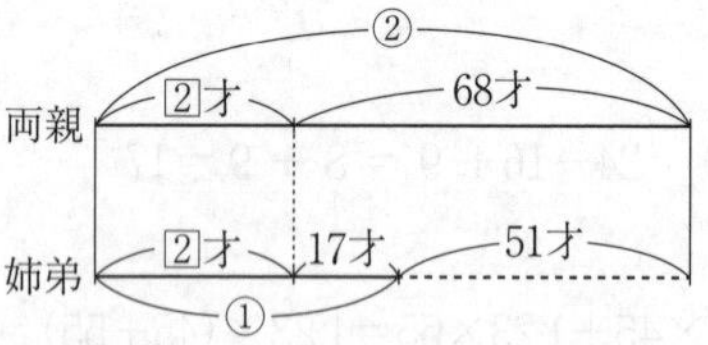

図２

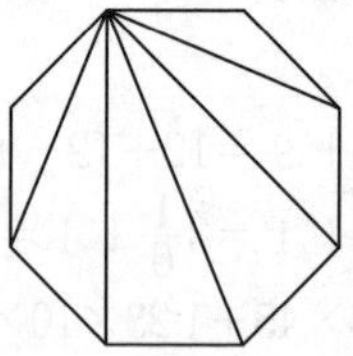

図３

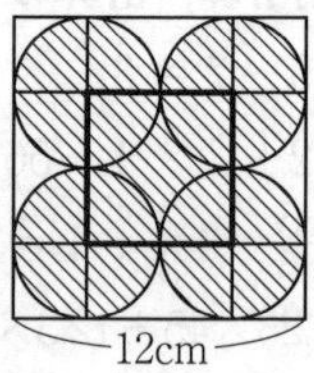

⑶　上の図２のように，正八角形の１つの頂点からひくことのできる対角線は５本ある。また，□角形のすべての角の大きさの和は，180×(□－２)(度)で求められるので，すべての角の大きさの和が900度のとき，180×(□－２)＝900(度)となる。よって，□－２＝900÷180＝５，□＝５＋２＝７より，七角形である。

⑷　上の図３で，正方形の１辺の長さの12cmは，円の半径の４つ分だから，円の半径は，12÷４＝３(cm)となる。すると，しゃ線部分の面積は，１辺が，３×２＝６(cm)の正方形(太線部分)と，半径３cmの円を４等分した形12個の面積の和となる。また，円を４等分した形を４個集めると，１個の円になるので，半径３cmの円を４等分した形12個の面積は，半径３cmの円，12÷４＝３(個)の面積と等しい。したがって，しゃ線部分の面積は，６×６＋３×３×3.14×３＝36＋84.78＝120.78(cm^2)と求められる。

4⃞ 速さ，グラフ

⑴　富江さんは８時に家を出発し，30分間歩いたあと，公園で20分間休けいし，その10分後に図書館に着いたから，図書館に着いた時刻は，８時＋30分＋20分＋10分＝９時00分である。

⑵　分速80ｍで30分間歩いた道のりは，80×30＝2400(ｍ)，分速120ｍで10分間走った道のりは，120×10＝1200(ｍ)なので，家から図書館までの道のりは，2400＋1200＝3600(ｍ)とわかる。

⑶　富江さんは８時に家を出発したあと，分速80ｍで30分間歩き，８時30分に家から2400ｍの地点

まで進む。そのあと，８時30分から20分間休けいするので，８時50分までは家からの道のりは変わらない。さらに，８時50分から９時まで分速120mで進み，９時に家から3600mの地点にくる。よって，下の図１のように，（８時，０ｍ），（８時30分，2400m），（８時50分，2400m），（９時，3600m）の点を順に直線で結んだグラフになる。

(4) 智江さんは８時20分に家を出て９時に図書館に着いたので，智江さんが進んだようすを表すグラフは下の図２の点線のようになる。智江さんは，９時－８時20分＝40分間で3600m歩いたから，智江さんの速さは分速，3600÷40＝90(m)と求められる。また，智江さんは2400m歩くのに，$2400\div90=\frac{80}{3}=26\frac{2}{3}$(分)かかり，$\frac{2}{3}$分は，$60\times\frac{2}{3}=40$(秒)だから，26分40秒かかる。よって，智江さんが公園で富江さんに会ったのは，８時20分＋26分40秒＝８時46分40秒なので，富江さんが公園を出発したのは，智江さんに会ってから，８時50分－８時46分40秒＝３分20秒後である。

図１

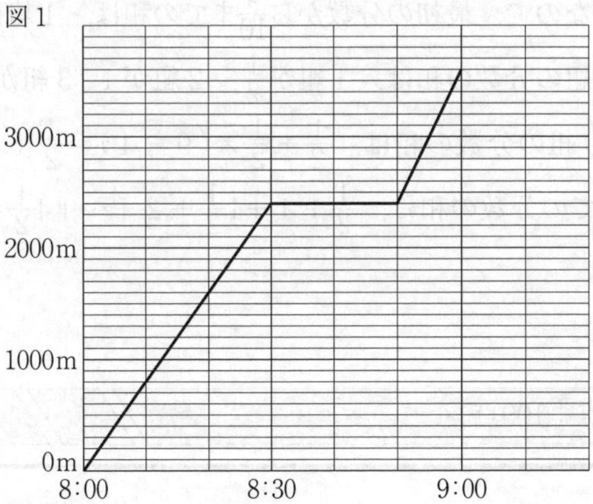

図２

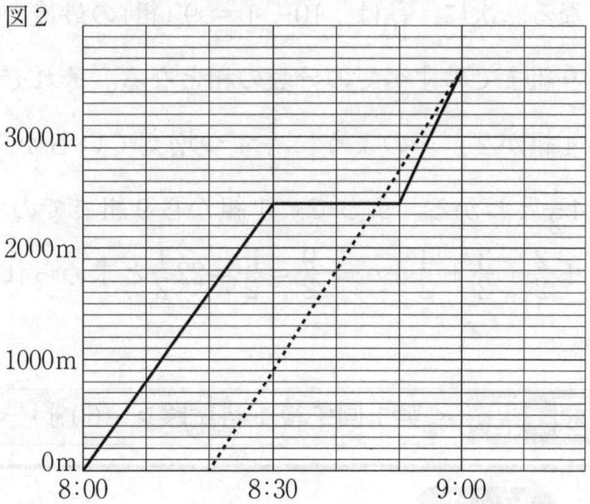

5 濃度《のうど》

(1) ６％の食塩水には，食塩が食塩水全体の６％溶《と》け込《こ》んでいる。よって，容器Ａに入っている６％の食塩水100ｇには食塩が，100×0.06＝６（ｇ）溶け込んでいる。

(2) 容器Ｂには900ｇの水が入っているので，100ｇの食塩を入れると，900＋100＝1000（ｇ）の食塩水ができる。よって，濃度は，100÷1000×100＝10より，10％になる。

(3) 容器Ａに水を50ｇ入れると，溶け込んでいる食塩の重さは６ｇのままで，食塩水の重さは，100＋50＝150（ｇ）になる。よって，濃度は，６÷150×100＝４より，４％になる。

(4) (2)でできた濃度10％の食塩水50ｇには，食塩が，50×0.1＝５（ｇ）溶け込んでいる。また，(3)でできた食塩水150ｇには食塩が６ｇ溶け込んでいるから，これらを混ぜると，溶け込んでいる食塩の重さは，５＋６＝11（ｇ）で，食塩水の重さは，50＋150＝200（ｇ）になる。よって，11÷200×100＝5.5より，5.5％の食塩水が200ｇできる。

6 数列

$\frac{1}{2}$,	$\frac{1}{3}$, $\frac{2}{3}$,	$\frac{1}{4}$, $\frac{2}{4}$, $\frac{3}{4}$,	$\frac{1}{5}$, $\frac{2}{5}$, $\frac{3}{5}$, $\frac{4}{5}$,	$\frac{1}{6}$, …
１組	２組	３組	４組	

(1) 右の図のように，分母が同じ分数ごとに区切って，順に１組，２組，…とすると，１組には分母が２の分数が１個，２組には分母が３の分数が２個，３組には分母が４の分数が３個，…のように並んでいる。よって，どの組にも，組の番号より１大きい分母の分数が，組の番号と同じ個数だけ並んでいる。すると，５組には分母が６の分数が５個並ぶので，５組までには，１＋２＋３＋４＋５＝15(個)の分数が並ぶ。したがって，

最初から数えて15番目の分数は，分母が６の分数のうち５番目の分数だから，$\frac{5}{6}$である。

(2)　はじめて分母が２けたになる分数は，分母が10の分数の１つ目だから，$\frac{1}{10}$となる。また，分母が９の分数は，９－１＝８(組)の分数だから，８個並ぶ。よって，$\frac{1}{10}$の１つ前までに，１＋２＋３＋…＋８＝36(個)の分数が並ぶので，$\frac{1}{10}$は最初から数えて，36＋１＝<u>37(番目)</u>の分数とわかる。

(3)　分母が３である分数は，$\frac{1}{3}$，$\frac{2}{3}$だから，その和は，$\frac{1}{3}+\frac{2}{3}=\frac{3}{3}=1$である。

(4)　分母が４である分数の和は，$\frac{1}{4}+\frac{2}{4}+\frac{3}{4}=\frac{6}{4}=\frac{3}{2}=1\frac{1}{2}$，分母が５である分数の和は，$\frac{1}{5}+\frac{2}{5}+\frac{3}{5}+\frac{4}{5}=\frac{10}{5}=2$，分母が６である分数の和は，$\frac{1}{6}+\frac{2}{6}+\frac{3}{6}+\frac{4}{6}+\frac{5}{6}=\frac{15}{6}=\frac{5}{2}=2\frac{1}{2}$となる。

(5)　(2)より，$\frac{1}{10}$の１つ前までに36個の分数が並ぶので，$\frac{9}{10}$は最初から数えて，36＋９＝<u>45(番目)</u>となる。次に，$\frac{9}{10}$は，10－１＝９(組)の最後の分数なので，最初の分数から$\frac{9}{10}$までの和は，１組から９組までのすべての分数の和となる。それぞれの組の分数の和は，１組が$\frac{1}{2}$，２組が１，３組が$1\frac{1}{2}$，４組が２，…のように$\frac{1}{2}$ずつ増えているから，９組の分数の和は，$\frac{1}{2}+\frac{1}{2}\times(9-1)=\frac{1}{2}+4=4\frac{1}{2}$とわかる。よって，１組から９組までのすべての分数の和は，$\frac{1}{2}+1+1\frac{1}{2}+2+\cdots+4\frac{1}{2}=\frac{1}{2}+\frac{2}{2}+\frac{3}{2}+\frac{4}{2}+\cdots+\frac{9}{2}=\frac{45}{2}=\underline{22\frac{1}{2}}$と求められる。

国語　＜第１回午後１科試験＞（60分）＜満点：100点＞

解答

問１　**ア〜ウ，オ，ク〜コ**　下記を参照のこと。　**エ**　ぶきよう　**カ**　なまいき　**キ**　めくば　**問２**　**１**　イ　**２**　カ　**３**　ア　**４**　エ　**問３**　イ　**問４**　学校でからかわれたこと／お母さんにやめたいと言えずに悩んでいること　**問５**　ウ　**問６**　エ　**問７**　**１**　耳　**２**　**①**　鼻　**②**　手　**問８**　(例)　まわりに言われたからではなく，自分の意志で，母親の登校時の見送りをやめたいのだと思う気持ち。　**問９**　もやもやする　**問10**　ア　**問11**　エ　**問12**　ウ　**問13**　**ア**　手づくり　**イ**　おこづかい　**ウ**　体操着袋　**エ**　思うところ　**オ**　ぼくの気持ち　**問14**　ア　**問15**　エ　**問16**　大人　**問17**　てっきり，〜している。　**問18**　ウ　**問19**　(例)　一年生のころのように，大きく手をふってくれる母親を見て，小さいころから見送ってくれていたことを思い出し，今まで見送ってきてくれたことに，感謝の気持ちでいっぱいになっている。

●漢字の書き取り

問１　ア　必要　イ　探　ウ　得意　オ　映　ク　口調　ケ　階段　コ　姿

解説

出典は葉山《はやま》エミの『ベランダに手をふって』による。父親を病気で亡《な》くし，だれかと突然《とつぜん》会えなくなる恐《きょう》怖《ふ》におびえ，小学校にいくのがいやになってしまい，そのために登校のときに母親が見送りすることを，クラスメイトにからかわれた「ぼく」は，この習慣を続けるべきかどうかを考え，自分なりの結論にたどりつく。

問１　**ア**　そうしなければいけないこと。　**イ**　見つけようとすること。　**ウ**　上手であること。　**エ**　手先が器用ではないこと。　**オ**　映像を画面などに映すこと。　**カ**　年齢《ねんれい》に合わない出すぎた言動を行うこと。　**キ**　目で合図をすること。　**ク**　しゃべるときの声の調子。　**ケ**　人が上り下りするための段差。　**コ**　見た目。外見。

問２　**１**　お母さんに，「もう，見送りしなくていい」と「はっきり」言うと，傷つけてしまうのではないかと，心配している。　**２**　「遠まわしに」伝えても，見送りをやめてほしいのだと伝わらなければ，意味がないのである。　**３**　「ぼく」は，どうすればいいか決められず，いつまでも「ぐずぐず」悩《なや》んでいる。　**４**　「あるんだけど」と，言葉をにごしつつ相談しているので，ためらうようすを表す，「おそるおそる」があてはまる。

問３　香帆《かほ》が，お母さんの見送りを「おかしいなんて思わない」と言ってくれたので，「ぼく」は納《なっ》得《とく》していたが，「もうやめて」ほしいという思いもあるため，「すっきりしない」のである。

問４　「ぼく」がおじいちゃんに打ち明けたのは，「学校でからかわれたこと」と「お母さんにやめたいと言えずに悩んでいること」である。

問５　「口元がほころぶ」は，笑顔《えがお》になることである。ここでは，「ぼく」から内緒《ないしょ》の相談をうけたおじいちゃんが，うれしそうな表情をうかべたことを表している。

問６　見送りをやめなくていいというおじいちゃんの言葉に対して，一理あると思うものの，「自分の意志」としては「やめたい」と思っているので，納得しきれずにいるのである。

問７　**１**　「耳をかたむける」は，人の意見をよく聞くこと。　**２**　①　「鼻にかける」は，自慢すること。「鼻で笑う」は，ばかにすること。「鼻もちならない」は，相手の言動がふゆかいであること。　②　「手を打つ」は，必要な処置を行うこと。「手を広げる」は，仕事などの範囲《はんい》を広げること。「手ぐすねをひく」は，準備をして待ち構えること。

問８　母の見送りをやめてほしいのは，「みんなにからかわれたこと」で「はずかしい思いをした」からではなく，「自分の意志」である。ただし，「おかしいっていうのとは，違《ちが》うかもしれない」とあるので，答案に「おかしい」という言葉を入れないように，気をつける必要がある。

問９　直後の部分で，「なんか違う」という「違和感《いわかん》」を，「もやもやする」と言い換《か》えている。

問10　母の見送りは，幼いころに父親を亡くして，恐怖で小学校に行くのがいやになった「ぼく」（輝《ひかる》）を，はげますためにはじまったものであり，二人にとって，とても大事な時間だったのである。

問11　ぼう線⑦に用いられた表現技法は，「つぼみ」という人間でないものに，「待つ」という人間の行動をあたえる，「擬人《ぎじん》法」である。擬人法が用いられているのは，「冬の風」に，「ささやく」という人間の行動をあたえている，エである。なお，アは倒置《とうち》法，イは対句《ついく》法，ウは比喩《ひゆ》(直喩)である。

問12　おじいちゃんは，「なつかしいなぁ」と言いながら，昔のことを思い出している。遠くを見るのは，昔を思い出すときのしぐさである。

問13　**ア～オ**　「お父さん」は小学生だったころ，おばあちゃんに体操着袋《ぶくろ》を「手づくり」してもらっていたが，「思うところ」があり，ある日，「紺色《こんいろ》の無地の袋を，自分のおこづかいで買ってきてしまった」。「お父さん」はそういう過去があるので，もし生きていたら「今のぼくの気持ち」もわかってもらえるのではないかと輝は考えたのである。

問14　Ⅰ，Ⅱ　おじいちゃんが，かつてのお父さんを自分に重ね合わせていると知った「ぼく」は，自分がお父さんと共にいるような気持ちをいだけたものと想像できる。よって，アがよい。

問15　おじいちゃんが言った，「昔のお父さん」の「大人になる」という言葉が，自分自身の思いと重なり，「ぼく」の心の中に「とけて」いったのである。

問16　「お母さんには悪いけど，大人になるんだ」という昔のお父さんの言葉に共感して，「ぼくは大人になる」と決意している。

問17　見送りをしなくていいと言えばお母さんが悲しみ，「なんで？」ときかれるのではないかと思っていたが，実際には「晴れ晴れ」とした表情で「そっ，わかったわ」とあっさりと受け入れてくれたので，拍子《ひょうし》ぬけしたのである。

問18　「ぼく」は，自分と昔のお父さんの気持ちが重なりあったことや，大人になろうと決意したことなど，父の死を乗り越《こ》えて前へ進もうとしていることを，自分と同じ父親を亡くした境遇《きょうぐう》で，自分のよき理解者でもある香帆《かほ》に伝えたいと思っている。

問19　母が大きな声で「いってらっしゃーい」と言いながら，大きく手をふるのを見て，「まるで一年生のときに戻《もど》ったみたい」だと，はずかしさとなつかしさを覚えつつ，これまでずっと見送り続けてくれた母への感謝で，胸がいっぱいになっている。

Memo

Memo

2021年度　駒沢学園女子中学校

〔電　話〕　(042)　350－7123
〔所在地〕　〒206－8511　東京都稲城市坂浜238
〔交　通〕　稲城駅，新百合ヶ丘駅，あざみ野駅，稲城長沼駅よりバス

【算　数】〈第１回午前一般試験〉（45分）〈満点：100点，４教科受験は50点〉

【注意】計算の途中式や考えは採点されますので、消さないでください。

1　次の□にあてはまる数を求めなさい。

(1)　$(12-3)\times4+5=$□

(2)　$\left(\frac{6}{7}-\frac{3}{4}\right)\times9\frac{1}{3}=$□

(3)　$1.2+3.4+5.6-7.8=$□

(4)　$($□$+1)\times2=5+$□　※１けたの同じ整数が入ります。

2　次の問いに答えなさい。

(1)　車が 300 ㎞進むのに５時間かかりました。車の走る速さは時速何 km ですか。

(2)　姉は 15 才，ポチは３才です。姉とポチと私の平均年齢《ねんれい》は 10 才です。私は何才ですか。

(3)　３人で 40 日かかる仕事を８人でやると何日かかりますか。

(4)　田中さんは 10 分に１回あくびをします。中田さんは 14 分に１回あくびをします。２人が８時に同時にあくびをしました。次に同時にあくびをするのは何時何分ですか。

3 次の問いに答えなさい。ただし，円周率は 3.14 とします。

(1) １個 200 円のいよかんと１個 50 円のみかんを合わせて 11 個買いました。ちょうどタイムサービス中で２割引きになり，会計は 1040 円でした。いよかんは何個買いましたか。

(2) 5％の食塩水 200 g と 2％の食塩水 100 g をまぜると何％の食塩水が何 g できますか。

(3) 右の図は，直角二等辺三角形を折り曲げたものです。角 x，y の大きさは何度ですか。

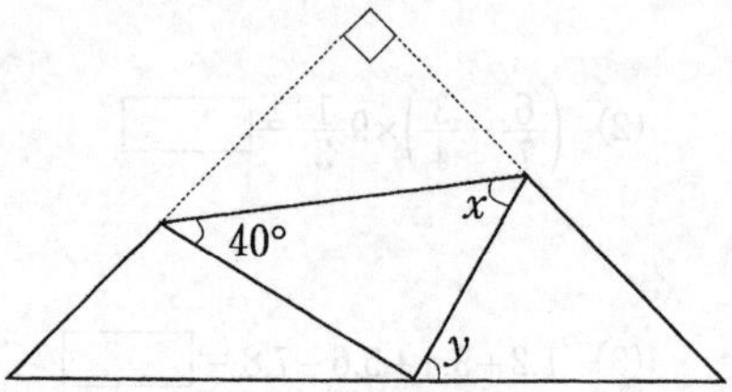

(4) 右の図は１辺８ｃｍの正方形と同じ大きさの４つの円を組み合わせた図形です。
しゃ線部分の面積を求めなさい。

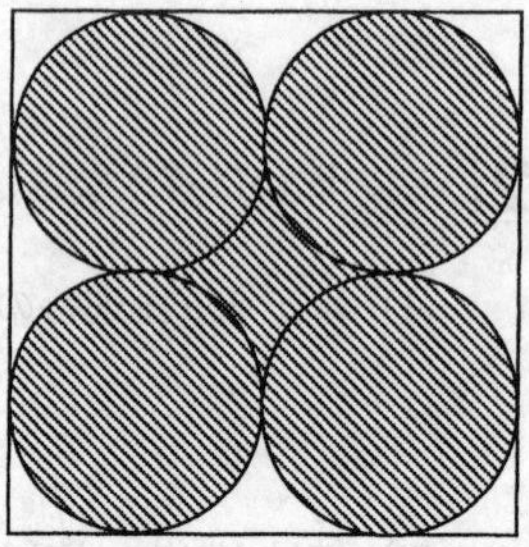

4 右の図のような，縦《たて》30cm，横 40cm の空《から》の水そうがあります。この水そうの中には，図のような縦《たて》10cm，横 20cm，高さ 5cm の直方体が２つ重ねて入っています。これにじゃ口から一定の割合で水を入れはじめ，いっぱいになったところで水を止めました。下のグラフはそのときの時間と水面の高さの様子を表したものです。このとき，次の問いに答えなさい。

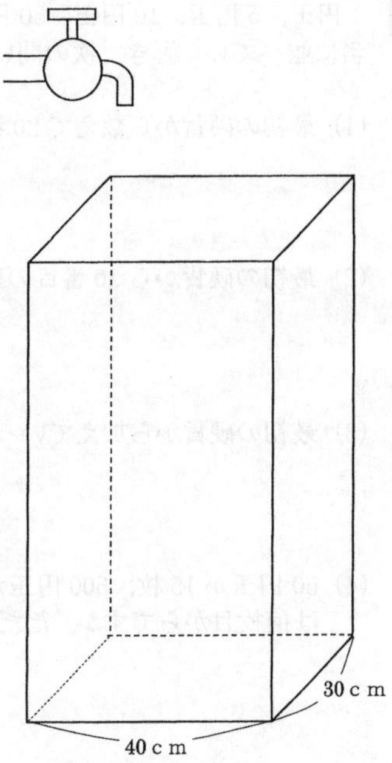

(1) ２つの直方体を重ねるとき，下の直方体と上の直方体はそれぞれ㋐，㋑，㋒のどの面が上になりますか。

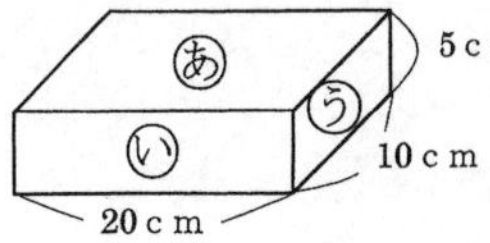

(2) じゃ口から入れる水は，毎分何Ｌですか。

(3) ２つの直方体が完全に水にしずむのは水を入れはじめてから何分後ですか。

(4) 水そうの高さは何ｃｍですか。

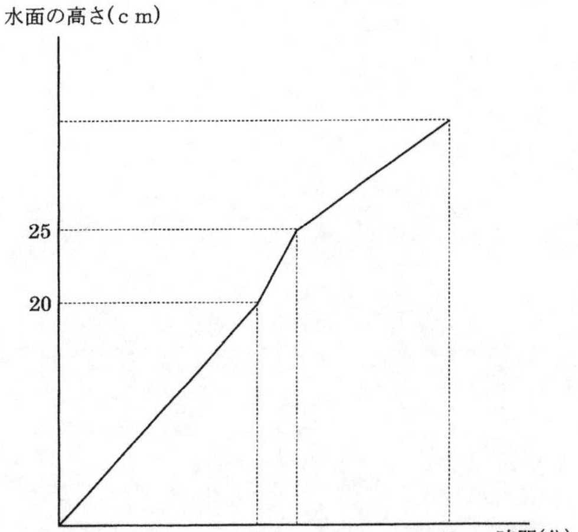

5 1円玉，5円玉，10円玉，50円玉，100円玉，500円玉がたくさんあります。これら6種類の硬貨《こうか》をこの順番に並べていくとき，次の問いに答えなさい。

(1) 最初の硬貨から数えて20番目の硬貨は何円玉ですか。

(2) 最初の硬貨から20番目の硬貨までの合計の金額は何円ですか。

(3) 最初の硬貨から加えていった合計の金額が1万円を超えるのは何枚目からですか。

(4) 50円玉が15枚，500円玉が10枚，それ以外の硬貨はたくさんあるとき，合計金額が1万円を超えるのは何枚目からですか。ただし，並べる硬貨が途中でなくなった場合は，次の硬貨を並べるものとします。

【社　会】〈第１回午前一般試験〉（理科と合わせて60分）〈満点：50点〉

〈編集部注：実物の試験問題では，1のグラフと2の写真はカラー印刷です。〉

1　次のグラフは、日本の面積と人口について、全国に占《し》める都道府県の地位をまとめたものです。グラフのA～Eにあてはまる都道府県の説明として正しいものを、それぞれ下の（ア）～（オ）より１つずつ選び、記号で答えなさい。また、グラフのA～Eの位置を次のページの地図から選び、それぞれ数字で答えなさい。

全国に占める都道府県の地位

面積

（2019 年 10 月 1 日）

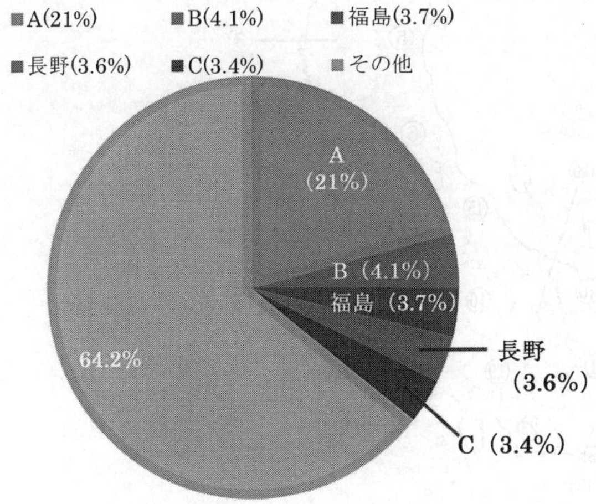

人口

（2019 年 10 月 1 日）

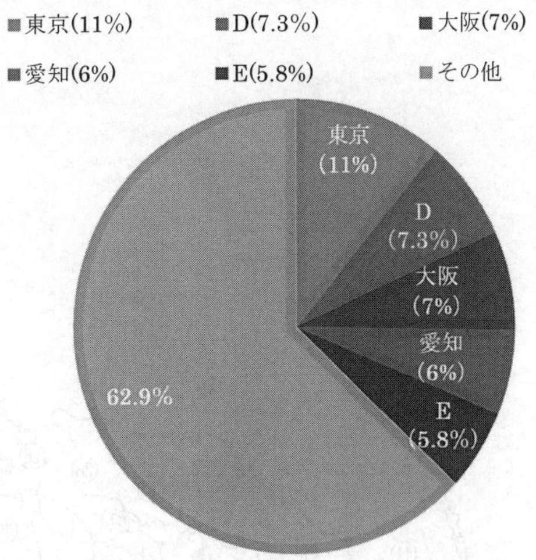

参考文献　『日本国勢図会 2020/21』

（ア）北に利根川が流れている行田《ぎょうだ》市には５世紀に造られた稲荷山《いなりやま》古墳がある。この古墳から出土した鉄剣《てっけん》には、115 文字が刻《きざ》まれており、ワカタケル大王《おおきみ》に仕えた者の功績などが記されている。また、内陸に位置しており、東京から放射状に伸びた鉄道を利用して通勤通学が可能なため、ベッドタウンとして注目されている。

（イ）全国有数の米どころとして知られるこの都道府県では、米を材料にした多くの特産品が生産されている。佐渡には国の特別天然記念物にも指定されているトキの保護センターがあり、昨年は７羽のひなが誕生した。

（ウ）古くより蝦夷地《えぞち》と呼ばれ、先住民のアイヌ民族が暮らしてきた。第一次産業がさかんで、根釧台地や十勝平野などでは乳用牛《にゅうようぎゅう》の飼育や、大豆やあずきなどの穀類《こくるい》の生産もさかんである。

（エ）箱根は古くから宿場町として栄《さか》え、現在では観光地として発展している。また、浦賀には 19 世紀、アメリカ艦隊《かんたい》が来航《らいこう》し、日本に開国を迫《せま》った。その後、横浜は開港され、世界的な港として発展している。

（オ）平安時代後期には、安倍氏、清原氏、藤原氏などの豪族《ごうぞく》が力を伸ばし、12 世紀になると、藤原氏が北上川を流れる平泉に黄金文化を築いた。また、南部鉄器といわれる伝統的な工芸品も生産されている。

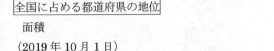

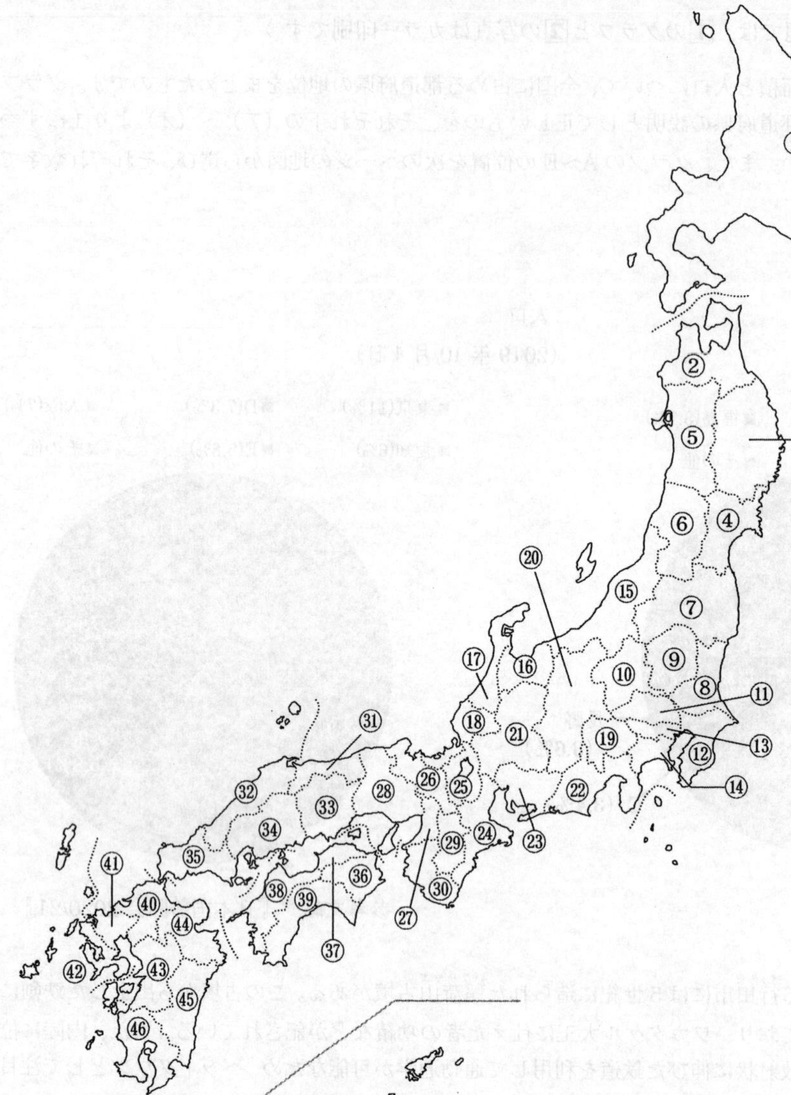
①
②
③
④
⑤
⑥
⑦
⑧
⑨
⑩
⑪
⑫
⑬
⑭
⑮
⑯
⑰
⑱
⑲
⑳
㉑
㉒
㉓
㉔
㉕
㉖
㉗
㉘
㉙
㉚
㉛
㉜
㉝
㉞
㉟
㊱
㊲
㊳
㊴
㊵
㊶
㊷
㊸
㊹
㊺
㊻
㊼

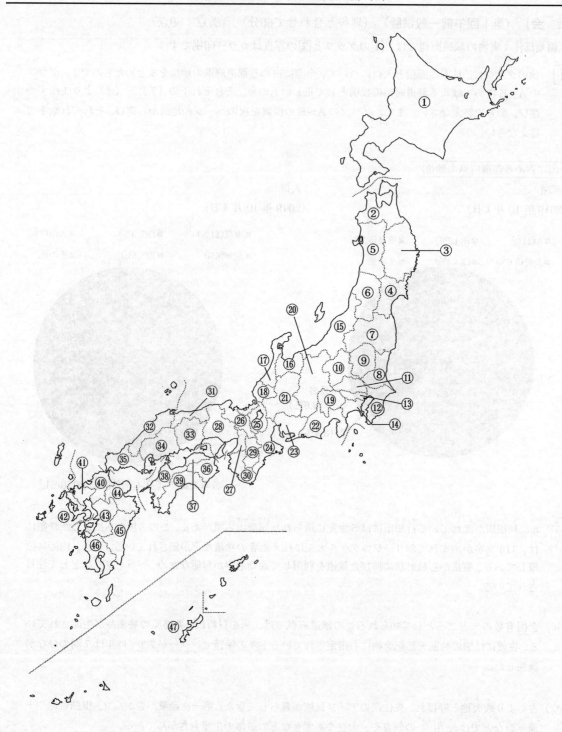

2　次の会話文を読み、問いに答えなさい。

駒子：社会の調べ学習のテーマ、おもしろそうだよね。

花子：うん。「歴史上活躍《かつやく》した女性について調べる」だったよね。駒子さんはどんな人を思い浮かべる？

駒子：そうだなぁ。**A卑弥呼**、推古天皇、[　B　]、紫式部とかかな。あ！[　B　]は男性だね。

花子：「子」という漢字にまどわされてはいけないよね。この人は遣隋使として有名ね。

駒子：花子さんはどんな人を思い浮かべる？誰について調べたい？

花子：私は**C北条政子**を調べたいな。当時の政治に影響《えいきょう》を与えた人だと思うから。鎌倉時代の女性の地位は高かったと先生が言っていたね。駒子さんは誰について調べるの？

駒子：私は**D推古天皇**にしようかな。昔は女性の天皇がいたことも、現代とは違うところだよね。

花子：昔の女性と現代の女性とでは、どのような違いがあるかしら？

駒子：違うところはたくさんあると思うけど、現代では女性もいろいろな仕事につくようになったと思うな。

花子：そうね。江戸時代にも、物を売る仕事、美容の仕事や芸事の師匠《ししょう》として活躍した人もいたそうよ。いつの時代も、男性・女性に関係なく、その人に合った働き方ができることはいいことよね。

駒子：女性の歴史を調べることは、現代の女性の生き方を考えることにつながるね。

（１）下線部Ａに関連して、下の写真は弥生時代に使われていた道具です。銅鐸《どうたく》をあらわすものを（ア）～（エ）より１つ選び、記号で答えなさい。　※写真の大きさは実物と違います。

（ア）

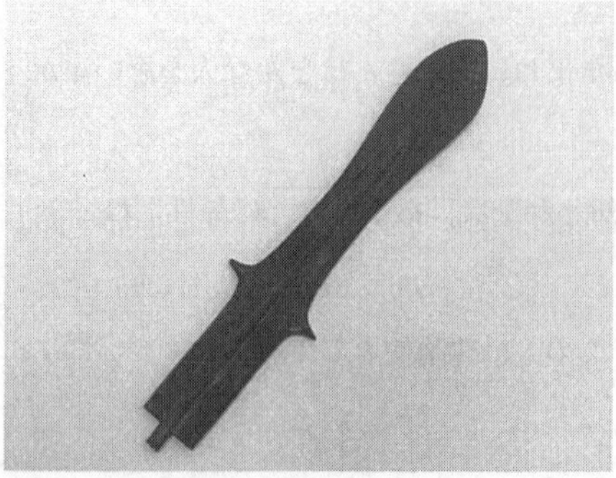

（イ）

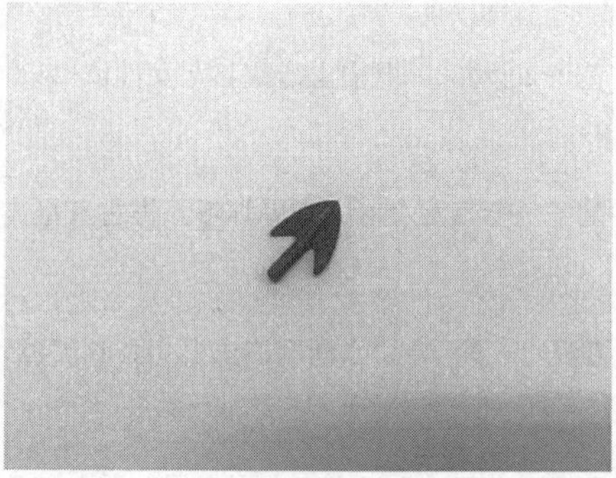

（ウ）

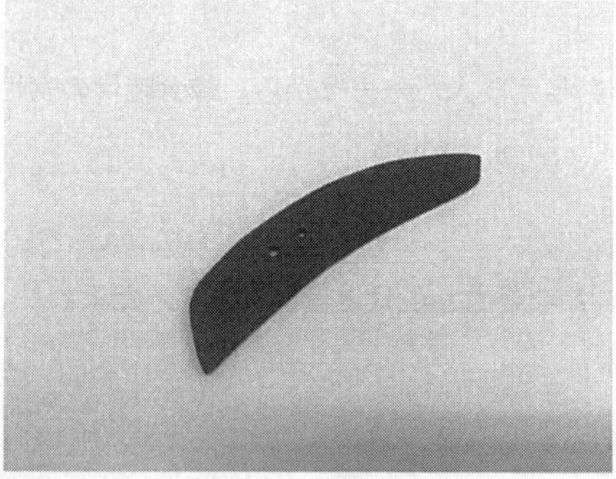

（エ）

（２）空欄《くうらん》Ｂにあてはまる最もふさわしい人物を、次の（ア）～（エ）より１人選び、記号で答えなさい。

（ア）孔子　（イ）大海人皇子　（ウ）蘇我馬子　（エ）小野妹子

（３）下線部Ｃについて、次の文章を読み、あとの問いに答えなさい。

北条政子は鎌倉幕府の初代将軍である（　１　）の妻である。（１）が死んだのち、そのあとをついだ頼家・実朝が殺され、源氏の将軍はわずか３代で途《と》絶《だ》えた。そのため、公家《くげ》出身の子を将軍としてむかえたが、政子の実家の北条氏が（　２　）という地位について、政治の実権を握《にぎ》った。

朝廷《ちょうてい》は政治の実権を取り戻《もど》そうとして、1221年、(あ)上皇が幕府をたおす命令を全国の武士に出した。これを知った政子は、*御家人を集めて次のような演説を行った。

「昔、（１）が幕府を開いてからの御恩は山よりも高く、海よりも深いものです。今、朝廷より幕府をたおせとの命令が出ています。名誉《めいよ》を大事にするなら源氏３代の将軍が残したあとを守りなさい。」

(い)この演説を聞いた御家人たちは、上皇の軍と戦いました。結果は幕府軍が勝利をし、上皇は(う)隠岐《おき》へ流されることになった。

＊御家人：将軍の部下となった武士

①　文中の（　１　）にあてはまる最も適当な人物名を答えなさい。

②　文中の（　２　）にあてはまる最も適当な語句を次の（ア）～（エ）より１つ選び、記号で答えなさい。

（ア）　関白　　（イ）　執権　　（ウ）　摂政《せっしょう》　　（エ）　老中

③　下線部（あ）の上皇とは誰《だれ》のことですか。次の（ア）～（エ）より１つ選び、記号で答えなさい。

（ア）　後白河上皇　　（イ）　鳥羽上皇　　（ウ）　白河上皇　　（エ）　後鳥羽上皇

④　下線部（い）について、当時の上皇と幕府軍との戦いを何といいますか。次の（ア）～（エ）より１つ選び、記号で答えなさい。

（ア）　関ヶ原の戦い　　（イ）　壇ノ浦の戦い　　（ウ）　応仁の乱　　（エ）　承久の乱

⑤　下線部（う）の隠岐は何県にありますか。次の（ア）～（エ）より１つ選び、記号で答えなさい。

（ア）　鹿児島県　　（イ）　長崎県　　（ウ）　島根県　　（エ）　新潟県

（４）本文中の駒子の会話の下線部Ｄの摂政として政治を行った聖徳太子について、正しく述べられているものを次の（ア）～（エ）より１つ選び、記号で答えなさい。

（ア）　聖徳太子は冠位十二階を定め、家がらによって重く用いる政治を行った。

（イ）　聖徳太子は天皇に仕《つか》える役人がまもるべき17の心得を十七条の憲法にまとめて制定した。

（ウ）　聖徳太子が活躍《かつやく》したころの時代を平安時代という。

（エ）　聖徳太子は仏教をあつく信仰《しんこう》し、東大寺を建てた。

3 次の文を読んで、下の問いに答えなさい。

憲法は、それぞれの国にとって最も重要で基本となる法律です。日本国憲法は、Aそれまでの憲法に代わって、1946年11月3日に公布され、翌1947年5月3日から施行《しこう》されました。

日本国憲法は、前文と11章103条から構成されています。日本国憲法の前文では、再び戦争の惨禍《さんか》が起こることがないように、民主的な政治を行ない、平和な国となるため、国民主権、基本的人権の尊重、平和主義の3つを基本原理として宣言《せんげん》しています。

国民主権とは、国の治め方を最終的に決めるのは国民であるということです。それまで絶対的な力を持っていた（　1　）が、日本国憲法の第1条では、「日本国の象徴《しょうちょう》であり、日本国民統合《とうごう》の象徴」であると定められました。実際には、国民が選挙で選んだB国会議員が、国会で法律を作り、国会議員の中から選ばれた内閣総理大臣が内閣を組織して、政治をどのように進めていくか決めています。

基本的人権の尊重とは、国民一人一人の生命や自由を大切に守りましょう、というものです。日本国憲法では、第11条で基本的人権を「侵《おか》すことのできない永久の権利として、現在および将来の国民に与えられる」と定めています。C基本的人権は、平等権・自由権・社会権・参政権・請求権《せいきゅうけん》の5つに分類されています。

平和主義とは、国際的な平和を望むものです。日本国憲法の第（　2　）条では、「国権の発動たる戦争と、武力による威嚇《いかく》又は武力の行使《こうし》は、国際紛争《ふんそう》を解決する手段としては、永久にこれを放棄《ほうき》する」、「戦力は、これを保持しない」・「国の交戦権は、これを認めない」と定めています。1954年に創設《そうせつ》された（　3　）は、第（2）条に違反《いはん》しているという意見もあります。

（1）　文中の（　1　）にあてはまる語句を、次の（ア）～（エ）より1つ選び、記号で答えなさい。

（ア）　首相　　（イ）　国民　　（ウ）　天皇　　（エ）　裁判官

（2）　文中の（　2　）にあてはまる数字を答えなさい。

（3）　文中の（　3　）にあてはまる語句を、次の（ア）～（エ）より1つ選び、記号で答えなさい。

（ア）　警察　　（イ）　海上保安庁　　（ウ）　自衛隊　　（エ）　保安隊

（4）　下線部Aについて、1889年に大日本帝国憲法の発布式が行なわれた日は、現在「建国記念日」という祝日になっています。この祝日の日付を、次の（ア）～（エ）より1つ選び、記号で答えなさい。

（ア）　2月11日　　（イ）　5月3日　　（ウ）　11月23日　　（エ）　12月23日

（5）　下線部Bについて、日本の国会議員は2つの議院のどちらかに所属しています。2つの議院とは何ですか、答えなさい。

（6）　下線部Cの人権のほかに、日本国憲法には定められていない「新しい人権」にあてはまるものを1つ答えなさい。

【理　科】〈第１回午前一般試験〉（社会と合わせて60分）〈満点：50点〉

1　駒子さんは、お父さんと一緒に上野にある国立科学博物館に出かけました。展示物を見たときの二人の会話を読んで、あとの問いに答えなさい。

駒子　　　「お父さん、あれは何？」
お父さん　「あれは牛の胃と腸《ちょう》の標本だね。」
駒子　　　「えっ、腸ってこんなに長いの？」
お父さん　「そうだよ。でも牛は、草食動物だからヒトよりもはるかに長いんだよ。」
駒子　　　「へぇ、草食動物は腸が長いんだね。なんでだろう？」

(1) ヒトの体の中で、口から取り入れた食べ物が肛門《こうもん》から出てくるまでの通り道を何といいますか。

(2) ヒトは光合成ができないので、生きていくのに必要な栄養を、食べ物から取り入れなければなりません。一般的に生物が生命を維持《いじ》し、生活するために取り入れるべき物質を栄養素といいます。ヒトにとって特に重要とされる栄養素を三大栄養素といい、タンパク質とでんぷん（炭水化物）がそこに含《ふく》まれています。三大栄養素の残り一つを答えなさい。

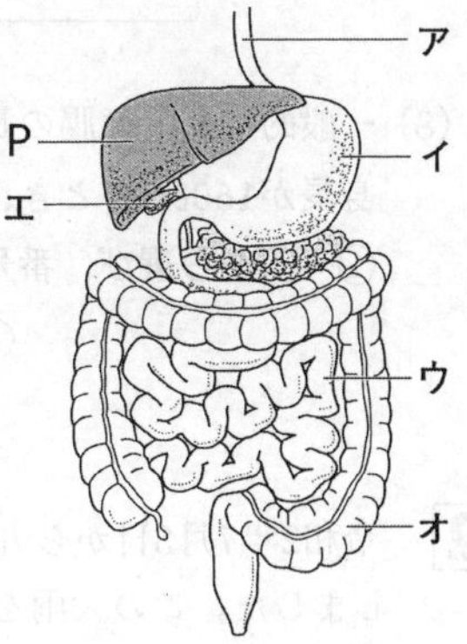

図１　ヒトの体

(3) だ液には、でんぷんを変化させるはたらきがあります。次の①～⑦の中で、このはたらきを調べるのに適しているものをすべて選び、番号で答えなさい。

①卵　　②とり肉　　③サラダ油　　④炊《た》いたご飯
⑤バター　　⑥片栗粉　　⑦豚肉

(4) 塩酸が含まれ、タンパク質の消化を行う消化液を分泌《ぶんぴつ》する器官を、図１のア～オから選び、記号で答えなさい。

(5) 図１のＰの器官は体内の化学工場と呼ばれ、解毒《げどく》作用をはじめ多くのはたらきを持つ器官です。この器官の名前を答えなさい。

(6) 小腸の内壁《ないへき》は平らでなめらかではなく、図２に示すようなひだや柔毛《じゅうもう》と呼ばれる突起《とっき》がたくさんあります。その理由を簡単に説明しなさい。

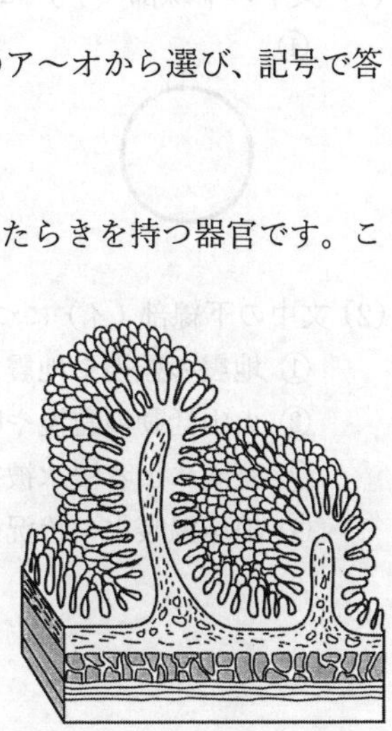

図２　小腸の内壁

(7) 会話文中の二重線について、表１に示す通り草食動物は肉食動物に比べ、体長に対する腸の長さが長いです。その理由を簡単に説明しなさい。

表１　動物のおおよその体長と腸の長さの関係

動物名	体長【m】	腸の長さ【m】
ウシ	2	51
ネコ	0.6	2
ヒツジ	1.2	31
トラ	1	5
ウマ	2.5	30
ライオン	1.8	7

(8) 一般的にヒトの腸の長さは、体長に対して4.5～5倍の長さがあるといわれています。駒子さんの身長が160cmのとき、駒子さんの腸の長さはおよそいくらになりますか。最も適当なものを、次の①～④から選び、番号で答えなさい。

①1.2m　　②3m　　③7.5m　　④13m

2　令和2年7月3日から九州北部地方を中心に激《はげ》しい (ア) 雨が降り続き、日本各地で甚大《じんだい》な被害が発生しました。この大雨を (イ) 気象庁は「令和２年７月豪雨《ごうう》」と命名しました。令和2年の梅雨《つゆ》は関東地方でもいつもの年よりも雨が多く、7月の東京都心の (ウ) 降水量はいつもの年の約1.8倍でした。また、厳《きび》しい暑さの日も少なく、7月の (エ) 真夏日の日数は平均14.8日ですが、令和2年はわずか6日でした。近年の日本では台風や梅雨の大雨だけでなく、短時間で狭《せま》い範囲に激しい雨が降る (オ) 局地的大雨が都市部で多く観測されています。これについて、あとの問いに答えなさい。

(1) 文中の下線部（ア）について、雨をあらわす天気記号を次の①～④から選び、番号で答えなさい。

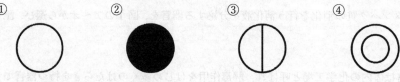

①　　②　　③　　④

(2) 文中の下線部（イ）について、気象庁の仕事でないものを次の①～④から選び、番号で答えなさい。

① 地震の監視《かんし》や地震情報・津波情報の発表
② 火山活動の監視や噴火《ふんか》警報の発表
③ 豪雨による浸水《しんすい》被害を防ぐための下水道の整備
④ 地球温暖化の状況の監視とその情報提供

(3) 文中の下線部（ウ）について、降水量をはかる雨量計を次の①～④から選び、番号で答えなさい。

①
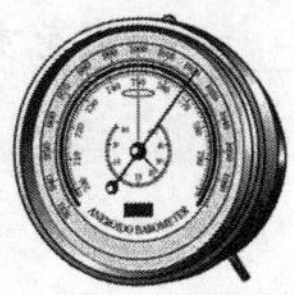
②
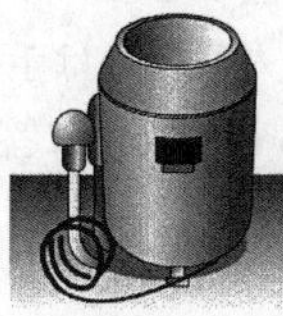
③
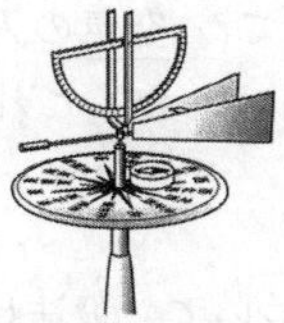
④
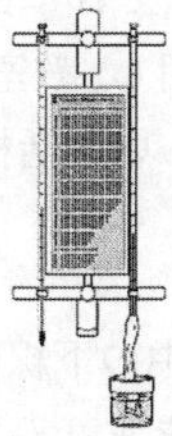

(4) 文中の下線部（エ）について、正しく説明しているものを次の①～④から選び、番号で答えなさい。

① １日の最高気温が35℃以上になる日
② １日の最低気温が35℃以上になる日
③ １日の最高気温が30℃以上になる日
④ １日の最低気温が30℃以上になる日

(5) 文中の下線部（オ）について、局地的大雨は雨を降らせる雲の急速な発達が原因で起こります。その雲の名前を次の①～④から選び、番号で答えなさい。

① 積乱《せきらん》雲　② 乱層《らんそう》雲　③ 巻積《けんせき》雲　④ 層積《そうせき》雲

(6) 大雨は、浸水、河川《かせん》の氾濫《はんらん》・洪水《こうずい》など、さまざまな災害を引き起こします。あなたの家や自治体で行っている大雨に対する備《そな》えや対策を具体的に答えなさい。

右の図は、東京に住む駒子さんがある２日間の気温と湿度を測定し、その変化をグラフに表したものである。

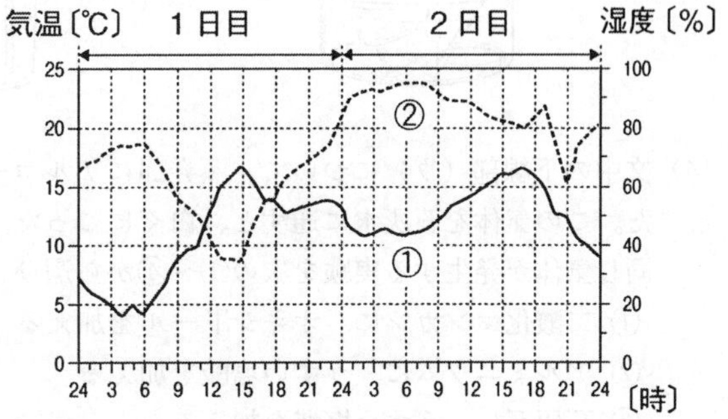

(7) 気温を測定するとき、きちんとした気温のデータをとるために、温度計を置く場所について気をつけるべき点が３つあります。１つ目は風通しのよい場所に置くことです。残りの２つを答えなさい。

(8) 気温を表しているのは、①実線（――）のグラフですか、②点線（-----）のグラフですか。番号で答えなさい。

(9) 一日中、くもりまたは雨であったと考えられるのは１日目ですか、２日目ですか。また、そのように考えた理由を気温と湿度の両方の言葉を使って説明しなさい。

3 令和2年4月16日、日本政府は新型コロナウイルス感染拡大防止のため、緊急事態宣言を発令しました。それに合わせ、全国の学校でも一時的に休校措《そ》置《ち》がとられました。学校再開後は、(ア)マスクを着用し、教室の窓を開けて(イ)空気の入れ替《か》えをし、入室時には手の(ウ)アルコール消毒をするなど、新しい生活様式が始まりました。これについて、あとの問いに答えなさい。

(1) 文中の下線部（ア）について、飛沫《ひまつ》はマスクのすき間より大きいので、マスクを通過することができません。これと同じ原理で、物質を分けるときに用いられる実験操作を次の①～③から選び、番号で答えなさい。

① ろ過　　② 蒸留《じょうりゅう》　　③ 再結晶

(2) 文中の下線部（イ）について、右の図１は空気中の気体の体積の割合を示したものである。A、Bにあてはまる気体の名前を答えなさい。

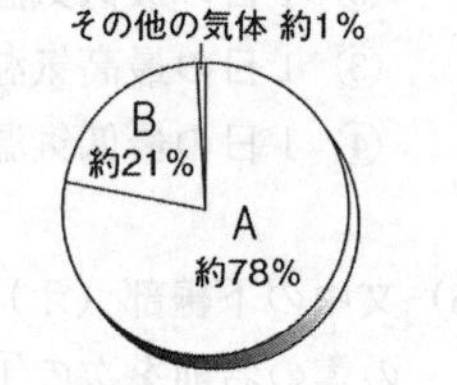

図１　空気中の気体の体積

(3) 図１のBの気体を集めるのに最も適した方法を次の①～③から選び、番号で答えなさい。また、その方法を選んだのは、Bの気体にどのような性質があるからですか。簡単に説明しなさい。

①

②

③
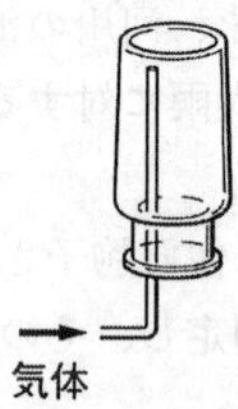

(4) 文中の下線部（ウ）について、蒸発皿にアルコールを少量加え、火をつけると燃えて気体が発生した。この気体を石灰水に通すと、白くにごった。この気体の名前を答えなさい。また、この気体と同じ気体が発生する実験を次の①～④から選び、番号で答えなさい。

① 二酸化マンガンに、オキシドールを加える
② アルミニウムに、うすい塩酸を加える
③ 石灰石に、うすい塩酸を加える
④ 塩化アンモニウムと水酸化カルシウムの混合物を加熱する

水やアルコールのような液体の体積を量る器具の一つに、メスシリンダーがあります。メスシリンダーを使って、水の量を量る場合について考えてみましょう。

(5) メスシリンダーの目盛りを読むときの正しい目の位置を、右の図の①～③から選び、番号で答えなさい。

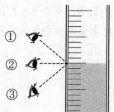

(6) メスシリンダーで$50cm^3$の水を量ったとき、液面の様子はどのようになりますか。解答欄の図に描きなさい。

問十五　――線⑫「僕の心」とありますが、ここにいたるまでの「僕」の心の変化をまとめた文としてもっとも適当なものを次の**ア**～**エ**から選び、記号で答えなさい。

ア　水泳をやめてから「僕」は父に嫌われたと思い落ちこんでいたが、父の想いを母から聞いたことにより、実は「僕」の方が一方的に父のことを嫌っていたということに気づき、すっきりとした気持ちになっている。

イ　水泳をやめてから「僕」は父と距離を置くようになってしまったが、父の想いを母から聞いたことにより、母だけは自分の気持ちを言わなくても理解してくれる強い味方だと気づき、安心した気持ちになっている。

ウ　水泳をやめてから「僕」は父に嫌われたと思い落ちこんでいたが、父の想いを母から聞いたことにより、父は「僕」につらい思いをさせたことを自覚しているとわかり、腹立たしい気持ちになっている。

エ　水泳をやめてから「僕」は父と距離を置くようになってしまったが、父の想いを母から聞いたことにより、父と笑って話したり、思っていることを伝え合ったりできる関係になれるかもしれないと前向きな気持ちになっている。

問十　――線⑦「母はすべての曲を適当に口ずさみ、聞いてもいないのに、これは井上陽水、これは山下達郎、これは中島みゆき、と教えてくれた」とありますが、この行動には母のどんなところが表れていますか。もっとも適当なものを次の**ア～エ**から選び、記号で答えなさい。

ア　これ以上僕が一人でなやみ暗い気持ちにならないようにと考えた母のやさしさ。

イ　この機会に僕に自分の趣味《しゅみ》を知って欲しいと考えた母の自己満足。

ウ　流れてくる歌を適当に歌うことで車内を少しでも明るくしようと考えた母のかしこさ。

エ　僕に有名な昭和の歌手を少しでも教えてやろうと考えた母のおせっかい。

問十一　――線⑧「僕がこの世で、一番嫌いなにおい」とありますが、「僕」がこう考えるようになったことに対し、父はどのようなことを心配していますか。文中から三十字でさがし、初めと終わりの五字をそれぞれ書きぬきなさい。

問十二　――線⑨「やはり胸がキリリと痛んだ」とありますが、この時「僕」がこう感じているのはなぜですか。「真琴」「父」「水泳」という言葉を使って、七十五字以上八十五字以内で説明しなさい。

問十三　――線⑩「口を出す」について、以下の問いに答えなさい。

（１）「口を出す」の意味としてもっとも適当なものを次の**ア～エ**から選び、記号で答えなさい。

ア　たくみに話して相手をだます。

イ　ある食べ物が好みに合う。

ウ　秘密《ひみつ》をすぐに他の人に話す。

エ　割りこんであれこれ言う。

（２）次の□に体の一部を表す語を漢字一字で入れて、意味に合うように慣用句を完成させなさい。

１　□が売れる（有名になる。）

２　□が回らない（お金のやりくりがつかない。）

３　□が痛い（自分の弱点をつく言葉を聞くのがつらい。）

問十四　――線⑪「お父さんだって、お母さんと同じこと、正太郎に対して思ってるんだよ」とありますが、父と母は「僕」にどうしてほしいと思っているのですか。次の文の□にあてはまる言葉を、喫茶店での母の会話文から五字でさがし、書きぬきなさい。

「僕」に□をやってほしい。

問六　――線③「いったい、どういうつもりだろう?」とありますが、「僕」が母に対してこのように考えた理由としてもっとも適当なものを次の**ア～エ**から選び、記号で答えなさい。

ア　母が、喉が渇いていてコーヒーを注文したはずなのに、ちょびっとだけしか飲まなかったから。

イ　母が、僕を強引に連れ出してきたにもかかわらず、僕は母の何の役にも立っていないから。

ウ　母が、真琴の泳ぐ時間になってしまうにも関わらず、いつまでものんびりしているから。

エ　母が、僕がカルピスを飲み干してしまったことに気付いていながらも、追加の注文をしてくれないから。

問七　――線④「メダルのこと」とありますが、どういうことですか。わかりやすく言い変えられている部分を文中から二十字でさがし、書きぬきなさい。

問八　――線⑤「母は眉尻を少し下げて、困ったような顔をした」とありますが、母がこのような顔をした理由としてもっとも適当なものを次の**ア～エ**から選び、記号で答えなさい。

ア　母は、メダルのことに本当は気付いていなかったが、僕の迫力《はくりょく》に圧倒《あっとう》されてしまい本当のことを言い出せなかったから。

イ　母は、メダルのことに本当は気付いていたが、話題にする機会をうかがっていたところで、「僕」の方から切り出されてとまどったから。

ウ　母は、「僕」がメダルのことを認める発言をしたので、犯人が自分の息子だった事実を突きつけられ複雑な気持ちになったから。

エ　母は、メダルのことに本当は気付いていたが、「僕」が認めたことで、親として「僕」をきびしくしからなければならないと思ったから。

問九　――線⑥「真っ赤なケチャップに、涙が垂れる」とありますが、この時の「僕」の気持ちとしてもっとも適当なものを次の**ア～エ**から選び、記号で答えなさい。

ア　母の「僕」に対する考えを聞き、何も言えず泣いていることを指摘《してき》されたのは責められているようでつらいと思っている。

イ　母の「僕」に対する考えを聞き、何と言っていいかわからず、ただオムライスを食べるのは情けなくてくやしいと思っている。

ウ　母がメダルのことについて気づいているとカク信し、これまで何も言わないでいてくれた母のやさしさをうれしいと思っている。

エ　母がメダルのことについて気づいているとカク信し、人の努力の証《あかし》に対して自分がやったことを本当に申し訳ないと思っている。

「自分が無理矢理水泳をやらせて、つらい思いをさせたんじゃないかって。だから、正太郎がやることに関して、⑩口を出すのはやめようって、正太郎が水泳やめたときに決めたんだって。でも、そんなの、口に出してくれないとわからないよね。お父さん、そういうの、へたくそなんだよ。だからいま、お母さんが代わりに言っちゃった。お父さんのこと、許してあげて。⑪お父さんだって、お母さんと同じこと、正太郎に対して思ってるんだよ」

今日の母は、まるで友達みたいな口調で話す。

僕は、本当は、わかっていたのだ。

[Ⅲ]、途中であきらめた自分が情けなくて、僕のほうが、父と距離《きょり》を置くようになったのだ。

いまからでも、僕たち親子は、笑って話したり、思っていることを伝え合ったりできるだろうか。流れていく窓《まど》の外のコ景色に目をやりながら、僕はそんなことを考えた。

「できるよ、家族なんだから」

母は、⑫僕の心が読めるみたいだ。

問一　〜〜線ア〜コについて、カタカナは漢字で、漢字は読みをひらがなで、それぞれ書きなさい。

問二　（　１　）〜（　３　）に当てはまる語句としてもっとも適当なものを次のア〜カからそれぞれ選び、記号で答えなさい。

ア　ふわふわ
イ　ぺらぺら
ウ　ずるずる
エ　ごくごく
オ　ぞろぞろ
カ　くるくる

問三　[Ⅰ]〜[Ⅲ]に当てはまる語句としてもっとも適当なものを次のア〜オから選び、記号で答えなさい。

ア　だから　イ　ところで　ウ　そして
エ　でも　オ　または

問四　――線①「それ」の内容にあたる部分を、「〜かということ。」に続くように文中から十二字で書きぬきなさい。

問五　――線②「ちょっと車で周遊しましょ」とありますが、「車で周遊」と同じ意味をもつ言葉を文中からカタカナ四字で書きぬきなさい。

と母は言った。

僕は、オムライスを、時間をかけて食べ切った。

おばあさんがやってきて、温かい紅茶をテーブルに置き、おいしかった？　と言った。おいしかったです、と僕は答えた。

店を出て、さらに一時間ほどマチをドライブした。ラジオでは昭和歌謡《かよう》ベストヒットをやっていて、⑦母はすべての曲を適当に口ずさみ、聞いてもいないのに、これは井上陽水《いのうえようすい》、これは山下達郎《やましたたつろう》、これは中島みゆき、と教えてくれた。

午後、僕は母と並んで真琴の合同練習をプールサイドの端《はし》っこのほうで見学した。市民プールは、塩素のにおいがした。⑧僕がこの世で、一番嫌いなにおい。

真琴のコーチは母を発見すると軽く頭を下げ、そのあと、ちょっと不思議そうな顔をしながらこちらにやってきた。

「正太郎君？　大きくなったわねえ」

六年もたっているのに、わかるもんなんだな。

休憩《きゅうけい》時間になり、水泳帽《ぼう》を被《かぶ》った真琴は母と僕を発見して、ちゃんと見てた？　また記録更新《こうしん》したんだよ！　と言った。

「ごめん、二人でお昼食べてたら見逃しちゃった」

怒るかと思ったが、真琴は、バカー！　と言っただけだった。いや、これでちゃんと怒っているのか。

「またすぐに更新するでしょ。そのときはちゃんと見るから」

母の言葉に、真琴はうれしそうな顔をした。

笛が鳴って、真琴はコーチのもとへ走っていった。

「じゃ、最後にクロールね」

真琴はゴーグルをばちんと目にはめて、コーチの笛の合図で壁《かべ》を蹴《け》り、泳ぎ出した。

初めて見る真琴の泳ぎは見事だった。しなやかで、力強くて、子供《こども》のころに見た父の泳ぎをミニサイズにしたみたい。僕にはできなかった、父みたいな泳ぎ。そう思うと、⑨やはり胸《むね》がキリリと痛《いた》んだ。でも僕は、ちゃんと最後まで真琴の泳ぎを見た。

真琴は、ひとかきごとにヶカクジツに速くなっていくのだろう。

僕だって、あのとき水泳をやめていなければ、真琴みたいに、父みたいに速くなれたのだろうか。

僕はいつか、真琴の泳ぎを、胸の痛みなしで、心の底から「がんばれ」と思いながら、見られるようになるだろうか。

そう思いながら、僕は真琴のクロールを見ていた。

帰りの車内は静かだった。

母がバックミラーにちらりと目をやって言った。

「見てよ、あの寝顔《ねがお》」

真琴は、体を斜《なな》めにして口を開け、上を向いて爆睡《ばくすい》していた。水泳は、ものすごく体力を使うのだ。

「お父さんね、このまえ言ってたよ」

母がまた唐突《とうとつ》に言った。

「……何を」

「正太郎に、どういうふうに接していいかわからないって」

「…………」

「部活、どう？　楽しい？」
「うん、まあまあ」
「そう」
僕はキ放課後、ハセと、途中《とちゅう》からは、ハセと近田さんと寄《よ》り道をしてから帰っているので、帰宅時間は部活をやっている人と同じくらいになる。
Ⅰ　母は僕が部活に出ていないことに気づいていない。
「今度、正太郎が描《か》いた絵、見せてよ」
「いや、それは、恥《は》ずかしいからいい」
「じゃ、見せたくなったらでいいや」
母はアイスコーヒーをまた一口飲んだ。
もしかしたら母さんは僕が絵を描いていないことに気づいているのではないか、と思う。
「最近、いつお父さんと話した？」
と母が言った。
「……おはようくらいなら、毎日言ってるけど」
「正太郎、お父さんのこと、嫌《きら》い？」
言葉に詰まる。
Ⅱ　母は、
「正太郎が、真琴のこと、素直《すなお》に応援《おうえん》できない気持ち、お母さんにはわかる」
と言った。
母は今日、僕をクミチアンナイのために連れてきたわけではないのだ。
「……母さん、④メダルのこと、気づいてる？」
それは、声に出して言った言葉なのか、心の中だけで言った言葉なのか、自分でもわからなかった。
⑤母は眉尻《まゆじり》を少し下げて、困《こま》ったような顔をした。たぶん、僕は、声に出して言ったんだ。
僕はもう一度、言い直した。
「僕が真琴の部屋からメダル盗《ぬす》んだこと、気づいてる？」
母はその質問には答えず、
「お母さんは、正太郎が、好きなことやってくれてたら、それでいいと思う」
と言った。
僕はなんと言ったらいいかわからなくて、何口目かのオムライスを口に運んだ。卵は（　３　）ではなく薄《うす》いやつで、ケチャップの味が強くする。
母さんは、僕がメダルを真琴の部屋から持ち出したことを知っているのだ。母さんだけじゃない、真琴だって、きっと知っているのだ。あのメダルは、真琴の努力の証《あかし》だ。努力して取った大事なメダルがなくなって、気づかないはずがないだろう。
「なに泣いてるのよ」
「……ごめんなさい」
⑥真っ赤なケチャップに、涙《なみだ》が垂《た》れる。
ごめんなさい。ごめんなさい。
僕は、同じ言葉を繰《く》り返しながら、オムライスを食べた。
「泣きながら食べたら、作ってくれた人に失礼じゃない」

に戻ってきた。

　母は無言でハンドルを右に切ったり、左に切ったりする。考えてみれば、母と二人でドライブというのは初めてだ。

「今日、あったかいわね。なんか喉渇《のどかわ》いてこない？」

「……真琴が泳ぐの、十二時過ぎくらいでしょ？　そろそろ戻《もど》らないと、見逃《みのが》しちゃうよ」

　車のデジタル時計は十一時三十一分を指している。

「この時計、四分遅《おく》れてるから三十五分ね。まあ、コーヒー一杯《ぱい》飲むくらいなら大丈夫《だいじょうぶ》でしょ」

　週末なのに市ガイ地にも人気はなかった。

　駅の周辺を（　１　）と周遊していると緑色の屋根をした喫茶店があり、母はそこの駐車場《ちゅうしゃじょう》に車を停《と》めた。小さな店なのに、やたらと駐車場が広い。看板《かんばん》があり、カフェ＆レストと書いてある。

　店に入ると、にこにこしたおばあさんに出迎《でむか》えられた。コーヒーの香りがする。

　日当たりのいい、明るい席に通された。厨房《ちゅうぼう》にはおじいさんがひとりいた。夫婦でやっているのだろう。

　メニューはシンプルで、飲み物はコーヒー、紅茶《こうちゃ》、オレンジジュース、カルピス、ジンジャーエールしかなかった。

　母はアイスコーヒーを頼《たの》み、僕はカルピスを頼んだ。喉が渇いていたので、僕《ぼく》は一口目でほとんどカルピスを飲み干《ほ》してしまった。大きな氷の隙間《すきま》にストローを差し込んで、（　２　）と残りのカルピスをすする僕の向かいで、母は、店の入り口に置いてあった十数年前からありそうな日焼けした生活雑誌《ざっし》を読みながら、ちんたらとしたゥ動作でアイスコーヒーにミルクだけ入れた。ストローでかき混ぜて、ちょびっとだけ飲んで、またテーブルに戻《もど》した。

「早く飲まないと、真琴のェジュンバンきちゃうよ」

「いまから戻っても、たぶん間に合わないよ。今日はいいや、いつも見てるんだし」

　友達みたいなォ口調で母は言った。

③いったい、どういうつもりだろう？

　母は軽食メニューを眺《なが》め出した。「ご飯も食べちゃおう」

　軽食メニューは三ヵシュルイ。サンドイッチとカレーとオムライス。

　母がおばあさんにすいませーんと声をかける。

「サンドイッチと」

　母が僕に目を向ける。

「……じゃあ、オムライスで」

　おばあさんは、はーい、と言い、厨房のおじいさんに注文を伝えた。

　おじいさんの仕事は早く、十分しないうちに両方運ばれてきた。

　焦《こ》げ目のない黄色い薄《うす》焼き卵《たまご》に真っ赤なケチャップがかかっている。

　パセリが横に添《そ》えられていて、バターの濃厚《のうこう》な香りがする。スプーンを入れる。ケチャップライスには玉ねぎと角切りの鶏肉《とりにく》が入っていた。

「昔ながらの、一番おいしいやつだ」

　と母は言い、タマゴがぎっしり詰《つ》まったサンドイッチをかじった。「正太郎、いつも真琴の宿題みてくれてありがとね」

「なにそれ、急に」

二〇二一年度　駒沢学園女子中学校

【国　語】〈第一回午前一般試験〉（四五分）〈満点：一〇〇点、四教科受験は五〇点〉

※字数制限のある問題の場合は、句読点や符号なども一字分として、字数にふくめて答えなさい。

次の文章は小嶋陽太郎作『ぼくのとなりにきみ』の一部です。これを読んで、後の問いに答えなさい。

さて、どうやって時間をつぶそう。

母に強引《ごういん》に連れられてきてしまったけど、①それを考えていないことに僕《ぼく》は気がついた。

知らない町だから、散歩すれば多少は新鮮《しんせん》かもしれないが、それだけでつぶれる時間ではない。

母はずっと真琴《まこと》について、応援《おうえん》したり見学したり、ほかの子のお母さんとおしゃべりをしているだろうし。どこかに図書館でもあればいいんだけど。お昼は、散歩をしたついでにコンビニかファストフードですませればいい。

と考えていると、母が建物から出てきた。

「探《さが》したわよ」

「ああ、うん」

「さて」

と母は言った。「どうしよう。お昼には早いね。どこかでお茶でも飲む？」

「え、母さん、真琴についてるんじゃないの？」

「コーチがいるんだから大丈夫よ。だいたい、大会のときはマユちゃんミキちゃんとべったりでキャッキャしてるし、真琴、お母さんのことなんかすぐァワスれちゃうんだから。②ちょっと車で周遊しましょ」

母は車に乗り込《こ》んでエンジンをかけた。

ラジオを聴《き》きながら、しばらく走る。

母は人気《ひとけ》のなさそうな、ィジュウタクガイっぽい雰囲気《ふんいき》が強くなるほうを選んで走った。たまにコンビニがあり、変な名前の喫茶店《きっさてん》のようなものがある。近くに山が見える。山があって、家があって、人が住んでいて、要素は同じなのに、僕の住む町とはまた雰囲気が違《ちが》う。町って不思議だ、と僕は思う。

聞いたことのある音楽が聞こえてきて、母はそれを口ずさんだ。

「誰《だれ》の曲？」

「ユーミン」

と母は言った。「松任谷由実《まつとうやゆみ》」

へえ、と僕は言った。

その曲が終わると、

おもむろに母は言った。ハンドルを右に切った。

「手の傷《きず》、大丈夫？」

「大丈夫だけど」

と僕は言った。

母は山のふもとのほうまでのろのろと行って、また、市ガイ地のほう

2021年度

駒沢学園女子中学校 ▶解説と解答

算 数 ＜第１回午前一般試験＞（45分）＜満点：100点，４教科受験は50点＞

解 答

1 (1) 41 (2) 1 (3) 2.4 (4) 3 2 (1) 時速60km (2) 12才 (3) 15日 (4) 9時10分 3 (1) 5個 (2) 4％，300ｇ (3) x…50度，y…55度 (4) 53.68cm² 4 (1) 上…あ，下…う (2) 毎分１Ｌ (3) 28分後 (4) 35cm 5 (1) 5円玉 (2) 2004円 (3) 93枚目 (4) 173枚目

解 説

1 四則計算，倍数算

(1) $(12-3)\times 4+5=9\times 4+5=36+5=41$

(2) $\left(\frac{6}{7}-\frac{3}{4}\right)\times 9\frac{1}{3}=\left(\frac{24}{28}-\frac{21}{28}\right)\times\frac{28}{3}=\frac{3}{28}\times\frac{28}{3}=1$

(3) $1.2+3.4+5.6-7.8=4.6+5.6-7.8=10.2-7.8=2.4$

(4) (□＋１)×２＝□×２＋１×２＝□×２＋２より，□×２＋２と，５＋□が等しいので，右の図のように表せる。この図で，２つの太線部分は等しいから，□×２－□＝□×(２－１)＝□×１と，５－２＝３が等しくなる。よって，□＝３÷１＝３とわかる。

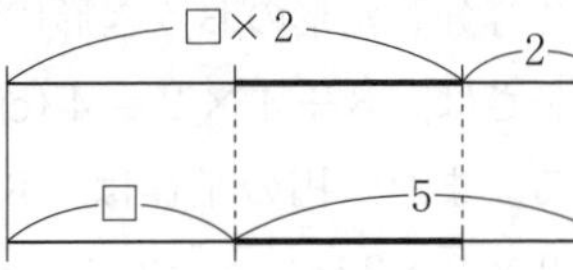

2 速さ，平均，仕事算，倍数

(1) 300km進むのに５時間かかるから，１時間では，300÷５＝60(km)進む。よって，この車の速さは時速60kmである。

(2) (合計年齢《ねんれい》)＝(平均年齢)×(人数)より，姉とポチと私の年齢の合計は，10×３＝30(才)とわかる。よって，私の年齢は，30－(15＋３)＝12(才)と求められる。

(3) １人が１日でする仕事の量を１とすると，３人では１日あたり，１×３＝３の仕事ができるから，40日かかる仕事の量は，３×40＝120と表せる。よって，８人でやると，１人あたりの仕事の量は，120÷８＝15となり，１人が１日でする仕事の量は１だから，15÷１＝15(日)かかる。

(4) 田中さんは10分ごと，中田さんは14分ごとにあくびをするので，２人が同時にあくびをした後，それぞれがあくびをする時間は右上の図のようになる。よって，２人が８時の次に同時にあくびをするのは，８時の70分後となる。70分＝１時間10分だから，その時刻は，８時＋１時間10分＝９時10分と求められる。

田中さん　10，20，30，40，50，60，70，…（分後）
中田さん　14，28，42，56，70，…（分後）

3 割合，つるかめ算，濃度《のうど》，角度，面積

(1) ２割引きした後の会計は，割引き前の，１－0.2＝0.8(倍)になる。よって，(割引き前の代金)×0.8＝1040(円)だから，割引き前の代金は，1040÷0.8＝1300(円)とわかる。もし，50円のみかん

だけを11個買ったとすると，割引き前の代金は，50×11＝550(円)となり，1300円よりも，1300－550＝750(円)安い。50円のみかんを200円のいよかんに１個かえると，割引き前の代金は，200－50＝150(円)高くなるから，750円高くするには，750÷150＝５(個)のみかんをいよかんにかえればよい。したがって，いよかんは５個買ったとわかる。

(2)　(食塩の重さ)＝(食塩水の重さ)×(濃度)より，５％の食塩水200ｇに含《ふく》まれる食塩は，200×0.05＝10(ｇ)，２％の食塩水100ｇに含まれる食塩は，100×0.02＝２(ｇ)である。よって，これらをまぜると，食塩水の重さは，200＋100＝300(ｇ)，食塩の重さは，10＋２＝12(ｇ)になるから，濃度は，12÷300＝0.04より，４％になる。つまり，４％の食塩水が300ｇできる。

(3)　右の図１で，折り曲げているので，同じ印をつけた角の大きさは等しい。すると，角アの大きさは40度だから，三角形ADFに注目すると，角イの大きさは，180－(90＋40)＝180－130＝50(度)となる。よって，角xの大きさは50度とわかる。また，角ウの大きさは，180－50×２＝80(度)となる。さらに，三角形ABCは直角二等辺三角形だから，角エの大きさは45度である。したがって，三角形FECに注目すると，角yの大きさは，180－(80＋45)＝180－125＝55(度)と求められる。

図１

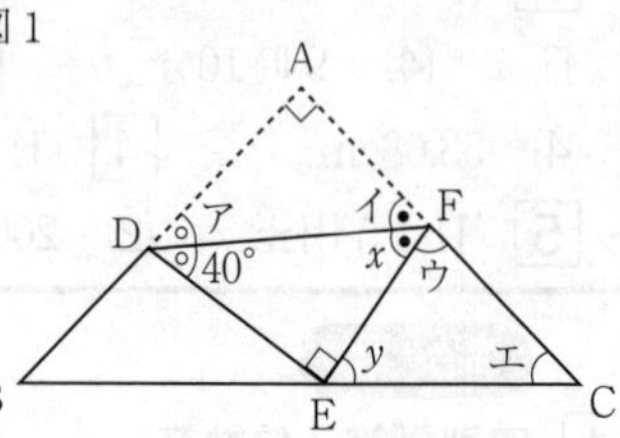

(4)　右の図２のように線を引くと，しゃ線部分は，正方形ABCDと，円を４等分した形のおうぎ形12個に分けられる。まず，正方形ABCDの１辺の長さは，８÷４×２＝４(cm)なので，その面積は，４×４＝16(cm^2)である。また，円の半径は，８÷４＝２(cm)だから，おうぎ形１個の面積は，２×２×3.14×$\frac{1}{4}$＝3.14(cm^2)となり，おうぎ形12個の面積の和は，3.14×12＝37.68(cm^2)とわかる。したがって，しゃ線部分の面積は，16＋37.68＝53.68(cm^2)と求められる。

図２

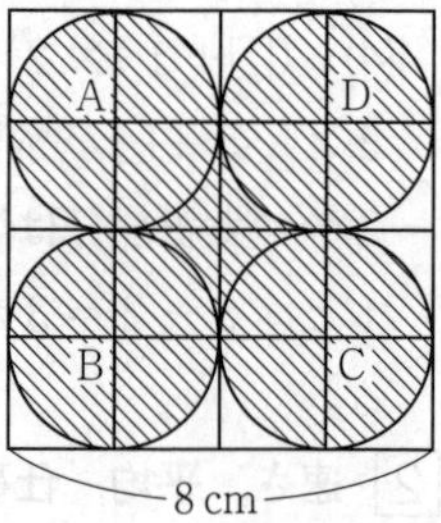

4　グラフ—水の深さと体積

(1)　問題文中のグラフで，高さが20cmになるまでグラフの傾《かたむ》きが一定だから，水面の高さが20cmになるまで，同じ割合で増えている。よって，下の直方体は高さが20cmになるように置いたから，右の図１の(う)の面が上になる。同様に，高さが20cmになってから25cmになるまでの間も一定の割合で増えているので，上の直方体は高さが，25－20＝５(cm)になるように置いたとわかる。したがって，図１の(あ)の面が上になる。

図１

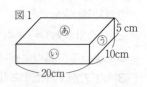

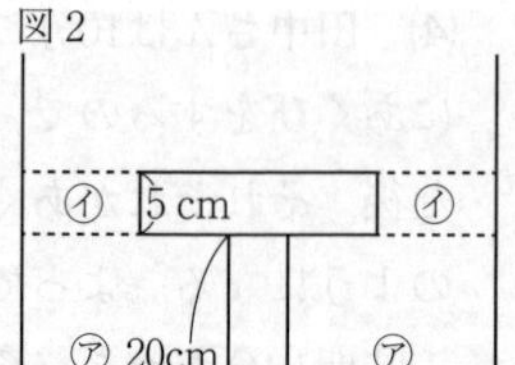

(2)　グラフより，23分後の水面の高さが20cmなので，右の図２の㋐の部分に水が入るのに23分かかったとわかる。また，水そうの高さ20cmまでの部分の容積は，30×40×20＝24000(cm^3)で，直方体１個の体積は，10×20×５＝1000(cm^3)だから，㋐の部分の容積は，24000－1000＝23000(cm^3)となる。よって，じゃ口から入れる水は毎分，23000÷23＝1000(cm^3)で，１Ｌ＝1000cm^3だから，毎分１Ｌとなる。

図２

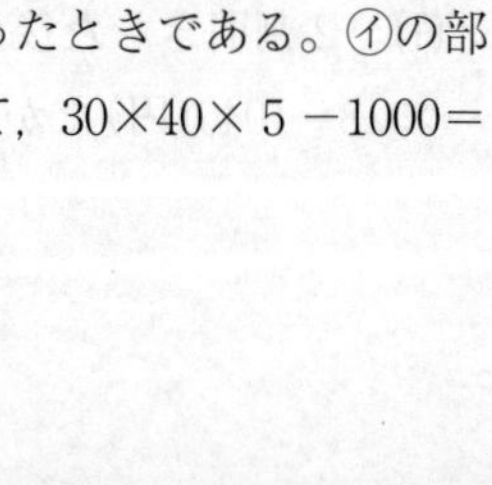

(3)　２つの直方体が完全に水にしずむのは，図２の㋐と㋑の部分に水が入ったときである。㋑の部分の容積は，水そうの高さ５cm分の容積から直方体１個の体積をひいて，30×40×５－1000＝

6000－1000＝5000(cm^3)となるから，㋐と㋑の部分の容積の合計は，23000＋5000＝28000(cm^3)とわかる。よって，２つの直方体が完全に水にしずむのは，水が28000cm^{3}入ったときなので，水を入れはじめてから，28000÷1000＝28(分後)となる。

(4) グラフより，水そうがいっぱいになるまでに40分かかる。40分間で入る水の体積は，1000×40＝40000(cm^3)であり，これに直方体２個の体積を加えたものが水そうの容積となるから，水そうの容積は，40000＋1000×２＝42000(cm^3)とわかる。よって，水そうの高さは，42000÷(30×40)＝42000÷1200＝35(cm)と求められる。

5 周期算

(1) {1円玉，５円玉，10円玉，50円玉，100円玉，500円玉}の６枚を１組と考えると，最初から20番目までには，20÷６＝３余り２より，３組並んだ後，さらに２枚並ぶ。最後に並ぶ２枚は１円玉，５円玉なので，20番目の硬貨《こうか》は５円玉とわかる。

(2) １組の硬貨の合計の金額は，１＋５＋10＋50＋100＋500＝666(円)だから，３組では，666×３＝1998(円)となる。また，最後に並ぶ２枚(１円玉と５円玉)の合計の金額は，１＋５＝６(円)なので，20番目までの合計の金額は，1998＋６＝2004(円)と求められる。

(3) 10000÷666＝15余り10より，15組並んだ後の合計の金額が10円を超《こ》えると，全体の合計の金額が１万円を超える。よって，１＋５＝６，１＋５＋10＝16より，15組並んだ後，１円玉，５円玉，10円玉の３枚が並ぶと，合計の金額が１万円を超えるので，６×15＋３＝93(枚目)から１万円を超える。

(4) 500円玉は10枚，50円玉は15枚しかないので，{1円玉，５円玉，10円玉，50円玉，100円玉，500円玉}の６枚を10組並べると，500円玉がなくなり，さらに，{1円玉，５円玉，10円玉，50円玉，100円玉}の５枚を，15－10＝５(組)並べると，50円玉がなくなる。このときまでの合計金額は，666×10＋(１＋５＋10＋50＋100)×５＝666×10＋166×５＝6660＋830＝7490(円)となり，１万円まであと，10000－7490＝2510(円)である。この後，{1円玉，５円玉，10円玉，100円玉}の４枚がこの順番に並んでいき，この４枚の合計金額は，１＋５＋10＋100＝116(円)だから，2510÷116＝21余り74より，この４枚が21組並ぶと，１万円まであと74円になる。そして，１＋５＋10＝16，１＋５＋10＋100＝116より，４枚が21組並んだ後，さらに４枚並ぶと，初めて１万円を超える。よって，１万円を超えるのは，６枚が10組，５枚が５組，４枚が，21＋１＝22(組)並んだときなので，６×10＋５×５＋４×22＝60＋25＋88＝173(枚目)からとなる。

社 会 ＜第１回午前一般試験＞(理科と合わせて60分)＜満点：50点＞

解 答

1 A (ウ)，① B (オ)，③ C (イ)，⑮ D (エ)，⑭ E (ア)，⑪ 2 (1) (エ) (2) (エ) (3) ① 源頼朝 ② (イ) ③ (エ) ④ (エ) ⑤ (ウ) (4) (イ) 3 (1) (ウ) (2) 9 (3) (ウ) (4) (ア) (5) 衆議院，参議院 (6) (例) プライバシーの権利(環境権)

解　説

1　５つの都道府県の特色についての問題

A　①の北海道は全国の都道府県の中で最も面積が大きく，全国の約20%を占《し》めている。北海道は古くは蝦夷《えぞ》地とよばれ，先住民のアイヌ民族が使うアイヌ語からつけられた地名が多い。農業産出額が全国第１位で，石狩平野や上川盆地では稲作，十勝平野では小麦・じゃがいも・大豆などを栽培する畑作，根釧《こんせん》台地では酪農がさかんである。統計資料は『日本国勢図会』2020／21年版による(以下同じ)。

B　③の岩手県は，北海道についで全国の都道府県の中で２番目に面積が大きい。平安時代後半の11世紀末に源氏の力を借りて東北地方を平定した(奥州)藤原氏は，岩手県南部の平泉を根拠《こんきょ》地として繁栄《はんえい》し，地元でとれた金を用いてここに中尊寺金色堂を建てた。また，南部鉄器は，盛岡市と奥州市でつくられる伝統的な工芸品である。

C　⑮の新潟県は全国で５番目に面積が大きく，米の生産量は全国第１位である。北方の沖合に浮かぶ佐渡島は日本海最大の島で，金山があったことや，国の天然記念物に指定されているトキの保護センターがあることで知られる。

D　⑭の神奈川県は，東京都についで全国で２番目に人口が多い。県庁所在地の横浜市は，江戸時代末の1858年に結ばれた日米修好通商条約で開港地とされてから港湾都市として発展し，現在は全国の市の中で最も人口が多い。西部に位置する箱根は，五街道の１つである東海道の宿場町として栄え，現在は温泉のある観光地としてにぎわっている。南東部の三浦半島に位置する浦賀は，19世紀なかばの1853年にペリーがアメリカ艦隊を率いて来航した場所として知られる。なお，翌54年にはペリーと江戸幕府の間で日米和親条約が結ばれ，日本は開国した。

E　⑪の埼玉県は全国で５番目に人口が多い県で，海に面していない内陸県である。北部を流れる利根川は，群馬県，茨城県との県境を形成している。行田市にある稲荷山《いなりやま》古墳は，５世紀後半につくられた前方後円墳で，115の文字が刻まれた鉄剣が出土した。ここには，ヤマト朝廷の大王である「ワカタケル」(雄略《ゆうりゃく》天皇のことと推定される)に仕えた「ヲワケ」という人物の功績などが記されている。JR線や私鉄各線で東京都へ通勤・通学する人が多く，南東部を中心に東京都のベッドタウンとしての役割をはたしている。

2　各時代の歴史的なことがらについての問題

⑴　銅鐸《どうたく》はつり鐘型の青銅器で，弥生時代に祭器として使用されたと考えられている。表面に農耕のようすなどの絵が描かれているものもあり，西日本を中心に発見されている。なお，㋐は銅剣。㋑は矢の先につけて使う矢じりで，弥生時代には石や青銅，鉄でつくられた。㋒は，斧《おの》の先につけた石器と考えられる。

⑵「遣隋使として有名」とあるので，小野妹子があてはまる。607年，推古天皇と聖徳太子，蘇我馬子を中心とする朝廷は，小野妹子を遣隋使として隋(中国)に派遣した。

⑶　①　源頼朝は，源氏のリーダーとして1180年から始まった平氏との戦いを指揮するとともに，武家政権の基盤《きばん》づくりを進めた。弟の義経らの活躍《かつやく》で，1185年の壇ノ浦《だんのうら》の戦いに勝利して平氏をほろぼすと，同年，地方の国ごとに守護，荘園ごとに地頭を置くことを朝廷から認められた。1192年には征夷《せいい》大将軍に任じられ，鎌倉幕府の初代将軍となった。　②　鎌倉幕府では，将軍を補佐する役職として執権《しっけん》が置かれた。源頼朝の妻・北条政子の父である北条時政が初代執権となり，北条

氏が代々その地位をついだ。源氏の将軍が3代で途絶《とだ》えたあとは，執権の北条氏が政治の実権を握《にぎ》った。　③，④　鎌倉幕府の第3代将軍源実朝《さねとも》が暗殺されて源氏の正系が途絶えたことをきっかけに，政治の実権を朝廷の手に取り戻《もど》そうとした後鳥羽《ごとば》上皇は，1221年，全国の武士に鎌倉幕府をたおす命令を出して承久《じょうきゅう》の乱を起こした。しかし，上皇の軍は，北条政子の演説によって結束を固めた御家人たちの前にわずか1か月ほどで敗れ，上皇は隠岐《おき》に流された。　⑤　隠岐は島根県に属し，同県北方の日本海上に浮かんでいる。4つの有人島と多くの無人島からなり，かつては身分の高い政治犯の流刑《るけい》地(島流しの罪になったさいに送られる場所)とされた。

⑷　㈠　聖徳太子が603年に定めた冠位十二階は，家がらではなく個人の能力や功績によって役人を登用する制度であった。　㈡　聖徳太子が604年に定めた十七条の憲法について，正しく説明している。　㈢　聖徳太子が活躍した6世紀末から7世紀初めは，飛鳥時代の前半にあたる。　㈣　「東大寺」ではなく「法隆寺(奈良県)」あるいは「四天王寺(大阪府)」が正しい。

3　日本国憲法についての問題

⑴　明治時代の1889年に発布された大日本帝国憲法では，天皇は神聖で侵《おか》すことのできない存在とされ，主権者として大きな政治的権限があたえられていた。一方，日本国憲法は第1条で天皇を日本国と日本国民統合の「象徴」と位置づけ，一切の政治的権力を持たないこととされている。

⑵　日本国憲法は前文と第9条で平和主義をかかげており，戦争の放棄，武力行使の禁止，戦力の不保持，交戦権の否認が定められている。

⑶　1950年，国内の治安を維持するために警察予備隊が創設され，これが1952年に保安隊，1954年に自衛隊へと拡大強化されていった。自衛隊は，自衛のために必要な最小限度の実力であり，日本国憲法が禁じている戦力にはあたらないという解釈がなされているが，第9条に違反しているという意見もある。

⑷　建国記念日(正式には「建国記念の日」)は2月11日とされ，国民の祝日となっている。なお，㈡は憲法記念日，㈢は勤労感謝の日でいずれも国民の祝日。㈣は平成時代の天皇誕生日。

⑸　日本の国会は，衆議院と参議院の二院制を採用している。二院制を採用することで審議を慎重に進め，一院の行き過ぎをもう一方の院がおさえることもできる。

⑹　新しい人権は，日本国憲法には明記されていないが，時代と社会の変化にともなって主張されるようになった権利のことで，プライバシーの権利や知る権利，環境権，自己決定権などがこれにあたる。

理　科　＜第1回午前一般試験＞（社会と合わせて60分）＜満点：50点＞

解　答

1　⑴　消化管　⑵　しぼう　⑶　④，⑥　⑷　イ　⑸　かん臓　⑹　(例)　表面積が広くなり，消化された栄養分を効率よく吸収することができるから。　⑺　(例)　肉食動物に比べ，草食動物は消化や吸収をしにくいものを食べている。また，肉に比べ，草に含まれる栄養分が少ないため，栄養分の取り残しがないように，時間をかけて吸収する必要がある。そのため，肉食動物より腸の長さが長い傾向がある。　⑻　③　2　⑴　②　⑵　③　⑶

② (4) ③ (5) ① (6) （例） 土のうを用意し，河川の氾濫などがあった際，げんかんから水のしん入を防げるようにしている。また，高台など避難場所の確認をしている。 (7) （例） 1.2～1.5mの高さの場所に置くこと。／直射日光の当たらない場所に置くこと。 (8) ① (9) **日にち**…２日目 **理由**…（例） 気温，湿度ともに，１日の中での変動が小さく，１日中湿度が高いから。 3 (1) ① (2) **A** ちっ素 **B** 酸素 (3) **番号**…① **性質**…水にとけにくい性質 (4) **名前**…二酸化炭素 **番号**…③ (5) ② (6) 右上の図

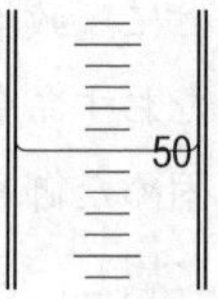

解　説

1 人のからだと消化についての問題

(1) 口から肛門《こうもん》までの，食べ物が通る管を消化管といい，口→食道→胃→小腸→大腸→肛門の順に食べたものが通る。

(2) 三大栄養素とは，でんぷん（炭水化物），タンパク質，しぼう（し質）のことをいう。これらは体をつくる材料や，活動のためのエネルギー源となる。

(3) でんぷんが多く含《ふく》まれるものを選べばよい。米や小麦にはでんぷんが多く含まれ，片栗粉《かたくりこ》はカタクリという植物の地下茎《ちかけい》やジャガイモなどからつくられたでんぷんの粉である。なお，でんぷんがだ液によって分解されたかどうかは，ヨウ素液の反応（でんぷんが残っていると，青むらさき色に変化する）で調べることができる。

(4) 胃液には塩酸が含まれていて，強い酸性を示す。また，タンパク質を分解するペプシンという消化こう素が含まれている。

(5) かん臓は，しぼうの分解を助けるたん汁《じゅう》をつくること，人体にとって有毒な物質を分解して無毒のものに変えること，小腸で吸収した栄養分をたくわえることなど，ヒトの体の中で多くの重要な役割をしている。

(6) でんぷんはブドウ糖に，タンパク質はアミノ酸に，しぼうはしぼう酸とモノグリセリドに分解されたのちに，小腸の柔毛《じゅうもう》で吸収される。柔毛は小腸の内壁《ないへき》にある突起《とっき》で，このようなつくりにすることで，表面積が広くなり，分解された栄養分を効率よく吸収することができる。

(7) 草は消化や吸収がしにくく，含まれる栄養分も肉に比べると少ないため，栄養分の取り残しがないように，時間をかけて吸収する必要がある。そのため，草食動物の腸は肉食動物の腸よりも長くなることが多い。

(8) 160×4.5＝720（cm），160×５＝800（cm）であるから，駒子さんの腸の長さは7.2mから８mの間であると考えることができる。

2 天気についての問題

(1) ①は快晴，②は雨，③は晴れ，④はくもりを表す天気記号である。なお，雨や雪などが降っていない場合，空全体の面積を10とし，雲におおわれた部分の面積が０から１のときを快晴，２から８のときを晴れ，９から10のときをくもりという。

(2) 下水道の設置や管理は，原則として市区町村が行う。気象庁は，国や地方公共団体などに，豪《ごう》雨《う》などの防災気象情報の提供をしている。

(3) 雨量計とは，ろうと状の受水器により雨水を集め，その量をはかることで降水量を計測する機

器のことをいう。①は気圧計，③は風向計，④は乾湿《かんしつ》球湿度計である。

(4)　１日の最高気温が35℃以上になる日が猛暑《もうしょ》日，30℃以上になる日が真夏日，25℃以上になる日が夏日である。また，夜間の最低気温が25℃以上の日を熱帯夜という。なお，１日の最低気温が０℃未満の日を冬日，最高気温が０℃未満の日を真冬日と表す。

(5)　急激な上昇《じょうしょう》気流によって発生し，短時間で狭《せま》い範囲《はんい》に激しい雨を降らせる雲を積乱雲という。一方，おだやかな雨を長時間降らせる雲を乱層雲といい，乱層雲はゆったりとした上昇気流によって発生する。

(6)　市区町村は，大雨による浸水《しんすい》，河川の氾濫《はんらん》・洪水などの情報や，避難《ひなん》に関する情報を住民にわかりやすく提供するため，ハザードマップを作成している。ハザードマップには浸水想定区域や避難場所などの情報がかかれており，大雨に対する災害の備えとして活用することができる。

(7)　気温を測定するときは，地面からの熱や太陽光による熱の影響《えいきょう》を受けにくくするため，地上1.2mから1.5mの高さで，直射日光の当たらない場所で測る。

(8)　晴れている日には，14時頃《ごろ》に最高気温になることが多く，１日の中での気温の変化が大きくなる。①のグラフの１日目を見ると，14時に近い15時頃に最も高くなっていることから，気温を表しているグラフは①であると考えられる。

(9)　くもりや雨の日は，晴れの日と比べて１日の中での気温の変化が小さくなる。また，特に雨の日は１日を通じて湿度が高くなることから，２日目がくもりまたは雨の日であったと考えられる。

3　実験器具や操作，気体の性質についての問題

(1)　ろ過は，液体中でとけずに残っている固体の粒《つぶ》を，ろ紙などを使ってこし取る操作である。蒸留は，液体をふっとうさせて気体にして取り出した後に，冷やして液体にもどすことで，水よう液を分ける実験操作で，再結晶《さいけっしょう》は，固体がとけた水よう液を冷やして固体を取り出す操作のことをいう。よって，①のろ過がマスクと同じ原理で物質を分けているといえる。

(2)　空気中にふくまれる気体の体積の割合は，ちっ素が約78％，酸素が約21％，二酸化炭素が約0.03～0.04％である。

(3)　純粋《じゅんすい》な気体を集めやすいため，水にとけにくい気体は水上置換《ちかん》法を用いて集めるのがよい。水にとけやすい気体で，空気より重い気体の場合は下方置換法，空気より軽い気体の場合は上方置換法で収集する。Ｂの酸素は水にとけにくい気体であるから，水上置換法で集めることが適している。

(4)　二酸化炭素を石灰水に通すと，石灰水が白くにごる。二酸化炭素が発生する実験は③である。なお，①では酸素，②では水素，④ではアンモニアが発生する。

(5)，(6)　メスシリンダーの目盛りを読むときは，液面が目線と水平になるように見る。水を入れた場合は表面張力によって液面の端《はし》が少し盛り上がって見えるが，この部分は考えずに，平らな部分の高さで目盛りを読み取る。

国語 ＜第１回午前一般試験＞（45分）＜満点：100点，４教科受験は50点＞

解答

問１ **ア，イ，エ，カ，ク，ケ** 下記を参照のこと。 **ウ** どうさ **オ** くちょう **キ** ほうかご **コ** けしき **問２** **１** カ **２** ウ **３** ア **問３** **Ⅰ** ア **Ⅱ** ウ **Ⅲ** エ **問４** どうやって時間をつぶそう(かということ。) **問５** ドライブ **問６** ウ **問７** 僕がメダルを真琴の部屋から持ち出したこと **問８** イ **問９** エ **問10** ア **問11** 自分が無理～じゃないか **問12** （例） 僕は，しなやかで力強い真琴の水泳が子供のころに見た父の水泳と同じであることに気づき，自分はその水泳ができなかったということを改めて感じて，つらいと思ったから。 **問13** **(1)** エ **(2)** **１** 顔 **２** 首 **３** 耳 **問14** 好きなこと **問15** エ

●漢字の書き取り

問１ **ア** 忘(れ) **イ** 住宅街 **エ** 順番 **カ** 種類 **ク** 道案内 **ケ** 確実

解説

出典は小嶋陽太郎《こじまようたろう》の『ぼくのとなりにきみ』による。水泳をやめてから，父と距離《きょり》を置くようになっていた「僕《ぼく》」だが，父の想《おも》いを母から聞いたことによって，父と笑って話したり，思っていることを伝え合ったりできる関係になれるかもしれないと前向きな気持ちを取り戻《もど》す。

問１ **ア** 音読みは「ボウ」で，「忘却《ぼうきゃく》」などの熟語がある。 **イ** 住宅がたくさん集まっている地域。 **ウ** 何かをしようとする体の動き。 **エ** 順序に従い，かわるがわる物事にあたること。 **オ** 声の出し方や言葉の調子。 **カ** ある基準をもとに，性質などが共通するものを分類し，それぞれのまとまりとしたもの。 **キ** 学校で，その日の授業が終わった後のこと。 **ク** 道を知らない人に道を教えること。また，その人。 **ケ** 確かであり，間違《まちが》いがないこと。 **コ** 観賞の対象となる自然界の眺《なが》め。

問２ **１** 駅の周辺を車で周遊しているのだから，休まないで身軽に動き回っているさまを表す「くるくる」があてはまる。 **２** 大きな氷の隙間にストローを差し込《こ》んで，残りのカルピスをすすっているのだから，麺類《めんるい》や汁物《しるもの》をすする音を表す「ずるずる」があてはまる。 **３** 卵は「～ではなく薄《うす》い」ものだったのだから，逆にやわらかくふくらんでいるさまを表す「ふわふわ」があてはまる。

問３ **Ⅰ** 「僕」は放課後，寄り道をしてから帰っており，帰宅時間は部活をやっている人と同じくらいになるため，「母は僕が部活に出ていないことに気づいていない」という文脈である。よって，順接の接続詞「だから」があてはまる。 **Ⅱ** 母は「僕」に「正太郎《しょうたろう》，お父さんのこと，嫌《きら》い？」と聞いた後，「僕」が言葉に詰《つ》まると，「正太郎が，真琴のこと，素直《すなお》に応援《おうえん》できない気持ち，お母さんにはわかる」と続けているので，添加《てんか》の接続詞「そして」があてはまる。 **Ⅲ** 「僕」は，お父さんの気持ちを本当はわかっていたのだが，「途中《とちゅう》であきらめた自分が情けなくて，僕のほうが，父と距離《きょり》を置くようになった」のだから，逆接の接続詞「でも」があてはまる。

問４ 指示語の問題なので，「それ」が指す内容は直前にある。文章の最初に「さて，どうやって時

間をつぶそう」とある。

問５　少し後の部分に，「母と二人でドライブというのは初めてだ」とある。「ドライブ」は車を運転すること。

問６　真琴が泳ぐ時間が迫《せま》っているのにもかかわらず，母はのんびりとアイスコーヒーを飲んでいるうえに，「いまから戻《もど》っても，たぶん間に合わないよ。今日はいいや，いつも見てるんだし」と「僕」に言っている。

問７　「僕」はもう一度母に自分が「真琴の部屋からメダル盗《ぬす》んだこと，気づいてる？」と言い直した後で，「母さんは，僕がメダルを真琴の部屋から持ち出したことを知っているのだ」と考えている。

問８　問７で見たように，母は「僕」が真琴の部屋からメダルを盗んだことに気づいている。また問６でも見たように，母は真琴が泳ぐ時間になってしまうにもかかわらず，いつまでものんびりしていることから，メダルのことを話題にする機会をうかがっていたことがわかる。

問９　問８で見たように，母は「僕」が真琴の部屋からメダルを盗んだことに気づいていると，「僕」は思っている。そして，「あのメダルは，真琴の努力の証《あかし》だ」と考えていることから，自分がやったことを申し訳なく思っているのだと推測できる。

問10　問９で見たように，真琴の部屋からメダルを盗んだことを申し訳なく思って泣く「僕」のようすを見た母は「なに泣いてるのよ」「泣きながら食べたら，作ってくれた人に失礼じゃない」と言ってはげましている。このことから，「僕」がこれ以上暗い気持ちにならないように気づかっているのだと考えられる。

問11　「父」という語句が書かれている部分をチェックしていく。物語の後半で，母は「僕」に「自分が無理矢理水泳をやらせて，つらい思いをさせたんじゃないか」と父が言っていたと話している。

問12　直前の「そう思うと」に着目する。「僕」は真琴の泳ぎを見て，「しなやかで，力強くて，子供のころに見た父の泳ぎをミニサイズにしたみたい」だと感じ，「僕にはできなかった，父みたいな泳ぎ」だと思ってつらくなっているのである。

問13　⑴「口を出す」とは，自分に関係ない話に割り込み，意見を言うこと。　⑵「顔が売れる」とは，世の中で広く知られること。「首が回らない」とは，借金など，支払《しはら》うべき金が多くてやりくりができないこと。「耳が痛い」とは，自分自身への忠告や指摘《してき》を聞いて，それを苦痛に感じること。

問14　「僕」が母に「僕が真琴の部屋からメダル盗んだこと，気づいてる？」と問いかけたときに，母はそれには答えずに「お母さんは，正太郎が，好きなことやってくれてたら，それでいいと思う」と話している。

問15　「僕」は水泳を途中《とちゅう》であきらめた自分を情けなく思い，父と距離を置くようになっていたが，母と話していて父の思いがわかったことで，「いまからでも，僕たち親子は，笑って話したり，思っていることを伝え合ったりできるだろうか」と，前向きな気持ちになってきている。

Dr.福井の

入試に勝つ！脳とからだのウルトラ科学

意外！　こんなに役立つ“替え歌勉強法”

病気やケガで脳の左側（左脳）にダメージを受けると，字を読むことも書くことも，話すこともできなくなる。言葉を使うときには左脳が必要だからだ。ところが，ふしぎなことに，左脳にダメージを受けた人でも，歌を歌う（つまり言葉を使う）ことができる。それは，歌のメロディーが右脳に記憶されると同時に，歌詞も右脳に記憶されるからだ。ただし，歌詞は言葉としてではなく，音として右脳に記憶される。

そこで，右脳が左脳の10倍以上も記憶できるという特長を利用して，暗記することがらを歌にして右脳で覚える“替え歌勉強法”にトライしてみよう！

歌のメロディーには，自分がよく知っている曲を選ぶとよい。キミが好きな歌手の曲でもいいし，学校で習うようなものでもいい。あとは，覚えたいことがらをメロディーに乗せて替え歌をつくり，覚えるだけだ。メロディーにあった歌詞をつくるのは少し面倒かもしれないが，つくる楽しみもあって，スムーズに暗記できるはずだ。

替え歌をICレコーダーなどに録音し，それを何度もくり返し聞くようにすると，さらに効果的に覚えることができる。

音楽が苦手だったりして替え歌がうまくつくれない人は，かわりに俳句（川柳）をつくってみよう。五七五のリズムに乗って覚えてしまうわけだ。たとえば，「サソリ君，一番まっ赤は，あんたです」（さそり座の１等星アンタレスは赤色――イメージとしては，運動会の競走でまっ赤な顔をして走ったサソリ君が一番でゴールした場面）というように。

Dr.福井（福井《ふくい》一成《かずしげ》）…医学博士。開成中・高から東大・文Ⅱに入学後，再受験して翌年東大・理Ⅲに合格。同大医学部卒。さまざまな勉強法や脳科学に関する著書多数。

2021年度　駒沢学園女子中学校

〔電　話〕　(042) 350－7123
〔所在地〕　〒206－8511　東京都稲城市坂浜238
〔交　通〕　稲城駅，新百合ヶ丘駅，あざみ野駅，稲城長沼駅よりバス

※この試験は算数・国語のいずれかを選択して受験します。

【算　数】〈第１回午後１科試験〉（60分）〈満点：100点〉

【注意】計算の途中式や考えは採点されますので、消さないでください。

1　次の □ にあてはまる数を求めなさい。

(1) $123-4\times5-67=$ □

(2) $1\frac{1}{6}-\frac{1}{6}\div\left(1\frac{1}{5}-\frac{5}{6}\right)=$ □

(3) $20\times20\times3.14-10\times10\times3.14=$ □

(4) $341-\{96-9\times(65\div13)\}\times6=$ □

(5) $90+10\times(90-$ □ $)=900$

(6) $\frac{3}{4}\div\frac{5}{6}-\frac{8}{9}\times$ □ $=\frac{41}{90}$

2　次の問いに答えなさい。

(1) 消費税《しょうひぜい》を含《ふく》まない価格が800円のラーメンを店内で食べるときの消費税は10%，持ち帰るときの消費税は8%です。ただし，持ち帰るときには器代として50円かかります。どちらか安い方に○をつけなさい。また，何円安いですか。

(2) 50枚で3,950円のマスクは，7枚でいくらですか。

(3) たて 12cm，よこ 8cm，高さ 16cm の直方体のブロックをすき間なく積み重ねて立方体を作ります。このとき，少なくとも何個のブロックが必要ですか。

(4) 1 個 700 円のパパイヤと 1 個 1,200 円のマンゴーを合わせて 25 個買ったら，21,500 円でした。それぞれ何個買いましたか。

3 次の問いに答えなさい。

(1) 30 人で 45 日間かかる作業を，15 人で 20 日間やったあと，50 人でやりました。合計で何日かかりましたか。

(2) 4%の食塩水 600g に 7%の食塩水を加えたら，食塩水が 900g できました。何%の食塩水ができましたか。

(3) 右の図で，AB と AD と DC と AF の長さがすべて等しいとき，角㋐と角㋑はそれぞれ何度ですか。

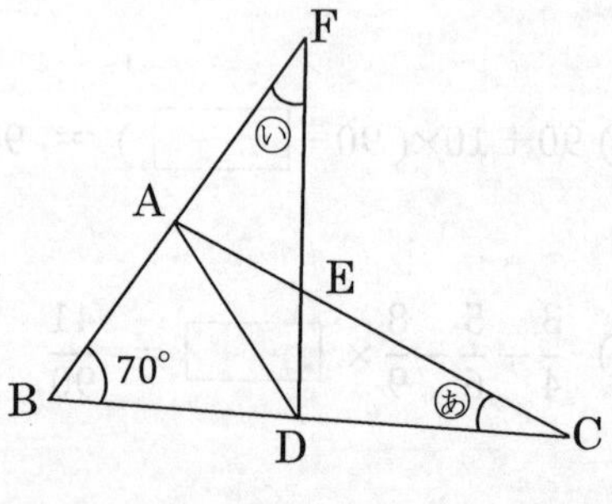

(4) 時速 90km で走る長さ 300m の電車が，踏切にさしかかってから通過し終わるまでに何秒かかりますか。ただし，踏切の幅は考えないものとします。

4 ある規則に従って並んでいる次のような数字の列があります。

1，2，1，3，2，1，4，3，2，1，5，4，3，2，1，………

このとき，次の問いに答えなさい。

(1) 最初から数えて 22 番目の数は何ですか。

(2) はじめて 11 が出てくるのは最初から数えて何番目ですか。

(3) 最初の数から 21 番目の数までをすべて加えたら合計はいくつになりますか。

5 右の図１のような水そうに，40L の水が入っています。B のじゃ口からは毎分 12L の割合で水を入れることができ，C のせんからは毎分 18L の割合で水を抜くことができます。

A と B のじゃ口を同時に開いてから，途中で B のじゃ口を閉じ，A のじゃ口は開いたままで，さらにそのあと C のせんを開きました。

このときの時間と水そうの中の水の量との関係を表したのが図 2 です。このとき，次の問いに答えなさい。

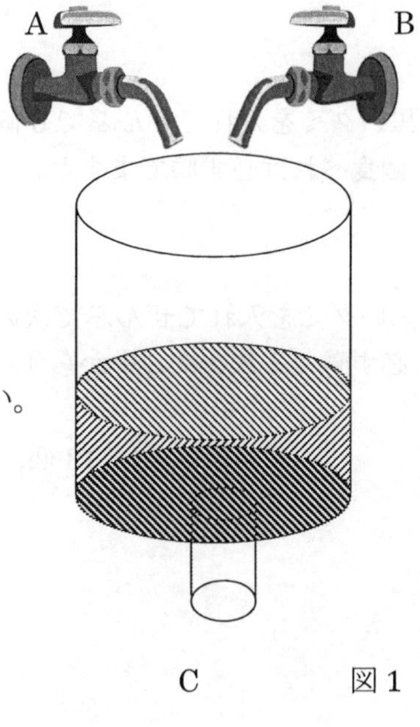

図 1

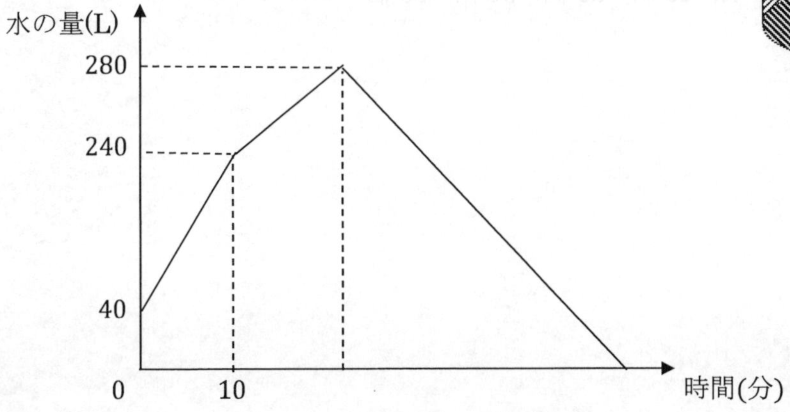

図 2

(1) A のじゃ口からは毎分何 L の割合で水を入れましたか。

(2) Bのじゃ口を閉じてからCのせんを開けるまでにかかった時間は何分間ですか。

(3) 水そうがからになるのは，最初から数えて何分後ですか。

6 おかしのグミを使って駒子さんと沢美さんのふたりで次のようなゲームをします。ほとんどのグミはピンク色ですが，１個だけ黒いグミがあります。

ふたりで順番にグミを食べていき，最後に残った黒いグミを食べた方が負けです。

自分の番で一度に食べるグミの数は，１個，２個，３個のいずれかを自由に選ぶことができます。また，先攻と後攻を選ぶのは駒子さんとします。このとき，次の問いに答えなさい。

(1) 黒いグミを入れてぜんぶで５個のグミがあるとき，先攻と後攻のどちらを選べば駒子さんは必ず勝てますか。どちらかに○をつけなさい。

(2) 黒いグミを入れてぜんぶで８個のグミがあるとき，先攻を選んだ駒子さんは，最初に何個食べれば必ず勝てますか。

(3) 黒いグミを入れてぜんぶで次の数だけグミがあるとき，駒子さんが後攻を選んだとき，必ず勝てる数を次の中からすべて答えなさい。

10個，13個，18個，25個，30個，33個

問十七　——線⑫「ミヒロは、両手で胸をおさえて、大きく息をすいこんだ」とありますが、ミヒロのこの様子からどのようなことがわかりますか、もっとも適当なものを次の**ア〜エ**から選び、記号で答えなさい。

ア　リサをいじめていた三人組であっても、口ぎたなくののしってしまったことを後かいしている。

イ　リサを傷つけた三人組に会って、言いたいと思っていたことを言えて、うれしくなっている。

ウ　リサのため、ガラでもないことを三人組に言うために体中に力が入り、緊《きん》張している。

エ　今日のこの出来事で、リサの気持ちが少しでも晴れていてほしいと願っている。

問十八　——線⑬「固くよじれたわたしの心が、ほろほろとほぐれていくようだ」とありますが、リサがそのように思ったのはどうしてですか。文章中の言葉を使って五十字以上六十字以内で、書きなさい。

問十四　――線⑩「もっていたカゴを、左手にもちかえると、わたしの手をギュッとにぎった」とありますが、このときのミヒロの気持ちとして、**あてはまらないもの**を一つ、次の**ア～エ**から選び、記号で答えなさい。

ア　不安でも、わたしのことを信用してほしいという気持ちを伝えようとしている。

イ　このまま三人に会わせていいのか迷っている気持ちをふりはらおうとしている。

ウ　何が起こるかわからない、不安な気持ちをいっしょに乗りこえようとしている。

エ　リサが前に進むために、さけていた三人に立ち向うための勇気をためこんでいる。

問十五　（**１**）～（**３**）に入るもっとも適当な語句を、次の**ア～カ**からそれぞれ選び、記号で答えなさい。

ア　スタスタ　　**イ**　するする　　**ウ**　スンスン

エ　チラチラ　　**オ**　しげしげ　　**カ**　ぷりぷり

問十六　――線⑪「まゆをひそめて」とありますが、次の問いにそれぞれ答えなさい。

Ⅰ　「まゆをひそめる」とはどのような意味ですか。もっとも適当なものを次の**ア～エ**から選び、記号で答えなさい。

ア　不愉快な態度に対し、いやな顔をすること。

イ　おこって、こわい目つきをすること。

ウ　おどろき、あきれた表情になること。

エ　ひどい状態で、だまって見ていられないこと。

Ⅱ　次の［　］に体の一部を表す語を漢字一字で入れて、意味に合うように慣用句を完成させなさい。

①　［　］をひっぱる　（他人の行動のじゃまをすること）

②　大きな［　］をする　（得意でいばった様子のこと）

③　［　］で笑う　（相手をばかにした態度をとること）

④　［　］に衣を着せない　（えんりょしないで、はっきり言うこと）

問七　――線⑤「今からその一つ一つを、長い時間をかけて、積みあげていくんだと思った」とありますが、「その一つ一つ」とはどのようなことですか。四十字以上五十字以内で説明しなさい。

問八　――線⑥「自分を好きになるには、どうしたらいいんだろうって考えた」とありますが、この問いに対する、リサの考えた答えが書かれている部分を三十字程度でさがし、最初と最後の五字を書きぬきなさい。

問九　――線⑦「宿題がでてたでしょ。克服したいことって」とありますが、この「宿題」とは克服したいことを書いて提出し、夏休み中にそれを克服できるようにがんばるというものです。ミヒロとリサの宿題についてまとめた次の文章の、［ア］～［オ］に当てはまる言葉を文章中からさがし、指定された文字数で書きぬきなさい。

ミヒロは、クラスのだれにも近寄ろうとしないリサに何度も声をかけるが、無視され続けていたため、［ア］（七字）という思いから、克服したいことには［イ］（四字）と書く。リサは、傷あとをかくすために［ウ］（六字）とうそをついて大好きなプールにも入ろうとしなかった。そんな自分を変えたいと思い、［エ］（七字）わたしなんだという気持ちから、［オ］（十六字）と夏休みの宿題である「克服したいこと」に書いた。

問十　［Ⅰ］・［Ⅱ］に当てはまる言葉の組み合わせとして、もっとも適当なものを次の**ア**～**エ**から選び、記号で答えなさい。

ア　［Ⅰ］不安　［Ⅱ］かなしそう
イ　［Ⅰ］憂うつ　［Ⅱ］おもしろそう
ウ　［Ⅰ］迷惑　［Ⅱ］うれしそう
エ　［Ⅰ］心配　［Ⅱ］つらそう

問十一　――線⑧「傷をかくさないで歩こうと思う」とありますが、具体的には、最初に何をしようと決めますか。文章中から二十一字でさがし、書きぬきなさい。

問十二　――線⑨「ミヒロに言ってよかったと思った」とありますが、リサがそのように思ったのはどうしてですか。文章中の言葉を使って五十字以上六十字以内で、書きなさい。

問十三　［A］に当てはまる言葉として適当なものを次の**ア**～**エ**から選び、記号で答えなさい。

ア　過去の世に飛んでしまうような
イ　夢に見た出来事に迷いこんだような
ウ　無限の世界にさまようような
エ　未知の場に乗りこむような

ミヒロといると、⑬固くよじれたわたしの心が、ほろほろとほぐれていくようだ。

問一　〜〜線ア〜コについて、カタカナは漢字で、漢字は読みをひらがなで、それぞれ書きなさい。

問二　——線①「短いパンツは気持ちがよかった」とありますが、その理由の説明として、次の文章の［十七字］に当てはまる言葉を文章中から十七字でさがし、書きぬきなさい。

足を出すことで、暑さもすずしさも今までの倍に感じ、［　十七字　］から。

問三　——線②「足がおもりをつけたみたいに重たい」とありますが、その理由としてもっとも適当なものを次のア〜エから選び、記号で答えなさい。

ア　傷のある足を見せてしまうことで、せっかく親しくなっている人たちを、不愉《ゆ》快にさせはしないか不安だったから。

イ　めったにはかない短いパンツをはいてきたことで、似合わないと思われはしないかと心配だったから。

ウ　今までかくしていた足を人前に出したので、それを見たみんながどのような反応をするのかが怖《こわ》かったから。

エ　短いパンツをはいてきたので、はしたない女の子だと思われてしまうのではないかと憂《ゆう》うつになったから。

問四　——線③「大きく深呼吸して、お腹に力をこめた」とありますが、この時の「わたし」の思いとして、もっとも適当なものを次のア〜エから選び、記号で答えなさい。

ア　かくしていたことを伝えるのは、本当はとても怖いが、勇気をためて話すことを決意している様子。

イ　かくしていた原因となっていた、前の学校でのいじめられていた事実を忘《わす》れようと我慢《がまん》している様子。

ウ　今までかくしていたことを、少しでも早く自分の口から説明しなくてはいけないとあせっている様子。

エ　かくしていたことを本当にこのまま伝えていいのか迷いながらも、少しでも早く話そうと決心している様子。

問五　［　X　］に入る言葉を文章中から漢字二字でさがし、書きぬきなさい。

問六　——線④「吉岡くんのおじいさんは、わたしの頭にふんわりと手をおいた」とありますが、このときの吉岡くんのおじいさんの気持ちとして、もっとも適当なものを次のア〜エから選び、記号で答えなさい。

ア　優《やさ》しい気持ちで、なぐさめようとしている。

イ　優しい気持ちで、応援《えん》しようとしている。

ウ　愛しい気持ちで、いたわろうとしている。

エ　愛しい気持ちで、忘れさせようとしている。

三人が、気づかないはずがなかった。

「リサじゃん」

コズエの声だった。

三人の視線が、こっちに集まった。

「やだ、まだこのへんウロついてんのぉ」

「わっ、足まるだしじゃん。不気味ぃ」

「キモイよぉ。見たくないよぉ」

「あっちに行ってってば」

歯をくいしばった。

こみあげてくるにがいものを、なんとか飲みくだそうとした。だけど、のどにはりついたままで、おりていかない。

たった今気がついたように、ミヒロが三人のほうを見た。上から下まで、（　１　）とながめたあと、首をつきだして、（　２　）と鼻を鳴らした。

「この人たちったら、なんてくさいんだろ」

あきれたように首をふった。

「なんだって！」

三人がいきりたった声をあげた。

「あなたたちの心、くさってるよ。ぷんぷんにおいがしてる。自分で気がついてる？」

⑪まゆをひそめて、首をかしげた。

「早めに手当したほうがいいと思うよ。手おくれになるまえに」

それだけ言うと、ミヒロは私の手をグイと引いて、（　３　）と歩きだした。

「なに、あいつ」

「ふざけんなって」

「マジむかつく」

うしろで、口ぐちにケアクタイをつくのがきこえてくる。

それをしり目に、ミヒロはさっさとレジに行き、会計をすませると、とっとと出口に向かった。あわててわたしも、そのあとを追いかけた。

「すごい、ミヒロちゃん。あの子たち相手に、あんなスゴワザつかって」

「待って。まだ心臓がドクドクしてるの」

⑫ミヒロは、両手で胸をおさえて、大きく息をすいこんだ。その顔がコ次第にゆがんで、がまんできないように笑いだした。

「見た？　あの子たちの顔。ロク《おじいさんの飼い犬》がとなりの猫《ねこ》に、エサをさらわれたときみたいな顔してたよ」

ミヒロの笑いが、わたしにも伝染《せん》して、二人でおなかが痛くなるまで笑った。

笑いながら、わたしはおじいさんの言葉が、すんなり胸に入ってくるのを感じた。

『人を傷つけるのも人だが、なおしてくれるのも人なんだよ』

わたしは、ミヒロに心の傷をなおしてもらっているんだと思った。

おじいさんのうちに帰って、買った品物をだしたら、ちゃんとお菓子も入っていたので、またびっくりした。

「だって、せっかくおごってくれるっていう、おじいちゃんの気持ち、ふいにしたくないし」

ひざ丈の白と黒のチェックのスカートに、オ素足でスニーカーをはいた。

ふくらはぎのまわりがたよりなくて、落ちつかなかった。

そしたらミヒロが、

「リサちゃんて、どんなカ格好してもキマるんだね。傷があってもなくても、やっぱりリサちゃんはステキだよ」なんて言った。

わたしへのエールのつもりだろう。

行ってきます！　と自分をはげますようにかけ声をかけると、

「ああ、行っておいで」

と、おじいさんのおだやかな声が、送りだしてくれた。

「ええっと、なになに、歯みがき粉《こ》と、バナナと、麦茶と、ドッグフードか」

ミヒロが、買い物のメモを読みあげる。

「じゃあ、ドラッグストアのあずま屋がいいんじゃない。なんでもあるし」

あずま屋は、品物がそろっていて安いので、いつもお客さんであふれているのだ。

「でも、いきなり大きな店に行って、だいじょうぶ？　だれに会うかわかんないよ」

ミヒロが、心配そうな顔を向ける。

「うん、やってみる」

「よし。じゃあ出発！」

距離《きょり》にしたら、五分足らずの場所だった。

だけどわたしにしたら、[A]、不安だらけの気持ちだった。

自動扉《とびら》にすいこまれるように中に入ると、お年寄りから子どもまで、いろんな人がいた。ミヒロが、そなえつけのカゴをもって歩きだしたので、いそいで、そのうしろをついていった。

だれも、わたしの足を見ている人はいなかった。みんな、自分の買い物のことでいっぱいみたいだった。

買い物カゴには、バナナと、麦茶と、ドッグフードが入っていた。あとは歯みがき粉と、わたしたちのお菓子だ。

歯みがき粉は、どれがいいかわからなかったので、さんざん迷ったすえ、歯こうをキヨボウするというのにした。

やっとお菓子のクツウロへ入ったときだった。

小学生くらいの女の子が、三人かたまっているのが目に入った。

なんだかいやな予感がした。

近づくにつれて、すがたがはっきりしてきた。あの三人組だった。

足をとめたわたしに、どうしたの？　とミヒロがふり返った。

わたしは、イヤイヤをするように首をふった。わたしの視《し》線の先を見て、ミヒロは意味をさとったみたいだった。

⑩もっていたカゴを、左手にもちかえると、わたしの手をギュッとにぎった。

「行こう」

そう言って歩きだした。

「ねえ、リサちゃん、どれにする？」

ミヒロは、棚《たな》に並《なら》んだお菓子をながめては、わざわざわたしの名前を呼《よ》んだ。

「⑦宿題がでてたでしょ。克服したいことって」

「あ……うん」

「なんて書いた？」

「わ、わたし？　あ、あの、えっと……」

ミヒロは、困《こま》ったようにモジモジしている。

「なに？　どうかしたの？」

「あ、あの、えっと、えっとね、ごめん！　わたし、本間リサって書いちゃった！」

ミヒロはペコンと頭をさげて、おずおずとわたしを見あげた。

「でも、仲良くなりたいと思ったのは、うそじゃないからね！」

ムキになっているのが、おかしかった。

「あやまることないって。あのころのわたしって、すごくカンジわるかったと思うし、それに宿題のおかげで、ミヒロちゃんと友だちになれたんだから」

「怒ってない？　ああよかった！」

胸《むね》をおさえて、ミヒロは大きく息をついた。

「あ、もちろん、今はリサちゃん、すっごくカンジいい女の子だよ。だから、えっと、わたしの宿題は、もうできちゃったっていうか……へへ、あ、で、リサちゃんはなんて書いたの？」

ミヒロは、いそいでわたしにアシツモンを返した。

「うん、わたしはありのままの自分を受け入れることって書いた」

「あ……っと、それって」

「今は、傷あとをかくして、心臓がわるいって、うそついているじゃん」

「うん」

「そんな自分を変えたいんだ。傷あとも含《ふく》めてわたしなんだって、胸をはって歩きたいの」

まっすぐに、ミヒロがわたしを見つめている。その目が、わたしの次の言葉を待って、大きくふくらんでいる。

「それで、ミヒロちゃんに、イキョウリョクしてもらえないかなあと思って」

「うん、わかった。なにをしたらいいの？　なんでもするよ」

迷うようすもなく、すぐに返事が返ってきた。［Ｉ］というより、むしろ［Ⅱ］だった。

「サンキュ。まずは、⑧傷をかくさないで歩こうと思う。そのとき、ミヒロちゃんがそばにいてくれたら、すごく心強いな」

「わかった。へんな目で見るやつがいたら、ブッとばしてやる」

「わっ、いさましい。ウギャクに、ブッとばされないようにしなくっちゃ」

二人で声をあげて笑った。

⑨ミヒロに言ってよかったと思った。

ミヒロのエテイアンで、まずはハイソックスをはかないで、買い物に行くことになった。

おじいさんに、必要なものをきいてメモをとった。好きなお菓子《かし》を一個ずつ買っていいぞと言われて、ミヒロは、ヤッタ！　とはしゃいでいる。

わたしはハイソックスをぬいだ。

「心臓《ぞう》がわるいってうそついて、プールの授業にもでなかったんです」

「おや、そうかい。ふんふん、なるほど」

吉岡くんのおじいさんは、わたしの足をじろじろと、えんりょなく見た。

「もしかしたら、リサちゃんは、［Ｘ］が好きじゃないだろう」

「はい……きらい……です」

「うん、うちのばあさんも、ほっぺたのまん中にデカいあざがあってな、若いころはそりゃあ気にしてた」

吉岡くんのおじいさんは耳たぶをもみながら言った。

「でかけるときは、いつも大きなマスクを手ばなさなかったよ。ところがだ、わしがばあさんにプロポーズするときに、そのあざもふくめた全部が好きだと言ったら、とたんにケロッと気にしなくなっちまった。あとからきいたところ、わしに好きだと言われて、自分に自信ができたと言っとった。自分でも自分を好きになれたとな」

④吉岡くんのおじいさんは、わたしの頭にふんわりと手をおいた。

「リサちゃんも、そんな傷に負けないくらい、ステキなおじょうさんだ。いや、その傷をもつようになったからこそ、リサちゃんは人の痛《いた》みがわかるようになったはずだ。そんな自分を好きになれないかい」

吉岡くんのおじいさんは、ギョロリとした目でわたしを見つめて、それから顔をシワシワにして笑った。

「年をとった人たちって、いろんなことを経験して、うれしいとか、悲しいとか、くやしいとか、さまざまな気持ちを味わって、わたしたちが知らないことを、からだの中にいっぱい積み重ねてもっている。

わたしたちは、ちゃんとしたおとなになるために、⑤今からその一つ一つを、長い時間をかけて、積みあげていくんだと思った。

いつかわたしも、自分を好きになれる日がくるだろうか。（中略）

吉岡くんのおじいさんが言ったように、⑥自分を好きになるには、どうしたらいいんだろうって考えた。

たぶん、宿題の「克《こく》服したいこと」をやり終えたときに答えがでる。そしたら、下を向かないで、堂々とまえを向いて歩ける。そしたら自分を好きになれるかもしれない。それには、この傷あとも自分の一部なんだと、うけ入れなくちゃいけない。

『グズグズ悩《なや》むより、声をあげたほうが生きやすい。きっと、手をさしだしてくれるやつがいる』

おじいさんの言葉が頭によみがえった。

でも、手をさしだしてくれるやつって、だれ？　もちろんミヒロしかいない。

そんなやっかいなこと、ミヒロは引きうけてくれるだろうか。迷惑《わく》だって思わないだろうか。

たのんでみるしかない。

まっすぐおじいさんの家に向かった。

木戸をおしたら、縁《えん》側にでたおじいさんが、笑顔で迎《むか》えてくれた。ミヒロの姿《すがた》もあったから、ほっとした。もうすっかり親しんだ家に、わたしはためらうことなくあがった。

「あのね」

しばらく迷ったけど、思いきって言った。

二〇二一年度　駒沢学園女子中学校

【国語】〈第一回午後一科試験〉（六〇分）〈満点：一〇〇点〉

※字数制限のある問題の場合は、句読点や符号なども一字分として、字数にふくめて答えなさい。

次の文章は朝比奈蓉子作『わたしの苦手なあの子』の一節です。転校生のリサは、クラス内のだれとも仲良くなろうとしません。ミヒロは、ある出来事をきっかけに、リサの足に大きな傷《きず》あとがあり、そのことが原因で前の学校でひどいいじめにあい、不登校になっていたことを知ります。リサは、ミヒロのおじいさんの家に通ううちに、少しずつミヒロや吉岡《よしおか》くん、吉岡くんのおじいさんと話ができるようになってきました。これに続く場面を読んで後の問いに答えなさい。

わたしが、カプリパンツでかけるすがたを見たママは、あわててとんできた。

「リサ……そのかっこう」

心配そうにまゆをよせている。

「うん、少しはまえに進まないとね」

そう言っても、わたしだってこわかった。

この傷を、人まえにだすなんて、学校をうつってからはじめてだもの。

だけど、①短いパンツは気持ちがよかった。

暑さもすずしさも、今までの倍に感じた。

それだけ自由になったような気がした。

わたしはおそるおそる、おじいさんちの裏《うら》木戸をおした。ガラス戸を通して、吉岡くんたちがいるのが見える。

ただふつうに、おはよう、と言えばいいんだ。そう思っても、②足がおもりをつけたみたいに重たい。

わたしに気がついた吉岡くんが、ガラス戸をあけて待っている。

「お、めずらしいな、本間さんの……」

言いかけた吉岡くんの言葉が、途《と》中でとまった。きっと、ハイソックスからはみだした傷あとが、見えたのだろう。

「おはよう」

声が少しかすれていたけど、わたしはいつもどおり、ちゃんと言えたと思う。

「やあ、リサちゃん。今日はすずしそうだねえ。わしもひとつ、そういうのをはいてみるか」

わたしが中に入ると、吉岡くんのおじいさんが、扇子《せんす》で胸《むな》もとにバタバタと風を送りながら声をかけてきた。

「やめろよ、じいちゃん。毛ずねがキモイよ」

「なに、見慣れればどうってことないさ」

「わたし……」

③大きく深呼吸《こきゅう》して、お腹《なか》に力をこめた。

「このやけどのあとを見られたくなくて、ずっとかくしてたんです」

わたしは右足をもちあげて、よく見えるようにした。

2021年度

駒沢学園女子中学校 ▶解説と解答

算　数　＜第１回午後１科試験＞（60分）＜満点：100点＞

解　答

1 (1)　36　(2)　$\frac{47}{66}$　(3)　942　(4)　35　(5)　9　(6)　$\frac{1}{2}$　2 (1)　店内で食べる方が34円安い　(2)　553円　(3)　72個　(4)　**パパイヤ…17個，マンゴー…８個**　3 (1)　41日　(2)　５％　(3)　あ　35度　い　20度　(4)　12秒　4 (1)　7　(2)　56番目　(3)　56　5 (1)　毎分８Ｌ　(2)　５分間　(3)　43分後　6 (1)　後攻　(2)　３個　(3)　13個，25個，33個

解　説

1 四則計算，計算のくふう，逆算

(1)　123－４×５－67＝123－20－67＝103－67＝36

(2)　$1\frac{1}{6}-\frac{1}{6}\div\left(1\frac{1}{5}-\frac{5}{6}\right)=\frac{7}{6}-\frac{1}{6}\div\left(\frac{6}{5}-\frac{5}{6}\right)=\frac{7}{6}-\frac{1}{6}\div\left(\frac{36}{30}-\frac{25}{30}\right)=\frac{7}{6}-\frac{1}{6}\div\frac{11}{30}=\frac{7}{6}-\frac{1}{6}\times\frac{30}{11}=\frac{7}{6}-\frac{5}{11}=\frac{77}{66}-\frac{30}{66}=\frac{47}{66}$

(3)　$A\times C-B\times C=(A-B)\times C$となることを利用すると，20×20×3.14－10×10×3.14＝400×3.14－100×3.14＝(400－100)×3.14＝300×3.14＝942

(4)　341－{96－９×(65÷13)}×６＝341－(96－９×５)×６＝341－(96－45)×６＝341－51×６＝341－306＝35

(5)　90＋10×(90－□)＝900より，10×(90－□)＝900－90＝810，90－□＝810÷10＝81　よって，□＝90－81＝９

(6)　$\frac{3}{4}\div\frac{5}{6}-\frac{8}{9}\times□=\frac{41}{90}$より，$\frac{8}{9}\times□=\frac{3}{4}\div\frac{5}{6}-\frac{41}{90}=\frac{3}{4}\times\frac{6}{5}-\frac{41}{90}=\frac{9}{10}-\frac{41}{90}=\frac{81}{90}-\frac{41}{90}=\frac{40}{90}=\frac{4}{9}$　よって，$□=\frac{4}{9}\div\frac{8}{9}=\frac{4}{9}\times\frac{9}{8}=\frac{1}{2}$

2 割合，単位あたりの量，倍数，つるかめ算

(1)　店内で食べるとき，消費税は10％で，小数に直すと0.1だから，消費税を含《ふく》めた代金は800円の，１＋0.1＝1.1(倍)になり，800×1.1＝880(円)となる。同様に，持ち帰るとき，消費税は８％だから，消費税を含めたラーメン代は800円の，１＋0.08＝1.08(倍)になり，800×1.08＝864(円)となる。これに器代が50円かかるので，全部で，864＋50＝914(円)と考えられる。したがって，店内で食べる方が，914－880＝34(円)安い。

(2)　マスク１枚の値段は，3950÷50＝79(円)だから，７枚では，79×７＝553(円)となる。

(3)　立方体を作るには，たて，よこ，高さをすべて等しくすればよい。たて12cm，よこ８cm，高さ16cmのブロックを積み重ねるとき，できる立体のたての長さは12の倍数，よこの長さは８の倍数，高さは16の倍数(単位はいずれもcm)になるので，たて，よこ，高さが等しくなるとき，その長さは12，８，16の公倍数となる。また，最も少ない個数で立方体を作るとき，その立方体の１辺

の長さは12，８，16の最小公倍数となるから，右の図より，その長さは48cmとわかる。このとき，たてには，48÷12＝４(個)，よこには，48÷８＝６(個)，高さの方向には，48÷16＝３(個)並ぶから，最も少ないときのブロックの個数は，４×６×３＝72(個)と求められる。

12の倍数	12，24，36，48，…
８の倍数	８，16，24，32，40，48，…
16の倍数	16，32，48，…

(4)　1200円のマンゴーだけを25個買ったとすると，代金は，1200×25＝30000(円)となり，実際の代金よりも，30000−21500＝8500(円)多くなる。1200円のマンゴー１個を700円のパパイヤ１個にかえると，代金は，1200−700＝500(円)少なくなるから，8500円少なくするには，8500÷500＝17より，17個のマンゴーをパパイヤにかえればよい。よって，パパイヤは17個，マンゴーは，25−17＝８(個)買ったとわかる。

3　仕事算，濃度《のうど》，角度，通過算

(1)　１人が１日でする作業の量を１とすると，この作業全体の量は，１×30×45＝1350と表せる。また，15人で20日間やると，その作業の量は，１×15×20＝300になるので，残りの作業の量は，1350−300＝1050となる。これを50人ですると，１人がする作業の量は，1050÷50＝21だから，あと，21÷１＝21(日)すると，作業が終わる。よって，合計で，20＋21＝41(日)かかる。

(2)　(食塩の重さ)＝(食塩水の重さ)×(濃度)より，４％の食塩水600ｇには食塩が，600×0.04＝24(ｇ)含まれる。また，加えた７％の食塩水は，900−600＝300(ｇ)だから，その中には食塩が，300×0.07＝21(ｇ)含まれる。よって，できた900ｇの食塩水には食塩が，24＋21＝45(ｇ)含まれるから，その濃度は，45÷900×100＝５より，５％である。

(3)　右の図１で，三角形ABDは二等辺三角形なので，角㋒は70度である。また，三角形ADCで，角㋐＋角㋔＋角㋓＝180(度)であり，角㋒＋角㋓も180度だから，角㋐＋角㋔は角㋒と同じで，70度となる。さらに，三角形ADCは二等辺三角形だから，角㋐と角㋔の大きさは等しい。よって，角㋐は，70÷２＝35(度)とわかる。次に，三角形ABDで，角㋕は，180−70×２＝40(度)となる。また，角㋐を求めたときと同様に，三角形ADFで，角㋑＋角㋖＝角㋕＝40度となり，三角形ADFも二等辺三角形だから，角㋑と角㋖の大きさは等しい。したがって，角㋑は，40÷２＝20(度)とわかる。

図１
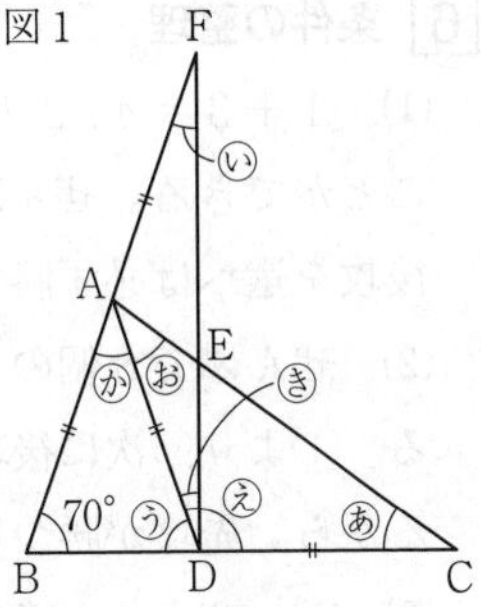

(4)　右の図２より，電車が踏切《ふみきり》にさしかかってから通過し終わるまでに進む長さは，電車の長さと等しいので，300mとわかる。また，90kmは，1000×90＝90000(m)で，１時間は，60×60＝3600(秒)だから，90000÷3600＝25より，時速90kmは秒速25mとなる。よって，かかる時間は，300÷25＝12(秒)と求められる。

図２
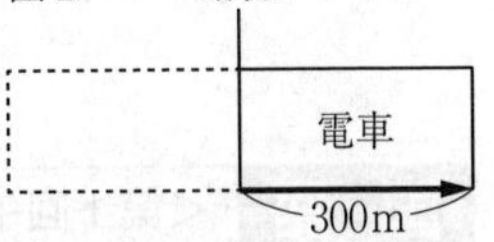

4　数列

(1)　右の図のように区切っていき，初めから順に１組，２組，…とする。例えば，３組では{3，2，1}の３個，４組では{4，3，2，1}の４個というように，各組の１番目の数は，組の番号と同じで，その後，１ずつ小さくした数が１まで並んでいる。また，各組の数の個数も組の番

1，	2，1，	3，2，1，	4，3，2，1，	5，4，3，2，1，	…
1組	2組	3組	4組	5組	

号と同じになっている。よって，最初から22番目の数は，１＋２＋３＋４＋５＋６＝(１＋６)×６÷２＝21より，７組の，22－21＝１(番目)だから，７とわかる。

(2)　はじめて11が出てくるのは，11組の１番目である。10組までの数の個数は，１＋２＋３＋…＋10＝(１＋10)×10÷２＝55(個)なので，11組の１番目は，最初から，55＋１＝56(番目)となる。

(3)　21＝１＋２＋３＋４＋５＋６より，21番目の数は６組の最後の数だから，１組から６組までのすべての数を加えればよい。よって，１＋(２＋１)＋(３＋２＋１)＋(４＋３＋２＋１)＋(５＋４＋３＋２＋１)＋(６＋５＋４＋３＋２＋１)＝１＋３＋６＋10＋15＋21＝56になる。

5　グラフ―水の深さと体積

(1)　問題文中の図２のグラフより，10分後にＢのじゃ口を閉じたので，初めの10分間はＡとＢから水を入れたことがわかる。この間に水の量は，240－40＝200(Ｌ)増えたから，ＡとＢを合わせると，毎分，200÷10＝20(Ｌ)の割合で水を入れたことになる。また，Ｂからは毎分12Ｌの割合で水を入れたので，Ａのじゃ口からは毎分，20－12＝８(Ｌ)の割合で水を入れたとわかる。

(2)　グラフより，Ｂのじゃ口を閉じてからＣのせんを開けるまでの間，Ａだけで水を，280－240＝40(Ｌ)入れたので，このときの時間は，40÷８＝５(分間)と求められる。

(3)　Ｃのせんを開けてからは，Ｃから毎分18Ｌの割合で水が出ていき，Ａから毎分８Ｌの割合で水が入るので，水そうの水は毎分，18－８＝10(Ｌ)の割合で減っていく。よって，水そうがからになるのは，Ｃのせんを開けてから，280÷10＝28(分後)なので，最初から数えると，10＋５＋28＝43(分後)になる。

6　条件の整理

(1)　１＋３＝４，２＋２＝４，３＋１＝４より，先攻《せんこう》が何個食べても，後攻は４個目のグミを食べることができる。ぜんぶで５個のグミがあるとき，４個目のグミを食べた方が勝つので，駒子さんは後攻を選べば必ず勝てる。

(2)　ぜんぶで８個のグミがあるとき，先攻が，８－５＝３(個)のグミを食べると，残りは５個になる。(1)より，次に後攻が何個食べても，先攻は残りの５個の中で４個目のグミを食べることができるから，先攻が勝つことになる。よって，駒子さんは最初に３個食べれば必ず勝てる。

(3)　(1)，(2)より，後攻は必ず(４の倍数)個目のグミを食べることができる。そこで，グミがぜんぶで，(４の倍数)＋１(個)あるとき，後攻が勝つことになる。したがって，後攻が必ず勝てる個数は13個，25個，33個である。

国　語　＜第１回午後１科試験＞（60分）＜満点：100点＞

解　答

問１　ア～エ，キ～ケ　下記を参照のこと。　**オ**　すあし　**カ**　かっこう　**コ**　しだい　**問２**　それだけ自由になったような気がした　**問３**　ウ　**問４**　ア　**問５**　自分　**問６**　イ　**問７**　(例)　いろんなことを経験して味わううれしいこととか，悲しいこととか，くやしいなどの，さまざまな気持ち。　**問８**　この傷あと～いけない。　**問９**　**ア**　仲良くなりたい　**イ**　本間リサ　**ウ**　心臓がわるい　**エ**　傷あとも含めて　**オ**　ありのままの自分を

受け入れること　**問10**　ウ　**問11**　ハイソックスをはかないで，買い物に行くこと　**問12**　（例）　自分を受け入れ，胸をはって歩くための協力を迷うことなく引き受けてくれただけでなく，心強い言葉ではげましてくれたから。　**問13**　エ　**問14**　イ　**問15**　**1**　オ　**2**　ウ　**3**　ア　**問16**　Ⅰ　ア　Ⅱ　①　足　②　顔　③　鼻　④　歯　**問17**　ウ　**問18**　（例）　おじいさんの言葉のとおり，いじめによってできたわたしの心の傷が，ミヒロの明るさによって，いやされていることを感じたから。

●漢字の書き取り

問1　ア　質問　イ　協力　ウ　逆　エ　提案　キ　予防　ク　通路　ケ　悪態

解　説

出典は朝比奈《あさひな》蓉子《ようこ》の『わたしの苦手なあの子』による。足にある大きな傷あとが原因でいじめにあい，だれとも仲良くなろうとしなかったリサだったが，自分を受け入れ，胸をはって歩くための協力を引き受けてくれただけでなく，心強い言葉ではげましてくれるミヒロによって心の傷がいやされていく。

問1　**ア**　疑わしい点やわからないところについて，問いただすこと。　**イ**　力を合わせて物事にあたること。　**ウ**　物事の方向や順序などが反対であること。　**エ**　意見や議案を提出すること。　**オ**　履物《はきもの》や靴下《くつした》をはいていない，むき出しの足。　**カ**　外側から見た物事の形や姿。　**キ**　悪い事態が起こらぬように前もって防ぐこと。　**ク**　通行や出入りのための道。　**ケ**　けなしたり，口汚《くちぎたな》くののしったりする言葉。　**コ**　物事の状態《じょうたい》や程度が，少しずつ進行したり変化したりするさま。

問2　直後に，足を出したことによって，暑さもすずしさも今までの倍に感じ，「それだけ自由になったような気がした」とある。

問3　ぼう線③の直後の，リサのセリフに着目する。リサは，足の傷を人まえに出すのは学校をうつってからはじめてであり，そうするのが「こわかった」のである。

問4　直後で，リサは「このやけどのあとを見られたくなくて，ずっとかくしてたんです」と打ち明けている。今までかくしていたことを話すのはこわかったのだが，勇気を出して話そうと決心しているのだと考えられる。

問5　吉岡くんのおばあさんは，ほっぺたにあった大きいあざを気にしていたのだが，吉岡くんのおじいさんがプロポーズするときに「そのあざもふくめた全部が好きだ」と言ったことで，「自分に自信ができ」て「自分でも自分を好きになれた」と話していたとしている。そして，リサは吉岡くんのおじいさんに「自分を好きになれないかい」と言われた後で，「自分を好きになれる日がくるだろうか」と考えている。

問6　吉岡くんのおじいさんは，リサは足の傷に負けないくらいステキな子だと優しく語りかけ，むしろその傷をもつようになったからこそ，人の痛みがわかるようになったはずだとして，「そんな自分を好きになれないかい」とはげまし，応援《おうえん》している。

問7　ぼう線⑤の，指示語に着目する。少し前に，「年をとった人たちって，いろんなことを経験して，うれしいとか，悲しいとか，くやしいとか，さまざまな気持ちを味わって，わたしたちが知らないことを，からだの中にいっぱい積み重ねてもっている」と書かれている。

問８　直後に，宿題の「克服《こくふく》したいこと」をやり終えたときに答えが出る，そうすれば下を向かないで歩いていけるし，自分を好きになれるとして，自分を好きになるには「この傷あとも自分の一部なんだと，うけ入れなくちゃいけない」とリサは考えている。

問９　**ア～オ**　ミヒロは自分の克服したいものとして「本間《ほんま》リサ」と書いてしまったと言った後で，「でも，仲良くなりたいと思ったのは，うそじゃないからね！」とつけ加えている。また，リサは「ありのままの自分を受け入れること」と書いたとして，今は「心臓がわるい」といううそをついて傷あとをかくしているが，「傷あとも含《ふく》めて」自分であると胸をはって歩けるように自分を変えたいと話している。

問10　リサはミヒロに協力してもらえるかどうか，遠慮《えんりょ》がちにたずねているので，迷惑《めいわく》に思うかもしれないと心配していたと考えられる。しかしミヒロは「うん，わかった。なにをしたらいいの？　なんでもするよ」と「迷うようすもなく，すぐに返事が返ってきた」とあるので，むしろ喜んでうれしそうにしているのだと考えられる。

問11　続く部分で，ミヒロの提案によって，「まずはハイソックスをはかないで，買い物に行くことになった」とある。

問12　「胸をはって歩きたい」と言い，そのために協力してほしいと頼んだリサに対し，ミヒロは「うん，わかった。なにをしたらいいの？　なんでもするよ」と，リサのことを受け入れ，迷うようすもなくすぐに引き受けている。また，ミヒロは「へんな目で見るやつがいたらブッとばしてやる」と，心強い言葉でリサのことをはげましている。

問13　ハイソックスをはかないで買い物に行くのは，「不安だらけの気持ちだった」とあるように，知らない場所に踏《ふ》み込《こ》んでいくような気持ちだったのだと考えられる。

問14　リサが不安そうにしているのをさとったミヒロは，すぐにリサの手を強くにぎっているのだから，自分のことを信じてほしい，いっしょにこの状況《じょうきょう》をのりこえようという気持ちがうかがえる。また，三人組がいるほうへ歩き出し，三人が聞こえるようにリサの名前を呼んでいるのだから，三人をさけるのではなく，立ち向かっていこうと勇気をふりしぼっているのだと考えられる。三人に会わせるべきかどうか迷っているようすは見られない。

問15　**1**　ミヒロは三人のことを上から下までながめているのだから，物をよく見るさまを表す「しげしげ」があてはまる。　**2**　ミヒロは三人にむかって，においをかぐように鼻を鳴らしているのだから「スンスン」があてはまる。　**3**　ミヒロは言いたいことを言った後でリサの手を引いて歩き出しているので，わき目もふらずに速足で歩くさまを表す「スタスタ」があてはまる。

問16　Ⅰ「まゆをひそめる」とは，不愉快《ふゆかい》であったり，けげんであったりして，眉間《みけん》にしわをよせるという意味である。　Ⅱ　①「足をひっぱる」とは，人の前進や成功をじゃますること。②「大きな顔をする」とは，いばったようすや顔つきをすること。　③「鼻で笑《わら》う」とは，相手のことを見下して，あざけり笑うこと。　④「歯に衣を着せない」とは，感じたことや思ったことを相手に遠慮《えんりょ》することなく言ってのけるさま。

問17　ミヒロは「まだ心臓がドクドクしてるの」と言っているのだから，柄《がら》にもないことを三人に言うために，体中が緊張《きんちょう》していたのだということがわかる。

問18　リサは「人を傷つけるのも人だが，なおしてくれるのも人なんだよ」というおじいさんの言葉がすんなり胸に入ってくるように感じ，「わたしは，ミヒロに心の傷をなおしてもらっているんだと思った」と考えている。ミヒロの明るさによってリサはいやされているのだと考えられる。

Memo

Memo

Memo

2025年度用
中学スーパー過去問

■編集人 声の教育社・編集部
■発行所 株式会社 声の教育社
〒162-0814 東京都新宿区新小川町8-15
☎03-5261-5061(代) FAX03-5261-5062
https://www.koenokyoikusha.co.jp

※本書の内容についての一切の責任は当社にあります。内容・解説・解答・その他は当社ホームページよりお問い合わせ下さい。

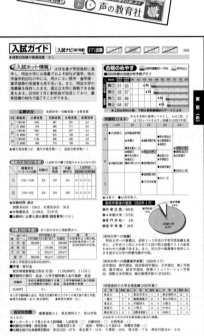

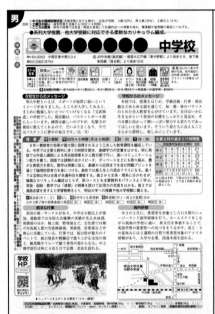

カコを追いかけ
ミライをつかめ
「今の説明、もう一回」を何度でも
web過去問
ストリーミング配信による入試問題の解説動画
もっと古いカコモンないの?
カコ過去問
「さらにカコの」過去問をHPに掲載(DL)
声の教育社
詳しくはこちらから

よくある解答用紙のご質問

01

実物のサイズにできない

拡大率にしたがってコピーすると，「解答欄」が実物大になります。配点などを含むため，用紙は実物よりも大きくなることがあります。

02

A3用紙に収まらない

拡大率164％以上の解答用紙は実物のサイズ（「出題傾向＆対策」をご覧ください）が大きいために，Ａ３に収まらない場合があります。

03

拡大率が書かれていない

複数ページにわたる解答用紙は，いずれかのページに拡大率を記載しています。どこにも表記がない場合は，正確な拡大率が不明です。

04

１ページに２つある

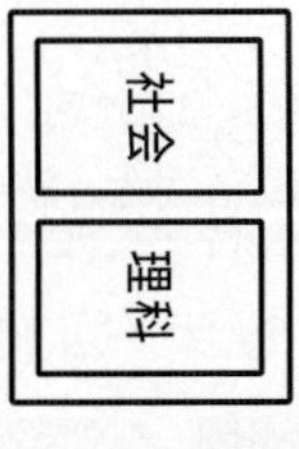

１ページに２つ解答用紙が掲載されている場合は，正確な拡大率が不明です。ほかの試験回の同じ教科をご参考になさってください。

駒沢学園女子中学校

【別冊】入試問題解答用紙編

解答用紙は本体からていねいに抜きとり、別冊としてご使用ください。

※　実際の解答欄の大きさで練習するには、指定の倍率で拡大コピーしてください。なお、ページの上下に小社作成の見出しや配点を記載しているため、コピー後の用紙サイズが実物の解答用紙と異なる場合があります。

●入試結果表

— は非公表

年　度	回	項　目	国　語	算　数	社　会	理　科	2科合計	4科合計	2科合格	4科合格
2024	第1回午前一般	配点(満点)	100	100	100	100	200	200	最高点	最高点
		合格者平均点	—	—	—	—	—	—	178	137
		受験者平均点	67.7	55.0	46.3	66.0	122.7	125.3*	最低点	最低点
		キミの得点							80	105
	(注)　4科目選択者は5科(国語・算数・社会・理科・英語)から4科を選択し、得点の高い2科目の合計点で判定されます。									
	回	項　目	国　語	算　数					1科合格	
	第1回午後1科	配点(満点)	100	100					最高点	
		合格者平均点	59.4	68.7					国 68　算 99	
		受験者平均点	52.2	68.7					最低点	
		キミの得点							国 44　算 45	
年　度	回	項　目	国　語	算　数	社　会	理　科	2科合計	4科合計	2科合格	4科合格
2023	第1回午前一般	配点(満点)	100	100	100	100	200	200	最高点	最高点
		合格者平均点	—	—	—	—	—	—	179	175
		受験者平均点	64.9	49.8	70.5	49.8	114.7	145.0*	最低点	最低点
		キミの得点							80	104
	(注)　4科目選択者は5科(国語・算数・社会・理科・英語)から4科を選択し、得点の高い2科目の合計点で判定されます。									
	回	項　目	国　語	算　数					1科合格	
	第1回午後1科	配点(満点)	100	100					最高点	
		合格者平均点	—	—					国—　算—	
		受験者平均点	—	—					最低点	
		キミの得点							国—　算—	
年　度	回	項　目	国　語	算　数	社　会	理　科	2科合計	4科合計	2科合格	4科合格
2022	第1回午前一般	配点(満点)	100	100	100	100	200	200	最高点	最高点
		合格者平均点	—	—	—	—	—	—	178	166
		受験者平均点	—	—	—	—	120.7*	—	最低点	最低点
		キミの得点							70	—
	(注)　4科目選択者は、得点の高い2科目の合計点で判定されます。									
	回	項　目	国　語	算　数					1科合格	
	第1回午後1科	配点(満点)	100	100					最高点	
		合格者平均点	—	—					国 84　算—	
		受験者平均点	67.5	—					最低点	
		キミの得点							国 46　算—	

〔参考〕満点(合格最低点)　2021年：第1回午前一般　2科 200(—)　4科 300(—)
第1回午後1科　国 100(—)　算 100(—)

※　表中のデータは学校公表のものです。ただし、2科合計・4科合計は各教科の平均点を合計したものなので、目安としてご覧ください(*は学校公表のもの)。

声の教育社

２０２４年度　駒沢学園女子中学校　第１回午前一般

算数解答用紙

番号		氏名		評点	／100

注：実際の試験では、問題用紙の中に設けられた解答欄に解答を書く形式です。
また、問題用紙には式や考え方の記入欄が設けられており、採点の対象とされています。
この解答用紙は、使いやすいように小社で作成いたしました。

1

(1)	
(2)	
(3)	
(4)	
(5)	
(6)	

2

(1)	%
(2)	年後
(3)	cm^3
(4)	m
(5)	m
(6)	男子　　人，女子　　人

3

(1)	日
(2)	日
(3)	日

4

(1)	分
(2)	A君の分速　　m
	兄さんの分速　　m
(3)	分

5

(1)	(9，3)＝
	(10，50)＝
(2)	
(3)	

〔算　数〕100点(推定配点)

1，2　各５点×12<2の(6)は完答>　3～5　各４点×10<4の(2)は完答>

2024年度　駒沢学園女子中学校　第1回午前一般

社会解答用紙

番号		氏名		評点	／100

1

(1) (A)　(B)　(C)　(D)　(E)

(2) ①　②

(3) ①　市 ②　半島 ③　④

2

(1) (ア)　(イ)　(ウ)　(エ)　(オ)

(2)

(3) ①　②　④　⑦　⑧　⑨

(4)

(5) (A)　(B)

3

(1)　(2)　(3)

(4)　(5)　(6)

(7)　(8)

4

(1)　市　(2)　市　(3)

(注) この解答用紙は実物を縮小してあります。B５→B４(141%)に拡大コピーすると、ほぼ実物大の解答欄になります。

〔社　会〕100点(推定配点)

1 各３点×11　2 各２点×18<(4)は各２点×2>　3 (1)～(5) 各３点×5 (6)～(8) 各２点×5　4 各２点×3

２０２４年度　駒沢学園女子中学校　第１回午前一般

理科解答用紙

番号		氏名	

評点	／100

1

(1)	ア		イ		ウ		
(1)	花びらの色		(2) 名称		番号		
(3)		(4)					
(5)	A		B		C		D
(6)							

2

(1)		(2)		(3)		(4)	
(5)		(6)					
(7)		(8)					
(9)	気体名		番号				

3

(1)		(2)	(ア)	(イ)	
(3)		(4)			
(5)					
(6)					
(7)					
(8)					
(9)					

4

(1)		(2)			
(3)	(ア)	(イ)		(4)	
(5)					
	理由				
(6)					

（注）この解答用紙は実物を縮小してあります。Ｂ５→Ａ３（163%）に拡大コピーすると、ほぼ実物大の解答欄になります。

〔理　科〕100点（推定配点）

1　各２点×13　2　(1)～(5)　各２点×５　(6)～(8)　各３点×３　(9)　気体名…３点，番号…２点　3　(1)　３点　(2)～(4)　各２点×４　(5)　３点　(6)　２点　(7)　３点　(8)　２点　(9)　４点　4　(1)，(2)　各２点×４　(3)，(4)　各３点×３　(5)　番号…２点，理由…４点　(6)　２点

2024年度　駒沢学園女子中学校　第一回午前一般

国語解答用紙

番号		氏名		評点	/100

問一　ア　（しい）　イ　ウ　エ　オ（ぼ）

カ　キ（って）　ク　ケ（す）　コ

問二

問三

問四

問五　(1)　(2)　1　2　3

問六

問七

問八　(1)　(2)　(3)　(4)

問九

問十

問十一　ア　イ　ウ　エ

問十二

問十三

問十四

（注）この解答用紙は実物を縮小してあります。B5→A3（163%）に拡大コピーすると、ほぼ実物大の解答欄になります。

〔国　語〕100点(推定配点)

問1　各2点×10　問2　3点　問3　7点　問4～問9　各3点×12　問10　5点　問11　各2点×4　問12　3点　問13　8点　問14　10点

２０２４年度　駒沢学園女子中学校　第１回午後１科

算数解答用紙

番号		氏名		評点	／100

注：実際の試験では、問題用紙の中に設けられた解答欄に解答を書く形式です。
また、問題用紙には式や考え方の記入欄が設けられており、採点の対象とされています。
この解答用紙は、使いやすいように小社で作成いたしました。

1

(1)	
(2)	
(3)	
(4)	
(5)	
(6)	

2

(1)	m
(2)	円
(3)	人
	余り　cm
(4)	人
(5)	cm^2
(6)	cm

3

(1)	ページ
(2)	%
	g
(3)	和　度
	１つの角　度
(4)	cm^2

4

(1)	cm^3
(2)	cm
(3)	cm^3
(4)	cm^2

5

(1)	時速　km
(2)	下のグラフにかき入れること
(3)	時間　分後
	自宅まで　km

6

(1)	５段　個
	６段　個
	７段　個
(2)	５段　個
	６段　個
	７段　個
(3)	45個で　段
	20段のすき間の正三角形は　個

5 (2)

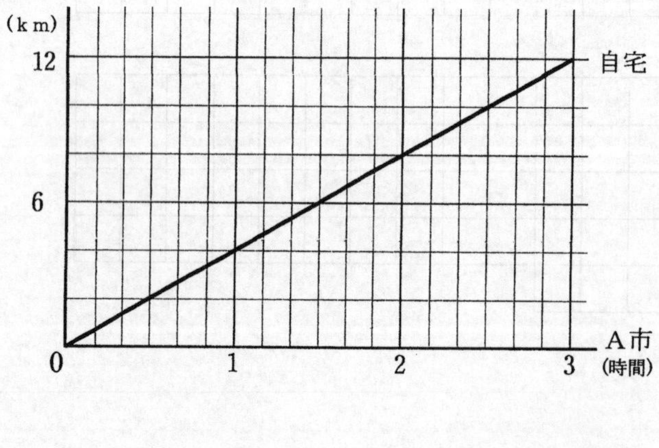

〔算　数〕100点(推定配点)

1～4　各３点×20＜2の(3)，3の(2)，(3)は完答＞　5　各４点×4　6　各３点×8

2024年度　駒沢学園女子中学校　第一回午後一科

国語解答用紙

番号　　氏名　　評点　／100

問一　ア　イ　ウ　エ　オ　カ　キ　ク　ケ　コ

問二　1　2

問三

問四

問五

問六　ア　イ　ウ　エ　オ

問七

問八

問九　(1)　(2)　1　2　3

問十　Ⅰ　Ⅱ　Ⅲ　Ⅳ

問十一

問十二

問十三　　問十四

問十五　　問十六

問十七

(注) この解答用紙は実物を縮小してあります。B５→A３(163%)に拡大コピーすると、ほぼ実物大の解答欄になります。

〔国　語〕100点(推定配点)

問１～問７　各２点×22　問８　10点　問９～問11　各２点×９　問12　８点　問13, 問14　各２点×２
問15, 問16　各３点×２　問17　10点

2023年度　駒沢学園女子中学校　第１回午前一般

算数解答用紙

番号		氏名		評点	／100

注：実際の試験では、問題用紙の中に設けられた解答欄に解答を書く形式です。
また、問題用紙には式や考え方の記入欄が設けられており、採点の対象とされています。
この解答用紙は、使いやすいように小社で作成いたしました。

1

(1)	
(2)	
(3)	
(4)	
(5)	
(6)	

2

(1)	%
(2)	ページ
(3)	個
(4)	
(5)	秒
(6)	年後

3

(1)	個
(2)	cm
(3)	個

4

(1)	市
(2)	時速　　km
(3)	時速　　km

5

(1)	(3, 8)＝
	(10, 50)＝
(2)	
(3)	

〔算　数〕100点(推定配点)

1, 2　各５点×12　3〜5　各４点×10

２０２３年度　駒沢学園女子中学校　第１回午前一般

社会解答用紙

番号		氏名		評点	／100

1

(1)		(2)		(3)		(4)		(5)	

(6)	

(7)	数字		都道府県庁所在地名	
	数字		都道府県庁所在地名	

(8)	

2

(1)		(2)	

(3)	①		②		(4)	

(5)		(6)		(7)	

3

(1)		(2)		(3)	

(4)	①		②		③		(5)	

(6)		(7)	①		②	

4

(1)		(2)		(3)		(4)	

(5)		(6)		(7)	

（注）この解答用紙は実物を縮小してあります。Ｂ５→Ｂ４（141%）に拡大コピーすると、ほぼ実物大の解答欄になります。

〔社　会〕100点（推定配点）

1　(1)～(6)　各３点×6　(7)　各２点×2＜各々完答＞　(8)　３点　2～4　各３点×25

２０２３年度　駒沢学園女子中学校　第１回午前一般

理科解答用紙

番号		氏名	

評点	／100

1

(1)		(2)			
(3)		(4)			
(5)	A		B		C
	D		E		F
(6)					

2

(1)	A		B		(2)			
(3)		の部屋	(4)					
(5)	式)			答)		L		
(6)	a	名称		はたらき		b	名称	はたらき
(7)	ア		イ		(7)ア、イは順不同			
(8)	式)			答)		L		

3

(1)		(2)	
(3)			
(4)		(5)	
(6)			
(7)			

4

(1)	(A)	(B)		(C)		(D)	
(2)		(3)		(4)			
(5)	明るい		暗い		(6)		
(7)		(8)		(9)			

（注）この解答用紙は実物を縮小してあります。Ｂ５→Ａ３(163%)に拡大コピーすると、ほぼ実物大の解答欄になります。

〔理　科〕100点(推定配点)

1　(1)，(2)　各３点×２　(3)～(6)　各２点×９　2　(1)～(3)　各２点×５　(4)，(5)　各３点×２　(6)，(7)　各２点×６　(8)　３点　3　(1)，(2)　各２点×２　(3)　３点　(4)，(5)　各２点×２　(6)　３点　(7)　２点　4　(1)～(3)　各２点×６　(4)　３点＜完答＞　(5)，(6)　各２点×３　(7)，(8)　各３点×２＜各々完答＞　(9)　２点

二〇二三年度　駒沢学園女子中学校　第一回午前一般

国語解答用紙

番号　　氏名　　評点　/100

問一　ア　イ　ウ　エ　オ　カ　キ　ク（んで）　ケ　コ（らして）

問二　1　2　3

問三　Ⅰ　Ⅱ

問四

問五

問六

問七　（1）　（2）

問八　（1）　（2）　1　2　3

問九

問十

問十一

問十二

問十三

問十四

問十五　ア　イ　ウ　エ　オ

（注）この解答用紙は実物を縮小してあります。Ｂ５→Ａ３（163％）に拡大コピーすると，ほぼ実物大の解答欄になります。

〔国　語〕100点（推定配点）

問１，問２　各２点×13　問３，問４　各３点×３　問５　６点　問６～問９　各３点×８　問10　10点　問11～問14　各３点×５　問15　各２点×５

2023年度　駒沢学園女子中学校　第1回午後1科

算数解答用紙

番号		氏名		評点	／100

注：実際の試験では、問題用紙の中に設けられた解答欄に解答を書く形式です。
また、問題用紙には式や考え方の記入欄が設けられており、採点の対象とされています。
この解答用紙は、使いやすいように小社で作成いたしました。

1

(1)	
(2)	
(3)	
(4)	
(5)	
(6)	

2

(1)	分
(2)	円
(3)	年前
(4)	日
(5)	cm^2
(6)	cm^2

3

(1)	円
(2)	%　　g
(3)	個　　度
(4)	cm^2

4

(1)	L
(2)	毎分　　L
(3)	毎分　　L
(4)	分　　秒後

5

(1)	分速　　m
(2)	時速　　km
(3)	分後

6

(1)	
(2)	

〔算　数〕100点(推定配点)

1, 2 各4点×12　3 (1), (2) 各4点×2＜(2)は完答＞　(3) 各2点×2　(4) 4点　4〜6 各4点×9＜6は各々完答＞

二〇二三年度　駒沢学園女子中学校　第一回午後一科

国語解答用紙

番号　　氏名　　評点　/100

問一　ア　イ　ウ　エ　オ　カ　キ　ク　ケ　コ

問二

問三

問四

問五　　問六

問七

問八　(1)　(2)　1　2　3

問九　　問十　　問十一

問十二　ア　イ　ウ　エ　オ

問十三

問十四　(1)　(2)

問十五　(1)　(2)　(3)　(4)

問十六

問十七　　問十八

問十九

(注)この解答用紙は実物を縮小してあります。Ｂ５→Ａ３(163%)に拡大コピーすると、ほぼ実物大の解答欄になります。

〔国　語〕100点(推定配点)

問１，問２　各２点×11　問３，問４　各３点×２　問５，問６　各２点×２　問７　８点　問８～問13　各２点×13　問14　各３点×２　問15　各２点×４　問16　８点　問17，問18　各３点×２　問19　６点

２０２２年度　駒沢学園女子中学校　第１回午前一般

算数解答用紙

番号		氏名		評点	／100

注：実際の試験では、問題用紙の中に設けられた解答欄に解答を書く形式です。
また、問題用紙には式や考え方の記入欄が設けられており、採点の対象とされています。
この解答用紙は、使いやすいように小社で作成いたしました。

1

(1)	
(2)	
(3)	
(4)	
(5)	
(6)	

2

(1)	%
(2)	
(3)	円
(4)	度
(5)	秒
(6)	年前

3

(1)	人
(2)	日間
(3)	人

4

(1)	cm^3
(2)	毎分　cm^3
(3)	毎分　cm^3
(4)	分後

5

(1)	
(2)	
(3)	

〔算　数〕100点(推定配点)

1, 2　各５点×12<2の(2)は完答>　3〜5　各４点×10<5の(3)は完答>

２０２２年度　　駒沢学園女子中学校　第１回午前一般

社会解答用紙

番号		氏名		評点	／100

1

(1)	(A)		(B)		(C)		(D)	
	(E)							

(2)		(3)		(4)	

2

(1)	(A)		(B)		(C)		(D)	
	(E)		(F)		(G)		(H)	
	(I)		(J)		(K)		(L)	

(2)	(あ)		(い)	

(3)	

(4)	(あ)		(い)	
	(う)			

3

(1)	(①)		(②)		(③)		(④)	
	(⑤)							

(2)		(3)		(4)	

（注）この解答用紙は実物を縮小してあります。Ｂ５→Ｂ４(141%)に拡大コピーすると、ほぼ実物大の解答欄になります。

〔社　会〕100点(推定配点)

1　各４点×8　2　各２点×18　3　各４点×8

２０２２年度　駒沢学園女子中学校　第１回午前一般

理科解答用紙

番号		氏名		評点	／100

1

(1)		(2)		(3)	
(4)		(5)			
(6)					
(7)	名前				
	理由				
(8)	A	B		C	
(9)					

2

(1)		(2)			
(3)		(4)		(5)	
(6)	番号				
	性質				
(7)		(8)			
(9)	式)		答え)	g	

3

問題A	(1)		(2)		(3)	
	(4)					
	(5)	ア	イ		ウ	
問題B	(6)	ア	イ			
	(7)		(8)		(9)	

（注）この解答用紙は実物を縮小してあります。Ｂ５→Ｂ４（141％）に拡大コピーすると、ほぼ実物大の解答欄になります。

〔理　科〕100点(推定配点)

1　(1)～(4)　各３点×4＜(3)は完答＞　(5)　４点＜完答＞　(6)　３点　(7)　名前…3点，理由…4点　(8)，(9)　各３点×4　2　(1)～(5)　各３点×5＜(4)は完答＞　(6)　番号…3点＜完答＞，性質…4点　(7)，(8)　各３点×2　(9)　４点　3　(1)～(4)　各３点×4　(5)　各２点×3　(6)～(9)　各３点×4＜(6)は完答＞

二〇二三年度 駒沢学園女子中学校 第一回午前一般

国語解答用紙

番号　　氏名　　評点 /100

問一　ア　イ　ウ　エ　オ　カ　キ　ク　ケ　コ

問二　1　2　3

問三

問四　最初　最後

問五

問六

問七　ア　イ　ウ

問八

問九　Ⅰ　Ⅱ　①　②　③　④

問十　努力しようとしている。

問十一

問十二　⑧　⑨

問十三

問十四

問十五

（注）この解答用紙は実物を縮小してあります。B5→B4（141%）に拡大コピーすると、ほぼ実物大の解答欄になります。

〔国　語〕100点（推定配点）

問1，問2　各2点×13　問3～問5　各3点×3　問6　5点　問7～問9　各3点×9　問10　5点　問11　8点　問12　各3点×2　問13　8点　問14，問15　各3点×2

2022年度 駒沢学園女子中学校 第1回午後1科

算数解答用紙

番号	
氏名	

評点
/100

注：実際の試験では、問題用紙の中に設けられた解答欄に解答を書く形式です。
また、問題用紙には式や考え方の記入欄が設けられており、採点の対象とされています。
この解答用紙は、使いやすいように小社で作成いたしました。

1

(1)	
(2)	
(3)	
(4)	
(5)	
(6)	

2

(1)	km
(2)	円
(3)	時　分
(4)	1人　cm
	あまり　cm
(5)	cm^2
(6)	cm^3

3

(1)	円
(2)	才
	年後
(3)	本
	角形
(4)	cm^2

4

(1)	時　分
(2)	m
(3)	右のグラフにかき入れること
(4)	分速　m
	分　秒後

5

(1)	g
(2)	%
(3)	%
(4)	%
	g

6

(1)	
(2)	はじめて分母が2けたになる分数
	番目
(3)	
(4)	分母が4
	分母が5
	分母が6
(5)	最初から数えて　番目
	和

4 (3)

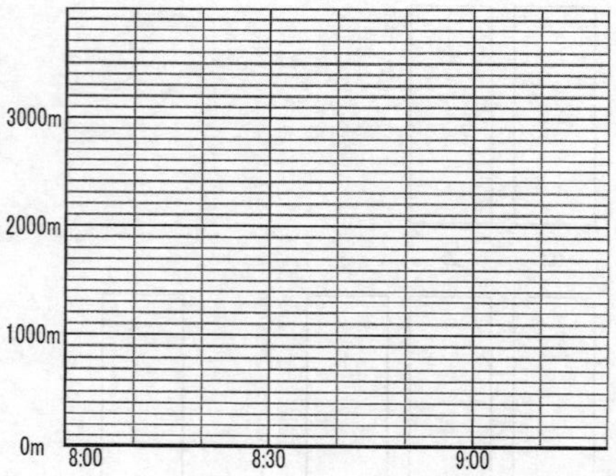

〔算　数〕100点(推定配点)

1～3　各3点×16<2の(4)，3の(2)，(3)は完答>　4～6　各4点×13<4の(4)，5の(4)，6の(2)，(4)，(5)は完答>

二〇二二年度　駒沢学園女子中学校　第一回午後一科

国語解答用紙

番号		氏名		評点	/100

問一　ア　イ　ウ　エ　オ
カ　キ　ク　ケ　コ

問二　1　2　3　4

問三

問四

問五　問六

問七　1　2　①　②

問八

問九

問十　問十一

問十二

問十三　ア　イ　ウ
エ　オ

問十四　問十五　問十六

問十七　最初　最後

問十八

問十九

（注）この解答用紙は実物を縮小してあります。B５→A３（163%）に拡大コピーすると、ほぼ実物大の解答欄になります。

〔国　語〕100点(推定配点)

問1，問2　各2点×14　問3～問6　各3点×5　問7　各2点×3　問8　6点　問9～問12　各3点×4
問13　各2点×5　問14～問18　各3点×5　問19　8点

２０２１年度　駒沢学園女子中学校　第１回午前一般

算数解答用紙

番号		氏名	

評点	／100

注：実際の試験では、問題用紙の中に設けられた解答欄に解答を書く形式です。
また、問題用紙には式や考え方の記入欄が設けられており、採点の対象とされています。
この解答用紙は、使いやすいように小社で作成いたしました。

1

(1)	
(2)	
(3)	
(4)	

2

(1)	時速　　　　km
(2)	才
(3)	日
(4)	時　　　　分

3

(1)	個
(2)	%　　　　g
(3)	x:　　　　度　y:　　　　度
(4)	cm^2

4

(1)	上　　　　,下
(2)	毎分　　　　L
(3)	分後
(4)	cm

5

(1)	円玉
(2)	円
(3)	枚目
(4)	枚目

〔算　数〕100点(推定配点)

1～5　各5点×20＜3の(2)，(3)，4の(1)は完答＞　≪4科受験については合計点を0.5倍し50点満点とする≫

2021年度　駒沢学園女子中学校　第1回午前一般

社会解答用紙

番号		氏名		評点	／50

1

	説明文	位置
A		
B		
C		
D		
E		

2

(1)		(2)	

(3)	①		②		③		④	
	⑤							

(4)	

3

(1)		(2)		(3)		(4)	

(5)		

(6)	

（注）この解答用紙は実物を縮小してあります。Ｂ５→Ｂ４（141％）に拡大コピーすると、ほぼ実物大の解答欄になります。

〔社　会〕50点（推定配点）

1～3　各２点×25

２０２１年度　駒沢学園女子中学校　第１回午前一般

理科解答用紙

番号		氏名		評点	／50

1

(1)　(2)　(3)

(4)　(5)

(6)

(7)

(8)

2

(1)　(2)　(3)　(4)　(5)

(6)

(7)

(8)

(9)　日にち　理由

3

(1)　(2)　A　B

(3)　番号　性質

(4)　名前　番号

(5)　(6)

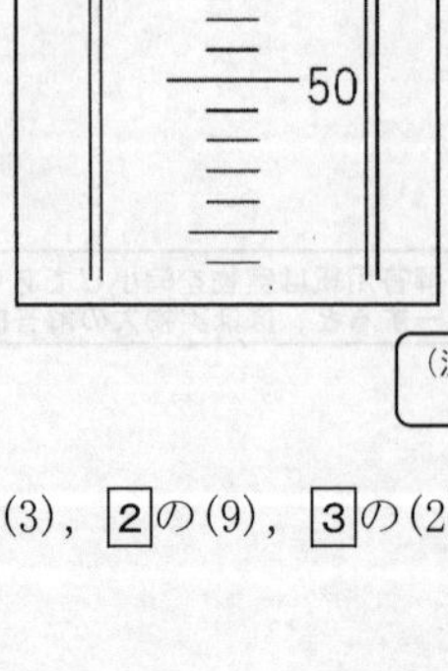

（注）この解答用紙は実物を縮小してあります。Ｂ５→Ｂ４（141％）に拡大コピーすると、ほぼ実物大の解答欄になります。

〔理　科〕50点（推定配点）

1～3　各２点×25＜1の(3)，2の(9)，3の(2)，(3)は完答＞

二〇二二年度　　駒沢学園女子中学校　第一回午前一般

国語解答用紙

番号		氏名		評点	/100

問一　ア　(れ)　イ　ウ　エ　オ

カ　キ　ク　ケ　コ

問二　1　2　3

問三　Ⅰ　Ⅱ　Ⅲ

問四　かということ。

問五

問六

問七

問八

問九

問十

問十一　最初　最後

問十二

問十三　(1)　(2)　1　2　3

問十四

問十五

(注) この解答用紙は実物を縮小してあります。B5→B4(141%)に拡大コピーすると、ほぼ実物大の解答欄になります。

〔国　語〕100点(推定配点)

問1～問3　各2点×16　問4　5点　問5，問6　各4点×2　問7　5点　問8～問11　各4点×4　問12　10点　問13～問15　各4点×6　≪4科受験については合計点を0.5倍し50点満点とする≫

２０２１年度　駒沢学園女子中学校　第１回午後１科

算数解答用紙

番号		氏名		評点	／100

注：実際の試験では、問題用紙の中に設けられた解答欄に解答を書く形式です。
また、問題用紙には式や考え方の記入欄が設けられており、採点の対象とされています。
この解答用紙は、使いやすいように小社で作成いたしました。

1

(1)	
(2)	
(3)	
(4)	
(5)	
(6)	

2

(1)	（　店内で食べる　・　持ち帰る　）方が　　円安い
(2)	円
(3)	個
(4)	パパイヤ　　個，マンゴー　　個

3

(1)	日
(2)	%
(3)	㋐　　度，㋑　　度
(4)	秒

4

(1)	
(2)	番目
(3)	

5

(1)	毎分　　L
(2)	分間
(3)	分後

6

(1)	（　先攻　・　後攻　）を選べば必ず勝てる
(2)	個
(3)	

〔算　数〕100点（推定配点）

1　各４点×６　2，3　各５点×８<2の(4)，3の(3)は完答>　4～6　各４点×９<6の(3)は完答>

二〇二一年度　駒沢学園女子中学校　第一回午後一科

国語解答用紙

番号		氏名		評点	／100

問一　ア　イ　ウ　エ　オ　カ　キ　ク　ケ　コ

問二

問三　　問四

問五　　問六

問七

問八　最初　　最後

問九　ア　イ　ウ　エ　オ

問十

問十一

問十二

問十三　　問十四

問十五　1　2　3

問十六　Ⅰ　Ⅱ　①　②　③　④

問十七

問十八

〔国　語〕100点（推定配点）

問１　各２点×10　問２　３点　問３～問６　各２点×４　問７　６点　問８　４点　問９　各３点×５　問10　２点　問11　４点　問12　８点　問13～問17　各２点×11　問18　８点

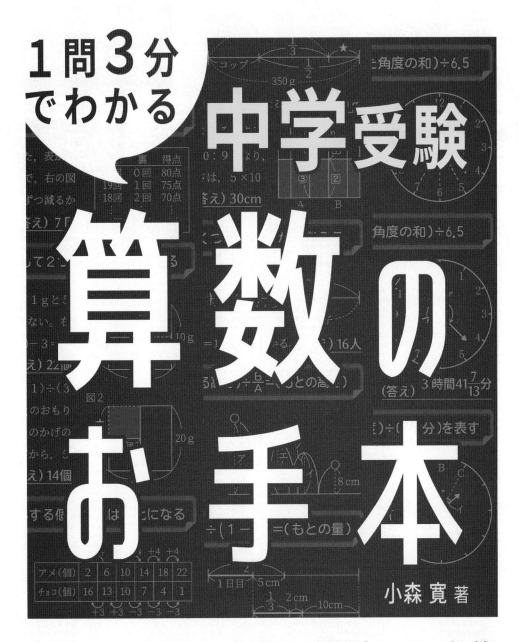